Het Vijfde Element

Het Vijfde Element

Heel de Wereld, Deel 4

Ton van der Kroon

Het Vijfde Element
ISBN: 9789402136791
© 2020, Ton van der Kroon

omslagontwerp: Sandra van Elewout
www.sandravanelewout.kunstinzicht.nl

omslag illustratie: Sebastian Holzhuber | Amoye, serie Profeten
www.sebastianholzhuber.com

Eerdere boeken van Ton van der Kroon

De Terugkeer van de Koning
Het boek voor mannen over liefde, lust en leiderschap, 1996

Boek der Liefde
Het verborgen evangelie van Maria Magdalena, 1998

De Mystieke Roos
Relaties en sexualiteit als inwijdingsweg, 2003

De Zevende Poort
Heel de wereld, deel 1, 2006

Het Labyrint van de Tijd
Heel de wereld, Deel 2, 2008

De Meesters van Shambhala
Heel de wereld, Deel 3, 2012

De Meesters Spreken
Heel de wereld, deel 5, 2020

Gaza Dagboek, 2015

Heilige Relaties, Heilige Sexualiteit
Een inwijding in liefde, 2016

Voor informatie over zijn werk, kijk op:
WWW.TONVANDERKROON.COM

'ER ZIJN VIJF INWIJDINGEN. EEN EERSTE INWIJDING BETREFT HET STERVEN VAN HET EGO VIA HET ELEMENT AARDE. EEN TWEEDE INWIJDING IS DE DOOP MET HET ELEMENT WATER. JE WORDT ALS HET WARE OPNIEUW GEBOREN. DE DERDE INWIJDING IS EEN INITIATIE VIA VUUR, VERGELIJKBAAR MET DE KRUISIGING EN WEDEROPSTANDING. DE VIERDE INWIJDING VERLOOPT VIA HET ELEMENT LUCHT, WAARIN JE GEEST WAKKER WORDT UIT DE STAAT VAN ONWETENDHEID. OVER DE VIJFDE INWIJDING KUNNEN WE JE NIETS VERTELLEN. DIE IS GEHEIM EN WORDT ALLEEN ENERGETISCH DOORGEGEVEN.'

VOORWOORD

De serie 'Heel de Wereld' is het resultaat van een lange zoektocht. Een queeste waarbij ik meer dan 30 jaar rond de wereld reisde, op zoek naar de spirituele tradities en oude wijsheden die ons kunnen helpen in deze uitdagende tijd. De wereld staat – letterlijk en figuurlijk – in brand. Het lijkt alsof we de tien plagen van Egypte ondergaan. In China ontstaat een virus dat de wereld platlegt, Afrika kampt met een sprinkhanenplaag, het klimaat is in de war, dieren sterven massaal uit, ijskappen smelten, etc. etc.. Wat we al decennia hebben zien aankomen wordt werkelijkheid: we bevinden ons in een wereldwijde crisis van ongekende omvang. Technologisch zijn we tot heel veel in staat. Maar biedt ons dat de oplossing?

Deze serie van vier boeken bestaat uit 'De Zevende Poort', 'Het Labyrint van de Tijd', 'De Meesters van Shambhala' en 'Het Vijfde Element'. De verhalen die ik beschrijf zijn gebaseerd op de verslagen die ik schreef tijdens diverse reizen. Deze reisverhalen publiceerde ik op Facebook. Meestal nam ik iedere avond op mijn hotelkamer de tijd om het verslag van die dag te doen. Hierdoor konden mensen via internet als het ware 'meereizen'.

Het is een spirituele zoektocht naar de essentie van menszijn; van mijn eigen menszijn in de eerste plaats en daarnaast van het menszijn van ons allemaal. Wat drijft ons? Waar komen we vandaan? Wat is onze missie? Waarom leven we in deze tijd van grote uitdagingen? En: is er nog tijd om de wereld te helen?

Ik hoop dat mijn verhaal je inspireert om mee te doen aan de grootste uitdaging ooit: het helen van onszelf, en het helen van de wereld.

Ton van der Kroon
Amsterdam, maart 2020

INHOUD

PROLOOG

Amsterdam, 2010

DE ACHTSTE POORT

Frankrijk 2004: de openbaring van Isis
Italië 2005: de openbaring van Cybele
Sinaï 2005: de openbaring van Hathor

DEEL I. AARDE

Gaza 2014: de openbaring van Inanna

DEEL II. WATER

Egypte 2016: de openbaring van Sechmet

DEEL III. VUUR

Iran 2017: de openbaring van Sophia

DEEL IV. LUCHT

Noord-Korea 2017: de openbaring van Quan Yin

DEEL V. ETHER

Himalaya 2019: de openbaring van de Boeddha Maitreya

EPILOOG

PROLOOG

Amsterdam, 2 december 2010

Het is laat in de avond als ik een telefoontje krijg van een vriend. 'Ton, ik moet je iets verschrikkelijks vertellen. Karel en Caroline hebben een ongeluk gehad.'
Ik zwijg. Een loden stilte valt over me heen. Ik voel geen verdriet of pijn, alleen maar een onmetelijke stilte, alsof de tijd stilstaat. Karel en Caroline zijn dierbare vrienden van me, lotgenoten op het spirituele pad, maar ook een soort vader en moeder voor me. Ze geven, net als ik, workshops en organiseren spirituele reizen. Ze schrijven boeken, net als ik, onder andere over Maria Magdalena. De zoektocht naar de boodschap van Maria Magdalena werd door de jaren heen onze gemeenschappelijke passie. Caroline, die een medium is, leerde me af te stemmen op haar. Karel werd een vader, maatje, leraar en vriend. Al jaren trekken we gemeenschappelijk op. Onlangs zijn ze naar Peru vertrokken om daar een reis te begeleiden. 'Ik heb iets gevonden,' zei Karel voor-ie vertrok. 'Het vijfde element...'

'Wat is er gebeurd?' vraag ik.
'Ze zijn met hun groep in Peru frontaal op een vrachtwagen gebotst. Vlakbij het Titicacameer. Er zijn acht doden.'
'En Karel en Caroline?' Ik krijg de woorden bijna mijn mond niet uit.
'Caroline is ernstig gewond en ligt in coma. Ze heeft diverse botbreuken. Het is de vraag of ze het haalt.'
'En Karel?'
'Karel zat voorin de bus... Hij was op slag dood.'

Diezelfde nacht ga ik in meditatie en stem ik af op Karel en Caroline. De enige die ik zie, is Karel. Caroline is buiten bereik.
'Wat is er gebeurd, Karel? Hoe kan dit?'
'Dat moet je nu niet vragen, Tonnemans.' Ik zie het ernstige gezicht van Karel voor me. Hij ziet er echter jong en stralend uit. *'Ik ben uit het veld geslagen, om het zo maar te zeggen. Het is nu aan jou om het stokje over te nemen.'*
'Maar ik zal je nooit meer zien...' Dan pas breekt het verdriet door. Ik voel een mengeling van pijn en liefde voor deze man.
'Het is maar wat je gelooft,' zegt hij op zijn typische Karel-manier. *'Alles is een verhaal. Dood en leven zijn twee kanten van dezelfde medaille. Ik kan dat nu beter zien nu ik aan de andere kant van de sluier ben. Maar ik spreek tot je in deze late uren omdat je iets voor me moet doen. Vergeet de vraag waarom dit is gebeurd. Alles wordt je ooit duidelijk. Maar nu moet je voor Caroline*

zorgen. Zorg dat ze terugkeert naar huis. Haar leven hangt aan een zijden draadje.'
'Wat moet ik doen?' vraag ik enigszins wanhopig.
'Breng haar terug naar huis...' Karel verdwijnt, alsof hij oplost in mist.

De volgende ochtend hoor ik het nieuws op radio en televisie. *'Nederlandse reizigers in Peru verongelukt.'* Ik probeer informatie in te winnen en bel naar de alarmdienst van de ANWB. Daar hebben ze enig nieuws over de ramp, maar ze mogen geen informatie geven over de passagiers. In de dagen die volgen, wordt de omvang van het drama me langzaam duidelijk. Karel ligt in een koelcel in een Peruaans ziekenhuis in Lima. Caroline ligt ergens anders. Verschillende deelnemers van de reis worden inmiddels gerepatrieerd. Maar niemand weet wat te doen met Caroline, omdat ze geen naaste familie heeft. We houden met enkele vrienden een noodberaad. Een van hen besluit naar Peru te vliegen om voor de begrafenis van Karel te zorgen. Maar hoe krijgen we Caroline terug naar Nederland?

Dat blijkt moeilijker dan ik dacht. Aangezien ze enkele jaren daarvoor hadden besloten *off the grid* te leven hadden Karel en Caroline geen reisverzekering afgesloten. Het ene drama volgt op het andere. Ik ben dagenlang met reisverzekeraars aan het bellen om Caroline weg te halen uit het provisorische ziekenhuis waar ze ligt. Uiteindelijk weet ik haar onder te brengen bij een verzekeraar, die met tegenzin akkoord gaat. De andere deelnemers en gewonden zijn inmiddels allemaal gerepatrieerd, maar voor Caroline krijg ik geen toestemming.
'Wie gaat dat betalen?' vraagt de verzekeringsman. 'Dat kost duizenden euro's.'
'Ik weet het,' antwoord ik stoïcijns. 'Ik vind het vervelend dat ik u met deze cliënt heb opgezadeld, maar er is geen andere mogelijkheid. Ze móet terug naar Nederland, anders vrees ik voor haar leven.'
'Helaas, meneer van der Kroon,' antwoordt de man van de verzekering, 'ik begrijp uw zorg, maar we kunnen u echt niet helpen.'
'Dan bel ik wel even naar het Ministerie van Buitenlandse Zaken en de pers. Misschien weten zij beter hoe we omgaan met Nederlanders die in het buitenland op sterven liggen.'
Het was even stil aan de andere kant van de lijn.
'U speelt het wel hard, hè?' zegt de man verbolgen.
'Klopt, ik heb geen keus,' antwoord ik strak.
Enkele dagen later wordt Caroline met een medische vlucht teruggebracht naar Nederland, op kosten van de verzekering.

Een lang proces van revalidatie en verwerking begint. Karel is inmiddels gecremeerd in de hoofdstad van Peru. Er is geen geld om zijn lichaam terug naar Nederland te halen. Caroline is alles kwijt: haar man, haar werk, haar geld, haar huis. Wat het verhaal nog bitterder maakt, is dat er verscheidene mensen, waaronder naaste vrienden, Caroline de schuld geven van het ongeluk. Alsof zij de boze heks is die hen allen in het ongeluk heeft gestort. Wat een griezelige spirituele waanzin. Of is dat voor anderen hun manier om af te reageren? Ik begrijp er weinig van maar besef hoe rauw en hard het leven kan zijn. Is het het allemaal waard geweest, vraag ik me af? Is dit de prijs van spiritueel werk, of is het hun eigen karma dat werd ingelost? Of berust alles louter op toeval? Maar ergens uit de diepte welt een vraag op die ik niet hardop durf te stellen: *heeft hun ongeluk iets te maken met onze zoektocht naar het Vijfde Element?*

DE ACHTSTE POORT

Wanneer er duizend jaar verstreken zijn, na de eerste duizend jaar, zal de mens op zoek gaan naar de Graal, het vrouwelijke principe dat hem heelheid en verbondenheid zal brengen na de periode van duisternis en afgescheidenheid. Hij zal de stem in zijn binnenste horen en volgen. De Zevende Poort die gesloten is zal opnieuw geopend worden, en de stralen van het licht zullen de aarde omhullen.

Uit: De Zevende Poort, Heel de Wereld, deel 1

MONTSEGUR, 12 JAAR EERDER...

Frankrijk, 1998

'We staan aan de rand van de afgrond,' zegt Karel, terwijl hij voor zich uit tuurt in de diepte.

'Dat zie ik,' antwoord ik. We staan op de rand van het oude katharenkasteel Montsegur, dat boven op een steile rots ligt. We zijn op de muur geklommen en kijken uit over het dal van de Ariège. Het is laat in de middag, het is bewolkt en het miezert en er is geen mens te bekennen.

'Ik bedoel figuurlijk,' voegt hij er na enige ogenblikken aan toe. Ik kijk hem aan van opzij. Karel is een kop kleiner dan ik. Hij is klein maar stevig gebouwd, met wapperende grijze haren, wijze ogen en een brede mond. Tegen de achtergrond van de donkere Pyreneeën lijkt hij eerder op een grote dwerg of kobold uit vroeger tijden dan op een mens. Zijn regenmantel wappert in de wind en hij moet zich schrap zetten met zijn wandelstok om de windvlagen te trotseren.

'De weg van het hart is niet makkelijk te vinden,' gaat hij door. 'Je kunt het niet leren uit boeken of geschriften, noch via een leraar of sekte. Je zult het zelf moeten doen. Er is niets of niemand die je kan helpen.'

Ik zwijg en luister. Deze wonderlijke man is mee gegaan als deelnemer op een katharentocht door de Pyreneeën, maar hij ontpopt zich als een wijze leermeester.

'De wereld is er niet goed aan toe. We neigen naar de afgrond te gaan en misschien is dat ook wel precies de bedoeling. Zonder donker geen licht, zonder schaduw geen zonneschijn. Maar het is niet zo dat we daarom maar roerloos toe moeten kijken. Integendeel: er wordt van ons gevraagd om alles op alles te zetten. Dat we zo ver gaan als mogelijk is. Niets inhouden, alles geven; dat is de weg van de spirituele krijger. Het gaat er niet om of je sterft of leeft, maar of je ziel zijn taak kan uitvoeren. Dat is het enige dat telt.'

De windstoten beginnen heftiger tegen de muren van het verweerde kasteel te slaan en in de verte begint de avond te vallen. 'We moeten terug. De anderen wachten.' Hij wijst met zijn stok naar het dorp onderaan de berg.

We klimmen de trans van het kasteel weer af en komen in de lege en open ruimte binnen de kasteelmuren uit. Hier hadden ooit 200 katharen stand gehouden tegen een overmacht van het leger van de inquisitie. Toen de legeraanvoerder van de inquisitie, Simon de Montfort, dreigde om alle dorpelingen af te maken, gingen de katharen overstag. Ze gaven zich over en gingen hand in hand de berg af. Onderaan de berg was een cirkelvormige ruimte die omringd werd door een houten palissade. Binnenin lagen stapels brandhout. De katharen werden in de cirkel geleid en het brandhout werd aangestoken. Zingend stortten ze zich in het vuur. Het markeerde het einde van het tijdperk van de 'Bonshommes et Bonnes femmes', mannen en vrouwen die de moed hadden de roep van de ziel te volgen, ongeacht de gevolgen.

Terwijl Karel en ik naar beneden lopen - tree voor tree de berg af - overdenk ik hoe mijn leven tot nu toe gelopen is. Hoe komt het dat ik hier loop, op de flank van een mysterieuze berg ergens in Zuid-Frankrijk, in de striemen van de regen? Hoe is het allemaal begonnen?

Als kind had ik boer willen worden. Mijn oom was boer en ik vond dat een nobel beroep. 'Ik ben als boer geboren en ik zal als boer sterven,' had ik gezegd, zo vernam ik later van mijn moeder.

Het mocht niet zo zijn. Ik ging naar het gymnasium en later naar de universiteit om bedrijfskunde en theaterwetenschap te studeren. Op school wilde ik acteur worden, want theater was destijds mijn grote liefde. Maar ook dat spoor liep dood. Als gymnasiast was acteur worden geen logische stap. Tijdens mijn studie leek het beroep van organisatieadviseur me wel wat. Ik begreep de dynamiek van grote systemen, hield er van om mensen te adviseren en het salaris bood ook een prettig vooruitzicht. Maar hoe ik ook mijn best deed, het leven had iets anders voor mij in petto.

Een jaar voor ik afstudeerde, nam ik deel aan een conferentie voor organisatieadviseurs in Stockholm. Daar gaf iemand een geleide meditatie over het *Eiland van de Toekomst*. Vol verwachting nam ik deel, maar ik werd ernstig gedesillusioneerd: in mijn meditatie zonk het eiland naar de bodem van de oceaan. Weg toekomst. Vol schrik over mijn toekomstvisioen vertelde ik de workshopleider wat ik had gezien. 'Kijk nog eens beter,' zei hij en ik ging terug in meditatie. Ik zag dat mijn eiland weg was gedreven en een stad in Amerika was geworden. Vanaf dat moment wist ik dat ik op pad moest gaan. Een half jaar later zei ik mijn studie, mijn huis en Nederland gedag en vertrok voor onbepaalde tijd naar de Verenigde Staten. Ik reisde negen maanden kriskras door Amerika en ontmoette de meest uiteenlopende mensen. Zo leerde ik Robert Bly en het mannenwerk kennen: persoonlijke en spirituele ontwikkeling voor mannen. Het raakte een diepe snaar en toen ik negen maanden later terugkeerde, besloot ik 'mannenwerker' te worden.

'Pas op,' zegt Karel, 'er ligt een steen los.' Hij wijst met zijn wandelstok op een van de stenen treden van de trap. Het is bijna donker. In de Pyreneeën valt de avond vroeger in. Karel stapt stevig door, met kleine kordate passen de berg af. Ik volg hem, springend van steen naar steen, maar met mijn hoofd bij heel andere zaken.

Terwijl ik al enkele jaren mannenworkshops gaf, wenste ik vaak - als mensen vroegen wat ik deed - dat ik iets gewoons deed, bijvoorbeeld dat ik bakker was. Een bakker bakte brood, had daar een vaste prijs voor en je kon het eten. Als ik antwoord gaf op de vraag wat ik deed, mannenwerk, viel het gesprek na ongeveer een minuut stil. Het waren de jaren negentig en spiritualiteit was nog een vies woord. Hoe graag wilde ik niet 'normaal' zijn en erbij horen? Iets doen waarvan je direct het resultaat ziet. Ik was jaloers op boeren, bakkers, bouwvakkers, schilders, stratenleggers, etc., naar wie ik altijd met de grootste bewondering keek. Als de vuilnismannen twee keer per week langskwamen, keek ik uit het raam van driehoog naar beneden, of ging de trappen af om ze gedag te zeggen. Met stil ontzag keek ik naar de rappe manier waarop ze de vuilniszakken in de vuilniswagen mikten. Tegelijkertijd maakte het me er iedere keer weer op attent dat ik 'anders' was en dat ik in dat 'anders zijn' mijn verantwoordelijkheid had te nemen. Maar hoe legde ik dat aan anderen uit?

Na afloop van de reizen of workshops, waarin ik mannen begeleidde om zichzelf te vinden, had ik meestal geen woorden om te vertellen wat er nu precies gebeurd was. Therapie? Ontwikkeling? Mythologische realiteit? Je ziel zoeken? Alles viel in het niet bij de ervaringen die we meemaakten. Ik schreef een boek om het uiteindelijk in veel woorden te vatten: *De Terugkeer van de Koning*. Het boek voor mannen over liefde, lust en leiderschap. Het boek werd een bestseller en gaf mij eindelijk enige maatschappelijke grond onder de voeten. Ik was toch niet helemaal mislukt. Maar de weg ging door en op mijn pad lagen nieuwe verrassingen te wachten.

We zijn inmiddels beneden aan de berg aangekomen. Hier is de plaats waar de laatste katharen op de brandstapel zijn gezet. We staan er een moment stil.
'Wat voel je?' vraagt Karel.
'Ik weet het niet. Het is hier unheimisch. Alsof er een oude kracht sluimert, een oud verdriet. Maar dat niet alleen. Ik voel ook aanwezigheid.'
Karel kijkt me indringend aan. 'Kun je ze horen?'
'Ik kan het proberen,' zeg ik aarzelend.
'Mooi, concentreer je, dan pak ik de bandrecorder.'

Ik hoor al enkele jaren stemmen die anderen niet horen en zie dingen die anderen niet zien: boodschappen die vanuit een andere dimensie lijken te komen. Ik had dat de eerste jaren wijselijk stil gehouden. In plaats van boer, acteur of adviseur was ik bang voor een heel andere toekomst: permanente opsluiting in een gekkenhuis. Het duurde een aantal jaren voor ik er vrede mee had, maar uiteindelijk kon ik er niet meer onderuit: ik was medium en stond in contact met andere realiteiten. Caroline had me op haar eigen manier begeleid om het 'mediumschap' te ontwikkelen. Caroline kon channelen, zoals ze het noemde, alsof ze op de markt koopwaar stond te verkopen. Zonder gène stond ze op, sloot haar ogen en liet de stemmen van gene zijde luid en duidelijk horen. Ik schaamde me echter rot voor deze bizarre vertoning en vroeg me af of het wel echt was of dat ze de teksten zelf verzon. Het strookte namelijk in de verste verte niet met mijn studie, noch met mijn geloof of opvoeding. Maar ik kon er tegelijkertijd niet omheen. Ik kreeg dezelfde stemmen te horen, zo luid en duidelijk alsof iemand naast me stond. Nee, sterker nog: alsof iemand anders in mijn eigen hoofd sprak en ik de teksten alleen maar hoefde uit te spreken of te vertalen. Zo leerde ik met vallen en opstaan om medium te zijn. Tijdens mediamieke sessies kreeg ik onderricht in de mysteries van het leven door meesters aan gene zijde. Ik kreeg honderden boodschappen door die ik eerst op cassettebandjes en later op mijn iPod opnam. Dat had uiteindelijk grote gevolgen voor mijn werk, voor mijn relaties en eigenlijk voor mijn hele leven. Dat 'gewoon-zijn' - waar ik zo'n verlangen naar had - kon ik voorgoed vergeten: mijn leven werd steeds ongewoner.

Karel lijkt het echter de gewoonste zaak van de wereld te vinden. Hij stopt de bandrecorder onder mijn neus, zoals hij dat gewend is bij Caroline.

'En?' vraagt hij. 'Krijg je een boodschap?'
Om ons heen is het donker en alleen het kleine rode lampje van de bandrecorder die op opnemen stond, licht op.
'Laat maar horen...'

'We are the Elders, the Ancient Ones of planet Earth...' Ik kijk Karel aan. Hij knikt en moedigt me aan door te gaan.

'Wij zijn de bewaarders van spirituele kennis en we zijn hier om jullie te leiden en om jullie begeleiding te bieden, door alle eeuwen heen van het evolutieproces van de aarde. We willen met jullie spreken omdat we jullie willen aanmoedigen om actie te ondernemen. De tijd raakt op. Het grote aarderitueel dat gaat plaatsvinden, vereist voorbereiding en uitwerking. De aarde is in een proces van transformatie en wedergeboorte. Door naar de oude plaatsen te reizen, zal de kennis die in de oudheid is achtergelaten

opnieuw worden gewekt en worden gebruikt voor het ritueel van verandering.

De aarde is een bewust organisme. Ze leeft, ademt en heeft haar eigen ontwikkelingspad, dat men de evolutie van de aarde zou kunnen noemen. De mens maakt deel uit van die evolutie, zoals de aarde deel uitmaakt van de evolutie van de mens. De geest van de mens kan worden afgestemd op het bewustzijn van de aarde. Dit resulteert in co-creatie. Deze co-creatie is nodig in de komende tijd, waarin een sprong in bewustzijn zal plaatsvinden: een sprong in evolutie.

Het oude zal vernietigd worden, het zal verdwijnen en in plaats daarvan komt een nieuwe spirituele relatie tussen mens en aarde, tussen mens en natuur. Dit is een gebruikelijk proces van planetaire evolutie en menselijke evolutie.

Door naar heilige plaatsen te reizen, wek je de kracht van de aarde die nodig is om het proces van verandering en transformatie te leiden. Door je bewustzijn af te stemmen op de aarde op deze kracht plekken, gebruik je de alchemie die nodig is om deze plaatsen te ontwaken. Neem je werk serieus, want er is veel te doen. Laat alle onnodige zaken los. Concentreer je op deze krachtplekken om het nieuwe hemelse Jeruzalem te creëren. Het hemelse Jeruzalem is de blauwdruk van de nieuwe mens.

De reis is begonnen. De reis door het labyrint dat je naar verre oorden leidt. In het midden van het labyrint zul je het vijfde element vinden, maar eerst moet je ingewijd worden in de elementen aarde, water, lucht en vuur. Het vijfde element is de Quintessence. Het komt voort uit het alchemistische proces van het verenigen van de andere vier elementen. Dit vereist een lang individueel proces. Maar als je dit ijverig doet en als je volhardt, zul je het Vijfde Element aan het einde van het pad vinden.

Laat je niet afleiden, maar volg je weg met vertrouwen. Dit is jouw moment. Dit is wat je moet doen. Concentreer je volledig op je werk en vertrouw erop dat we bij jullie zijn. Wacht niet, houd vast aan de draad van Ariadne, die naar het middelpunt van het labyrint leidt. We zijn bij jullie in je dromen en inspiraties. '

Met een laatste groet sluiten de 'Elders' – de wijze gidsen vanuit een andere dimensie - af. Karel klikt de bandrecorder uit. Ik hoor zijn zware adem in de duisternis.

'Je bent al ver gekomen, Tonnemans, maar er is nog veel te doen. We mogen niet versagen.' Hij stopt zijn bandrecorder weer weg en zet met ferme greep zijn wandelstok voor zich uit. Ik haast me achter hem aan en verlies bijna mijn pet door de wind.

'Wat denk je dat het betekent? Wat is het Vijfde Element...? En wie zijn de Elders? Mijn woorden vervliegen in de wind en Karel zwijgt. In plaats daarvan zet hij de pas er nog steviger in.

DE OPENBARING VAN ISIS

Frankrijk, 2004

Regelmatig zoek ik Karel en Caroline van Huffelen op in hun woning in Ruurlo. Ik heb Karel leren kennen tijdens een van de mannenworkshops die ik geef. Hij vertelde dat hij accountant was geweest maar door zijn kompanen uit het bedrijf was gegooid. Daardoor kwam zijn hele leven in een grote stroomversnelling terecht. Daar kwam bij dat hij een vrouw had leren kennen – Caroline - die channelde. Ze had hem wegwijs gemaakt op het spirituele pad. Samen waren ze ingewijd in Nieuw- Zeeland in de orde van de Waitaha's, de 'ouden van de aarde'. Hun taak was om het 'vrouwelijke gezicht van God' mee gestalte te geven op aarde.
We vinden elkaar in onze belangstelling en fascinatie voor Maria Magdalena, als de representatie van de 'godin'. Waar ik in het mannenwerk op zoek ben naar de heling van het mannelijke, zo draait het in de zoektocht naar Maria Magdalena om de heling van het vrouwelijke. Beide zijn nodig voor de nieuwe tijd.
Zo'n tien jaar lang organiseren we samen met anderen het Maria Magdalena Festival. Eerst in Zuid-Frankrijk, later in Zutphen. Karel en Caroline geven hun boek *Maria Magdalena en de Schijnheiligen* uit en enige tijd later komt ook mijn boek uit: *De Zevende Poort.* Het beschrijft de inwijdingsweg die ik in de eerste twintig jaar van mijn leven heb afgelegd en die me naar vele heilige plaatsen bracht: Frankrijk, India, Siberië, Jeruzalem, etc. Maar de reis lijkt nog niet ten einde. Het is pas het voorspel op de avonturen en inwijdingen die me te wachten staan.

Op een van onze reizen naar het festival in Zuid-Frankrijk besluiten we onderweg onderzoek te doen naar de Notre Dame in Parijs. De kerk voor 'Onze Lieve Vrouwe' staat op het eiland in de Seine en is het hart van Frankrijk. Zou het kunnen dat er een verbinding is tussen de 'Grote Moeder', Notre Dame de Paris en Maria Magdalena?

De eerste bestemming op onze reis is de abdij van Tongerlo in Vlaanderen. Daar moet een kopie hangen van het laatste avondmaal van Leonardo da Vinci, geschilderd in dezelfde periode. De kopie is op doek geschilderd en veel beter bewaard gebleven dan het origineel in Milaan.

Karel, Caroline en ik stoppen op het dorpsplein om de weg te vragen. 'Awel,' zegt de bakkersvrouw en ze lacht uitbundig. 'De abdij van Tongerlo, dan bent u verkeerd. Dit is Tongerlo in Limburg en u moet in Tongerlo bij Antwerpen zijn. 't Is een uurtje rijden van hier.'

Om onze eerste mislukte poging te compenseren koop ik een grote bol met gele room van de bakkersvrouw. 'Goede reis, hè,' en ze wuift ons na.

Een uur later arriveren we in Tongerlo Antwerpen. Een brede oprijlaan van oude kastanjebomen leidt ons naar de imposante toegangspoort van de abdij. Het is stil in de abdij. Een enkele monnik loopt in smetteloos witte pij over de grote binnenplaats. We volgen het bordje naar *Het laatste avondmaal* en komen bij een modern gebouw uit, dat speciaal is neergezet om het grote schildersdoek te herbergen.

Bij de ingang zit een oude monnik knikkebollend over zijn bijbeltje gebogen. We lopen het gebouw binnen en vallen helemaal stil. Daar hangt ze: het meesterwerk, in al haar glorie; helder, groots en meeslepend. Een perfecte kopie. Christus in het midden, de apostelen eromheen. Handen die wijzen en gebaren, eten op tafel, zelfs de ragfijne lijnen van de kristallen glazen zijn goed te zien. Het schilderij beeldt het moment af waarop Jezus zegt dat een van hen hem zal verraden. 'Niet ik, niet ik,' gebaren alle apostelen driftig. Er is er echter eentje die in alle rust aan tafel zit: de apostel links naast Jezus. Deze apostel heeft de handen gevouwen, de ogen neergeslagen. Dit is de apostel waar onze aandacht naar uitgaat. En hoe we ook kijken of denken, we kunnen niet anders dan tot de conclusie komen: dit is absoluut een vrouw en geen man. De verfijnde trekken van het gezicht, de amandelvormige kin, de ronde wenkbrauwen, de verfijnde handen. Om hier Johannes in te zien moet je toch echt de waarheid geweld aandoen. Hoe bestaat het dat we eeuwenlang een van de beroemdste schilderijen verkeerd geïnterpreteerd hebben? De vraag blijft alleen: als Johannes Maria Magdalena is, waar is dan de twaalfde apostel?

We vinden een antwoord in de kleine tentoonstelling die rondom het doek is ingericht en enkele oudere middeleeuwse prenten van *Het laatste avondmaal* toont. Op de alleroudste werken zijn namelijk dertien in plaats van twaalf apostelen te zien. 'Per abuis staan hier dertien apostelen getekend,' vermeldt het onderschrift. De kerkelijke schaamte stijgt ten top als blijkt dat de dertiende apostel niet tegen Jezus áán, maar óp zijn schoot zit. 'Een foute interpretatie van de bijbeltekst,' legt het onderschrift haastig uit.

We lopen het gebouw uit en nemen afscheid van het meesterwerk, dat op ons netvlies achterblijft. We wandelen nog wat in de tuin en zetten dan koers naar Parijs, de volgende stop op onze reis. Ik loods Karel rechtstreeks naar het Ile de la Cité, het eiland in de Seine dat het centrum vormt van de stad. We parkeren in een garage vlak onder de Notre Dame. Hier, op dit plein, staat de geschiedenis van Frankrijk geschreven. Het is niet alleen het centrum van Parijs, maar symbolisch gezien het centrum van heel

Frankrijk. De Boulevard Périphérique loopt er in een perfecte cirkel omheen en benadrukt het Heilige der Heilige: het mythische middelpunt van het land. Er ligt een metalen cirkel in de grond voor de kathedraal die deze plek aanduidt. De afstanden naar alle Franse steden worden gemeten vanaf dit punt. De metalen cirkel weerspiegelt zich in het grote roosvenster boven de ingang van de Notre Dame. Daarnaast rijzen de twee stompe torens op: de rechtertoren met het beeld van Adam en de linkertoren met het beeld van Eva. In het midden twee engelen en Maria met het kindje Jezus op de arm.

We besluiten de kerk, die onlangs is schoongemaakt, te gaan verkennen, in de hoop dat we sporen van Maria Magdalena vinden. Maar hoe we ook kijken of zoeken, er is niets wat speciaal onze aandacht trekt. Er is een oude kapel voor Maria Magdalena die door de bekende restaurateur Violet le Duc zelf is geschilderd, maar daar houdt het mee op. Geen enkele aanwijzing of anderszins opmerkelijke zaken. We besluiten een Belgisch biertje te drinken in het café naast de kathedraal en betalen het astronomische bedrag van 27 euro voor drie pils.

We zitten er wat verslagen bij en kijken naar de grauwe wolken boven Parijs. 'Waar komt eigenlijk de naam Parijs vandaan?' vraagt Karel.

'Paris,' filosofeer ik, 'is de naam van de Griekse held die de mooiste Godin moet uitkiezen, maar uiteindelijk Helena van Troje verkiest boven de anderen. De jaloezie van de Godinnen leidt uiteindelijk tot de Trojaanse oorlog. Maar wat Paris te maken heeft met de stad Parijs weet ik niet, behalve dat het allemaal draait om de vrouw.'

'Zou het kunnen dat de naam Paris te maken heeft met Isis?' vraagt Caroline.

'Dat lijkt me onwaarschijnlijk,' antwoord ik. We kijken van het plein naar de kathedraal en weer terug. We zijn geen stap verder.

'Toch heb ik het gevoel dat we iets over het hoofd zien,' zegt ze. 'Iets dat vlak voor onze neus ligt, zo simpel, waardoor we het niet zien.'

We besluiten naar een andere kerk te lopen: de Saint Sulpice in het Quartier Latin. De kerk ligt niet ver weg en na enig zoeken staan we voor het gebouw. Het schemert inmiddels en we kunnen nog net naar binnen. Vlak voor het altaar ligt een koperen lijn in de grond die gebaseerd is op de oude nulmeridiaan die door de piramide van Gizeh in Egypte loopt. Het is de tijdslijn die werd gebruikt om alle klokken en tijden over de hele wereld op elkaar af te stemmen, totdat in 1884 werd besloten de nulmeridiaan te verleggen naar Greenwich bij Londen.

Aan de muur hangt een bordje waarop staat: *Volgens een onlangs verschenen roman zou deze kerk een oude hermetische tempel zijn. De roman is echter pure fantasie en de tijdslijn is louter een aanwijzing voor de grootsheid van God, die de tijd heeft geschapen.* Einde bericht. Het bordje verwijst naar de Da Vinci Code van Dan Brown. De kerk wil er blijkbaar nog steeds niet aan. Maar wij komen inmiddels ook niet verder. We bezoeken de crypte onder de kerk en sluiten de avond af met een hapje eten in een klein Italiaans restaurant.

De volgende dag slenteren we door de stad. We zijn alledrie stil. Hebben we iets gemist? Zijn we op zoek naar iets wat er niet is? Heeft Maria Magdalena niets te maken met de Notre Dame?
Op de paal van een verkeerslicht zie ik een stickertje met de kleuren rood-wit: we wandelen blijkbaar op een Grande Randonnée, de langeafstandspaden uit de middeleeuwen. Ik kijk naar de naam van de straat, Rue St. Jacques, en we realiseren ons dat dit de route van St. Jacques de Compostella is, die vanuit Parijs naar het zuiden loopt. Iets verderop in de Rue St. Jacques vinden we een klein boekenwinkeltje en het geluk is met ons. Het eerste waar mijn oog op valt, is een oude kaart van de begintijd van Parijs. De kaart toont de rivier de Seine en een dorpje op het eiland in de rivier. De stam die er woont heet de 'Parisii' en vlak naast hun dorpje ligt een tempel van... Isis. Het woord Parisii betekent dan ook zoveel als 'dorp bij Isis'. Dus Caroline had gelijk: Parijs komt van Isis. We leggen de oude getekende kaart naast de stadsplattegrond die ik op zak heb en proberen de locatie van de Isistempel te achterhalen. Onze verbazing stijgt als we precies op de plek van Saint Sulpice uitkomen... Dus toch iets meer dan gewoon maar een kerk!

We dwalen nog wat verder in de boekwinkel en ik vind een stoffige versie van *Notre Dame de Paris* van Victor Hugo, een van de bekendste romans uit de Franse literatuur. Da's toevallig, denk ik achteloos, maar ergens in mijn achterhoofd gaat een luid alarm af. In het voorwoord lees ik dat de Notre Dame tijdens de Franse Revolutie ernstig werd vernield en in een deplorabele toestand verkeerde. Het is Victor Hugo die zich het lot van de kathedraal aantrekt en er voor zorgt dat ze hersteld wordt, niet in de laatste plaats door het succes van zijn roman *Notre Dame de Paris*. Verwoed begin ik te lezen. Het verhaal is bekend: de gebochelde klokkenluider Quasimodo wordt verliefd op het zigeunermeisje Esmeralda en wordt tegengewerkt door kardinaal Frollo, die jaloers is en de liefde van het meisje probeert te krijgen. Esmeralda is echter verliefd op een jonge kapitein, genaamd Phoebus. De roman loopt tragisch af: Esmeralda wordt ter dood veroordeeld door de kardinaal en Quasimodo gooit in het beroemde slot de kardinaal uit de toren.

Terwijl ik me de beelden uit de film *De Klokkenluider van de Notre Dame* van Walt Disney herinner, werkt mijn brein op volle toeren: stel dat Victor

Hugo meer wist over het verborgen verhaal van Maria Magdalena, dan had hij ongetwijfeld enkele boodschappen achtergelaten, net zoals schilders vaak geheime tekens in hun schilderijen achterlieten. *Wie oren heeft om te horen, die hore; wie ogen heeft om te zien, die ziet...* Maar wat is er te zien in deze romantische vertelling met zijn wonderlijke personages en vreemde namen?

Quasimodo, Esmeralda, Phoebus, Frollo... Zou hier een sleutel liggen? Ik probeer me de Latijnse les van vroeger te herinneren om te weten te komen wat Quasimodo betekent. *Alsof... net alsof.* Zou het kunnen dat Victor Hugo hiermee wilde zeggen dat het hele verhaal een metafoor is, een symbool van het werkelijke verhaal dat hij wil vertellen maar niet openlijk kan benoemen? Als dit zo is, moeten er meerdere aanwijzingen zijn.

Ik vertel Karel en Caroline over mijn bevindingen en Karel slaakt een kreet van opwinding. 'Natuurlijk,' zegt hij, 'dat is de sleutel. De naam Esmeralda verwijst naar een hermetische tekst van Hermes Trismegistos die hij op een tafel van smaragd heeft geschreven: *La Table Esmeralda.* De tekst is de basis van de hele alchemie.' Hij citeert:

'Waarlijk, zonder bedrog, zeker en absoluut.
Dat wat beneden is, correspondeert met dat wat boven is
en dat wat boven is, correspondeert met dat wat beneden is
in de verwerkelijking van het magische wonder van het Al Ene.
De vader is de Zon. De Moeder is de Maan.
Hierbij heb ik de totale werking van de Zon uitgelegd.'

'Zo boven, zo beneden. Dus alles in de roman weerspiegelt iets anders?' mijmert Caroline.
'Dat klopt,' zegt Karel. 'De naam Phoebus betekent in het Grieks *zon,* of *de schitterende.'*
'Zou het dan kunnen,' gaat ze verder, 'dat Esmeralda een verwijzing is naar Maria Magdalena en de ware liefde voor haar kapitein de liefde voor Jezus symboliseert? Esmeralda, alias Maria Magdalena, alias de maan, houdt van Phoebus, de zon, de Christos. En de kerk – in de vorm van de kardinaal - wil de ware liefde tussen Esmeralda en de kapitein dwarsbomen. Hij beschuldigt Esmeralda van hekserij, zoals de kerk alle wijze vrouwen beschuldigde, en veroordeelt haar tot de brandstapel. Quasimodo, die grote liefde heeft voor de zigeunerin, wreekt haar dood en gooit de kardinaal uit de kathedraal...'
We zijn alle drie even stil. Langzaam begint een groot mysterie zich te ontrafelen.
'Ik lees hier in het boek,' zeg ik, 'dat de kardinaal een hekel heeft aan alles wat uit Egypte komt, inclusief de *gypsies.'*

'Dat maakt het verhaal dan compleet,' zegt Caroline. 'Maria Magdalena wordt in Parijs ook wel *Maria l'Egyptienne* genoemd, donker van huid, met loshangend haar. De kerk die hier aan haar is gewijd heeft als bijnaam l'Egyptienne.'
'Het begint erop te lijken dat *Notre Dame de Paris* de *Da Vinci Code* van Victor Hugo is,' zeg ik.

Aan het eind van de dag lopen we terug naar de Notre Dame en kunnen nog net de toren in. We zijn de laatste toeristen van die dag en beginnen de lange klim naar boven. De wind fluit tussen de spleten van de ramen door. Als we op de eerste trans zijn aangekomen blijkt dat het is gaan motregenen. Karel en ik trekken onze regencape aan. 'Ach, een beetje water,' zegt Caroline. Ze trekt zich er niets van aan. We kijken uit over het plein voor de Notre Dame en zien hoe Parijs zich langzaam opmaakt voor een donkere en stormachtige avond. De lichtjes gaan aan en in de verte zien we lichtflitsen van onweer. Naast me zie ik de stenen demonen die vanaf de dakgoot hun hals uitsteken om het water af te voeren. Sommigen zitten als vreemde monsters uit een vervlogen tijd naar de stad te kijken. Het begint harder te regenen en Karel trekt zijn cape over zijn hoofd. Met zijn wapperende cape over zijn rugzak heen lijkt hij verdacht veel op Quasimodo. Caroline lijkt in haar wapperende rokken sprekend op Esmeralda, de zigeunerin. We besluiten de klokkentoren in te klimmen en klauteren over houten balken naar boven, totdat we plotseling voor de grootste klok staan: de Emmanuel, een klok van 13.000 kilo. De wind giert om ons heen. Hier, in de klokkentoren, is het veilig, terwijl het onweer en de regen buiten losbarsten.
Ik ga stil naast de klok zitten en sluit mijn ogen. Ik probeer de losse lijnen van onze reis tot een geheel te brengen, de boeken die we die dag hebben gevonden en de ontdekking van de tempel van Isis. De verwijzing naar Egypte lijkt opeens alles met elkaar te verbinden: de obelisk op de Place de la Concorde, de glazen piramide bij het Louvre, de schatten in het Egyptische museum, de liefde van Quasimodo voor het Egyptische zigeunermeisje Esmeralda, de uitgebreide zoektochten van Napoleon in Egypte en zelfs de rol die Lodewijk de veertiende zich toemat: de Zonnekoning, verwijzend naar de priesterkoningen uit Egypte die Horus, de zonnegod, aanbaden.
Opeens verschijnt in mijn gedachten het beeld van de Godin Isis met Horus op schoot. Strak rechtop zit ze op haar troon, terwijl het kind op haar schoot staat en de wereld regeert. En opeens snap ik de link: het beeld is precies hetzelfde als de Madonna met kind! Maria met Jezus is een christelijke versie van de Egyptische Isis met Horus. En daarmee realiseer ik me dat de Notre Dame, de kathedraal in het hart van het land, niets

anders is dan een voortzetting van de oude tempel van Isis, de grote Moedergodin.

Terwijl we rond de immense klok staan, begint Caroline te channelen:

'Ik ben de Moeder en ik wil tot u spreken. Ik ben Isis. Ik verschijn op vele manieren en spreek tot een ieder van jullie op een andere manier, maar in essentie ben ik de Goddelijke Moeder. Jullie wereld heeft het contact met mij verloren. Ze hebben het respect voor mij verloren. Dat is waar het mis ging. Het respect voor de Grote Moeder is weg. Ze zijn bang geworden voor mijn vele incarnaties en ze hebben mijn gaven vervormd en mijn kracht verkeerd geïnterpreteerd. Daardoor zijn ze uit angst mijn macht en kennis gaan ontkennen en onderdrukken, omdat ze vreesden voor hun eigen innerlijke kracht.
Vergeet niet dat ieder van jullie een deelaspect van de Goddelijke Moeder representeert. Ieder van jullie heeft zijn of haar eigen rol en iedere rol is deel van hetzelfde grote geheel. Twijfel nooit aan het feit dat je een manifestatie van het goddelijke bent, altijd en ieder moment – ook al geloof je dat soms niet. Ik wens te spreken om jullie eraan te herinneren dat jullie werk zijn vruchten zal afwerpen, uiteindelijk. Jullie zijn degenen die de zaadjes planten en jullie zullen van de vruchten proeven, maar dat kan een lange tijd duren. Maar de seizoenen zijn aan het veranderen, net zoals het leven op aarde verandert. Verbaas je niet, want die tijd is voorbij: werkelijke wonderen zullen plaatsvinden. Mijn tempel zal branden en herrijzen als een phoenix uit de as.
Ik heb jullie geroepen om je ervan te overtuigen dat je weg naar Huis is aangevangen. Geniet van de reis. Ik ben de Moeder die tot jullie spreekt...'

Als we later de trappen afdalen, is de wind gaan liggen en de regen opgehouden. Voor de kathedraal zijn jongleurs met vuurfakkels wonderlijke dansen aan het maken. Ze zwaaien met hun fakkels aan kettingen om hen heen, alsof ze een vuurdans voor de Godin uitvoeren: Notre Dame, de vrouw, de moeder, de Godin van het volk. Het goddelijke vrouwelijke is nog steeds aanwezig. Onderdrukt door de kerk, maar nog altijd in de harten van de mensen. En Parijs draagt nog steeds de kenmerken van de Godin: de aandacht voor schoonheid, liefde en romantiek, de interesse voor kunst, muziek, poëzie en dans en de vermenging van verschillende rassen en culturen tot een bloeiende en soms broeierige smeltkroes.
We groeten de oude dame en zoeken ons hotel op. De volgende dag reizen we verder naar Zuid-Frankrijk voor het Maria Magdalena Festival.

DE OPENBARING VAN CYBELE

Italië, 2005

'Moet je niet een keer naar Rome?' vraagt Caroline terloops, als ik later dat jaar bij hen op bezoek ben.
'Naar Rome?' vraag ik.
'Precies! Naar het hol van de leeuw,' vult Karel aan. 'Je bent toch katholiek opgevoed? Welaan, daar liggen je spirituele wortels. Of althans: de vervorming ervan,' voegt hij er fijntjes aan toe. 'Er is geen ander instituut in de wereld dat het vrouwelijke zo goed de nek heeft omgedraaid als het Vaticaan. Maria verheerlijken en Maria Magdalena verketteren. Zij zijn de schijnheiligen in optima forma. Ze prediken de liefde maar ondertussen knijpen ze de kat in het donker. Nee, dat zit helemaal niet snor. Het zou mooi zijn als daar eens meer helderheid in kwam. Want ongetwijfeld heeft het vrouwelijke aspect van God zijn rol gehad in de oude stad, maar de vraag is hoe? En waar?'

Ik had in mijn puberteit afstand genomen van het geloof, net als mijn twee oudste broers. We konden er niets mee. Ieder van ons zocht zijn eigen weg. Mijn tweede broer Coen had zich gericht op de oosterse spiritualiteit: Ayurveda en meditatie. Hij was een school gestart voor Ayurveda in Amsterdam. Mijn oudste broer was bankier geworden, eerst in Manhattan en later in Amsterdam. Maar in het New York van de jaren negentig had hij de dodelijke ziekte Aids opgelopen. Na een ziekbed van zeven jaar overleed hij in 1998. Boven zijn bed had hij symbolen opgehangen van alle godsdiensten: hindoeïsme, boeddhisme, shintoïsme, christendom, islam, jodendom, wicca etc. Vlak voor zijn sterven trouwde hij met zijn vriend en geliefde. Het waren allemaal zaken die niet meer binnen de 'ene heilige kerk' pastten. We kleurden alle drie buiten de lijntjes. Alleen mijn jongste broer leek een normaal pad te volgen: hij trouwde, kreeg twee prachtige dochters en leidde als enige van ons vieren een normaal gezinsleven.

Karel en Caroline kunnen niet mee naar Rome, omdat zij een reis naar Peru gaan begeleiden. Caroline heeft doorgekregen dat de oude Inca's belangrijke informatie hebben over het Vijfde Element. Daarvoor moeten ze naar het Titicacameer in Peru, waar aan de oever van het meer een oude poort ligt, de *Amara Muru Doorway*. De 'doorway' is echter een blinde muur, uitgehakt in de rotsformaties. Niemand weet er de echte betekenis van.

Terwijl zij hun avontuur in Peru aanvangen, vlieg ik met Transavia naar de hoofdstad van Italië: Rome, de eeuwige stad. 'Pas wel op,' zegt Caroline aan de telefoon als we afscheid nemen, 'als je gaat rommelen in het collectieve veld roep je ook tegenkrachten op.'
'Wat zijn dat, tegenkrachten?' vraag ik.
'Krachten die bewust of onbewust niet willen dat je oude kennis aan de oppervlakte brengt. Ze zullen je ervan proberen te weerhouden je werk te doen. Het zijn de saboteurs. En ze kunnen zich zowel in als buiten je manifesteren...'
'En als ik het Vaticaan een beetje inschat,' zegt ze, 'zijn er heel wat tegenkrachten die je zullen proberen op het verkeerde spoor te zetten.'

Ik neem mijn intrek in een jeugdherberg dicht bij station Termini en besluit al wandelend de stad te verkennen, op zoek naar het vrouwelijke gezicht van God.
Twee dagen lang zwerf ik door de stad, totdat ik blaren op mijn voeten heb. Ik heb echter nog geen spoor van de Godin kunnen vinden, behalve een drietal zuilen van een ronde tempel op het oude Forum Romanum. Het lijkt wel of de Godin hier helemaal nooit heeft bestaan. Een vreemd soort verlatenheid maakt zich van me meester. Op de derde dag kom ik aan op het plein voor de Sint-Pieter, waar in het midden een grote, kale obelisk staat. Rondom de obelisk staan twee fonteinen en de zuilengalerij van Bernini, die het grote plein omzoomt. Ik ben moe van mijn zoektocht en voel me eenzaam. Het enige wat me aan het vrouwelijke element doet denken, zijn de prachtige fonteinen overal in de stad, nog veelvuldiger dan de fallische obelisken. Wat dat betreft wordt de stad goed in evenwicht gehouden; het water van de ronde fonteinen staat voor het vrouwelijke en de fallische obelisken staan voor het mannelijke element. Maar van de Godin is geen enkel spoor te vinden.

Ik kijk omhoog naar de top van de obelisk en zie een soort heuveltjes waarop een kruis verrijst bovenop de obelisk: een symbool voor de berg Horeb, een heilige berg in Israël. Terwijl ik naar boven tuur, zie ik opeens iets zwarts om de obelisk heen fladderen. Eerst denk ik dat het een vogel is, maar de vleugels bewegen te vreemd voor een vogel. Ik houd mijn hand tegen het licht van de zon en begrijp opeens wat ik zie: het is een vleermuis die rond de zuil fladdert, op klaarlichte dag! Wat bizar, denk ik, en tegelijkertijd krijg ik het vreemde gevoel dat de vleermuis er niet voor niets rondvliegt. De vleermuis is het symbool van de dood en van de transformatie. Hij vliegt alleen 's nachts en is verbonden met de duistere, onzichtbare kant van het bestaan. Daarom wordt hij vaak met tovenaars en sjamanen geassocieerd. Maar hoe kan een vleermuis op klaarlichte dag op het Sint-Pietersplein vliegen? Ik vind het een onverklaarbaar verschijnsel en besluit de vleermuis goed in de gaten te houden. Hij fladdert zeven keer rond de zuil in steeds wijdere kringen en buigt dan af richting de St.-Pietersbasiliek. Ik verlies hem bijna uit het oog omdat hij te klein wordt om te volgen, maar uiteindelijk zie ik hem toch duidelijk verdwijnen in de grote kerk die boven het plein uittorent. Wat is de boodschap? Dat ik de oplossing in de St.-Pietersbasiliek moet zoeken? De kerk die het centrum vormt van de christelijke wereld, gebouwd op het graf van Petrus? Ik besluit de kerk te bezoeken en sluit me aan bij de laatste rij wachtenden voor de kerk. Het is al laat in de middag en er is niet veel publiek meer. Ik hoef dan ook niet lang te wachten tot ik toegang krijg tot de basiliek.

Als ik door de deuren naar binnen loop, besef ik de waarde van dit bezoek in het licht van mijn eigen verleden. Ik denk aan de eindeloze reeks urbi's en orbi's die ik als kind op de televisie heb gezien, de geloofsgeloftes die ik als misdienaar heb afgelegd aan de Kerk van Rome en de beelden van de paus op het balkon. En later mijn strijd om los te komen van de kerk en haar nogal dogmatische inslag. Mijn moeder deed nog wat pogingen om haar zonen op het rechte, katholieke pad te houden, maar zonder resultaat, omdat ze zelf ook twijfelde aan de normen en waarden van de kerk. 'Toch moet je ooit naar Rome gaan,' had ze me gezegd. 'Het is zo imposant dat je beseft dat de kerk lang zo gek nog niet is.' Mijn moeder houdt van schoonheid en kunst. Ze ziet er altijd tot in de puntjes verzorgd uit. Ze hecht waarde aan omgangsvormen en etiquette.

Ik kan me volledig voorstellen dat mijn moeder onder de indruk was van de schoonheid en de grootsheid van het gebouw. Ik kijk om me heen: het interieur van de basiliek is reusachtig, volledig afgezet met marmer in allerlei kleuren, met grootse beelden en schilderijen en uiteraard het beeld van de aartsvader Petrus. Maar hoe ik ook mijn best doe om de schoonheid te zien, ergens in mijn hoofd zeurt een stemmetje dat het hier helemaal niet mee eens is. Jezus is geboren in een stal, had geen bezittingen en leefde al rondtrekkend op sandalen met een eenvoudige tuniek aan. Als hij ooit de Sint-Pieter bezocht zou hebben, zou hij hard gelachen hebben. Of zoals hij ooit in de tempel van Jeruzalem had gedaan: iedereen eruit gegooid, omdat ze van de heilige tempel een oord van decadentie, handel en schone schijn hadden gemaakt. Het lijkt erop dat het christendom erg ver is afgedwaald van de oorspronkelijke stichter.
Maar opeens besef ik dat dit ook niet de kerk van Jezus is, maar van Petrus. Jezus is nooit in Rome geweest. *Rome is Petrus, Jeruzalem is Christus.* Daardoor wordt me een hoop helder over de Katholieke Kerk. Goed en

welbeschouwd is de christelijke kerk opgezet naar het voorbeeld van het Romeinse legioen: één leider aan de top, daaronder verschillende centuriones, daaronder verschillende andere lagen van status en uiteindelijk de legionairs, het voetvolk. In de kerk is het niet anders: de onbetwiste leiding van de paus aan de top, daaronder de kardinalen, de bisschoppen, de priesters en pastoors en uiteindelijk de gelovige schaapjes, het voetvolk. Op een nogal militaire manier heeft de Roomse Kerk de wereld veroverd, net als het Romeinse leger: soms met het woord en soms met het zwaard. Door de verschuiving van Jeruzalem naar Rome is het hele epicentrum van spirituele macht verschoven van het Midden-Oosten naar het Westen. De kerk van Petrus is de standaard geworden: hiërarchie, macht, kapitaal, regels en orde. Het lijkt een totale omkering van de kerk van Christus, waar juist vrijheid, gelijkheid, eenvoud, liefde en wijsheid centraal staan. Macht versus kracht. In Jezus was het woord vleesgeworden. In de Roomse Kerk was het vlees weer woord geworden. Geen levende kerk van liefde, maar een stenen kerk van woorden en geboden. Jezus was echter geen lid van een kerk, hij was ook geen christen, net zo min als Boeddha een boeddhist was en Mohammed een mohammedaan. Sterker nog, Jezus keerde zich zelfs tegen de geïnstitutionaliseerde geloofssystemen. Het wordt me steeds duidelijker dat als hij werkelijk in deze tijd zou leven, hij zich niet bepaald zou kunnen vinden in een gebouw als de Sint-Pieter.

Inmiddels schiet de zoektocht naar de Godin niet erg op. Ik zie in de kerk noch in de crypte eronder iets wat me doet denken aan het vrouwelijk aspect van God, op een Maria-altaar na. Het lijkt alsof de Godin in deze grote tempel totaal afwezig is. Of mis ik iets? Zie ik iets over het hoofd, zo dichtbij, maar net niet grijpbaar voor het blote oog? Ik voel haar aanwezigheid, haar naam, haar roep, maar het is net alsof haar verschijning aan het oog is onttrokken, alsof er een grote muur tussen staat. Ik sta stil, sluit mijn ogen en probeer te luisteren.

'Hoor mij, zie mij, doe mij recht. Ik ben de Grote Moeder, degene die over dood en leven gaat, de Vrouwe uit wier lichaam alle kinderen van de aarde voortkomen. Ik, de gezellin van de grote Schepper, ik word niet meer gehoord door de mensen, mijn liefde kan niet meer vrijuit naar mijn kinderen stromen. En toch ben ik overal, in de harten van mensen, vergeten en vervloekt, ook hier, in deze kerk. Juist in deze kerk. Vind mij. Ik ben slechts één gedachte van je vandaan. Het is belangrijk dat je mijn erfenis vindt, zodat de ogen en de harten van de mensen weer opengaan. Het mannelijke heeft het vrouwelijke nodig. God is Godin gelijk. Maak het één niet meer dan het ander. Ontken het één niet ten bate van het ander. Beide zijn nodig in de grote scheppingsrite die jullie bestaan vormt. Eer je vader en je moeder. Eer je goddelijke Vader en

36

je goddelijke Moeder. Niet door hen in beelden te vatten of systemen van geloof en macht te creëren, maar geloof in je eigen hart: daar waar wij één zijn met jou. Het is tijd dat de Grote Godin weer gezien wordt in haar grootsheid, omdat haar eigenschappen de mensheid verder kunnen helpen. Het is niet de tijd om met wrok terug te kijken. Dat wat geweest is, is geweest. Vind mij, zoek mij; ik ben zo dicht bij je.'

En alsof een adem langs mijn gezicht gaat, zo verdwijnt de stem van de Godin weer in de grote, holle ruimte van de basiliek.

Zoek mij, heeft ze gezegd. Zou er dan toch een plek zijn waar de Godin huist, of bedoelt ze dat ik in mijn eigen innerlijk moet zoeken? Is dit het einde van mijn zoektocht? Ergens blijft het vermoeden knagen dat ik iets over het hoofd zie, maar ik heb geen idee wat. De Godin sprak duidelijke taal: *ik ben zo dicht bij je*. Maar waar dan? Misschien neem ik alles veel te letterlijk.
De St.-Pieterskerk gaat inmiddels sluiten en ik besluit mijn zoektocht op te geven. Ik keer terug naar het *youth hostel* en ga op bed liggen. Drie dagen zoeken en ik heb niets gevonden, behalve dertien obelisken. Geen steen, geen Godin, geen Maria Magdalena. Misschien zoek ik naar niets, een fata morgana, een illusie. Misschien wordt het tijd dat ik mijn waanzinnige plan loslaat. Mijn geld is op en het is tijd om terug naar huis te gaan. Ik ga teleurgesteld naar de lounge van het hostel en zie een computer staan. Ik schuif achter het beeldscherm en hoewel ik er geen enkele fiducie meer in heb, kan ik het toch niet laten: ik tik de woorden 'Rome' en 'Godin' in. De zoekmachine doet er enkele seconden over en opeens, daar voor me op het scherm, begint de oplossing van het hele raadsel zich te ontvouwen. Datgene waar ik naarstig naar heb gezocht, is met een klik van de muis binnen handbereik.

Verhit lees ik de ene site na de andere en volg zo een spoor dat alle stukjes van de puzzel aan elkaar doet passen. In 204 voor Christus hadden de Romeinen een Bétyle, een heilige zwarte steen, van de berg Dindymon uit Pessinos in Phrygië gehaald. Deze steen belichaamde de Godin Cybele, de grote Moedergodin, Magna Mater. Volgens het orakel van Delphi en de Sibillijnse boeken was het de bedoeling dat de steen in Rome terecht zou komen. Nadat de steen in Rome was aangekomen, werd er een tempel voor de Godin Cybele omheen gebouwd en ontstond een ware cultus rondom de grote Moedergodin met orgiastische rituelen en feesten. Cybele werd gezien als de Godin van de vruchtbaarheid en van de wilde natuur en zij was volgens de Griekse mythologie de inspiratie voor Dionysos en zijn mysteriegodsdienst. De locatie van de tempel, die het Phrygianum heette, was... de berg van het orakel, de Mons Vaticanus!

Ik zoek verder en wat blijkt: enkele eeuwen na de bouw van het Phrygianum werden de priesteressen van de Godin door Keizer Constantijn, de eerste christelijke keizer, vermoord. De tempel werd geannexeerd door de kerk en werd in latere eeuwen verbouwd door Paus Pius IV. Het Vaticaan bouwde muren, gebouwen en de Sint-Pieter om de tempel met zijn waterbron, nimfen en tuinen heen. En wat ooit een heiligdom van de Godin was, werd het middelpunt van de grootste patriarchale godsdienst ter wereld. Niemand wist meer iets van de geschiedenis van de Godin en tweeduizend jaar lang verdween ze in de vergetelheid.

Hoe is het mogelijk, denk ik, dat het Vaticaan oorspronkelijk een tempel voor de Godin was. Aan de andere kant bevreemdt het me ook niet. De Roomse Kerk heeft namelijk vaak kerken gebouwd waar ooit heiligdommen van godinnen stonden. Op vele krachtplekken staan kerken van Sint-Michaël die de draak doodt. De draak of de slang stond in de matriarchale tijd voor de vrouwelijke aardekracht, de kracht van regeneratie en transformatie, maar in de christelijke kerk zijn de slang en de draak symbool van de duivel geworden. Het vrouwelijke aspect moest met wortel en al worden uitgeroeid. Dat is ze zo goed gelukt, dat bijna niemand meer van het bestaan weet van de Godin in haar vele gedaanten en benamingen. Cybele, Isis, Kali, Laksmi, Inanna, Sofia, Astarte; overal ter wereld werd ooit haar aanwezigheid vereerd en aangeroepen. Maar sinds de patriarchale godsdiensten de macht in handen hebben gekregen, is de macht van het vrouwelijke verdwenen. Het wordt tijd dat de Godin weer terugkomt in ons bewustzijn, omdat we haar hulp hard nodig hebben. De natuur, de aarde, de dieren, de rivieren, de lucht, maar ook onze innerlijke natuur schreeuwt om aandacht. Mensen eten zich vol met voeding die geen echte voeding is. In plaats van ons te voeden met de schatten die moeder natuur ons geeft, leven we in een maatschappij waarin steeds meer surrogaatoplossingen worden aangedragen: nepvoeding, nepborsten, schijnveiligheid in de vorm van allerlei verzekeringen, mobieltjes en stralingsmasten om met elkaar te kunnen communiceren, televisie om onze geest te vullen en hol amusement om ons te vermaken. Onze lichamen zijn uitgezakt en gaan aan overgewicht en lui vlees ten gronde. We snakken naar moeder Aarde, maar we weten niet meer hoe we haar moeten vereren en aanroepen. Ze is zo dichtbij en zo veraf. We zijn kinderen die verdwaald zijn van huis en de weg niet meer terug weten. Net als in het sprookje van Hans en Grietje worden we aangetrokken door de zoete lekkernij van het suikergoedhuisje, niet wetende dat de heks van het huisje ons eigenlijk wil verslinden...

Ik heb nog één ochtend te gaan voordat mijn vliegtuig zal vertrekken en ga in alle vroegte terug naar het Vaticaan. Ik besluit het Vaticaans museum een bezoek te brengen, in de hoop dat ik daar iets meer te weten zal komen over het Phrygianum, de tempel van Cybele. Ik koop een kaartje en wandel door de gangen van het immense museum. Ik word overrompeld door de grote hoeveelheden kunstschatten die hier bij elkaar gebracht zijn. Zeer veel marmeren beelden uit de Griekse en Romeinse tijd staan hier uitgestald. Ze zijn met indrukwekkend vakmanschap gemaakt. Een ding valt me echter op: bij alle beelden is het mannelijk geslacht afgehakt en is er een klein vijgenblad voor in de plaats gekomen. Hier zie ik het gevolg van een jarenlange ontkenning van het menselijke lichaam en haar seksualiteit. Het mannelijke lid mag niet gezien worden. De man is mooi, maar ontkracht. Van mijn broer heb ik ooit gehoord dat de kardinalen en priesters dagelijks medicijnen innamen om hun erectie en zaadlozing tegen te gaan. Wat is een grotere heiligschennis van moeder natuur dan dit: haar voortplantingsvermogen ontkennen en de bron van het leven en van levenslust verbieden en onderdrukken. Tegelijkertijd begrijp ik dat deze mannen ook slachtoffers waren van de vloek die ze over zichzelf hadden afgeroepen. De kerkvaders onderdrukten en misbruikten seksualiteit, maar beseften niet dat ze daarmee ook zichzelf geweld aandeden. Ik vermoed dat het niet lang meer zal duren voordat het tij keert en de macht van de patriarchale godsdiensten afneemt en verbrokkelt. De gehele waarheid van de Godin en haar ontdekking zal aan het licht komen. De kennis van de liefde sterft als een oude vogel om als een Phoenix weer uit de as te herrijzen. Dood en wedergeboorte, de eeuwige cyclus.

Door de drommen mensen te volgen kom ik uit in de Sixtijnse kapel, het onbetwiste hoogtepunt van het Vaticaan. Maar ook hier word ik niet echt geraakt. Ik zie weliswaar de schoonheid van de schilderingen van Michelangelo, maar voel geen innerlijke schoonheid. Nee, dit is niet waar ik voor gekomen ben. Ik ontvlucht de kapel, schiet een zijgangetje in dat leidt naar de bibliotheek van het Vaticaan en bevind me opeens in een grote lege gang met enkele tapijten aan de muur. Het ochtendzonlicht schijnt in brede stroken naar binnen en geeft een goudgele glans aan de lange gang. Ik kijk door een van de hoge vensters naar buiten en zie dat ik in het hart van het Vaticaan ben aangekomen: ik kijk uit op de tuin! Daar, te midden van prachtige vliegdennen, glooiende gazons en kleine fonteinen, vind ik wat ik zoek: het Phrygianum. Een allerprachtigste tempel, ovaalvormig, met twee waterbronnen omzoomd en in het midden een beeld van Cybele, de Grote Moedergodin. Daar is ze dus, ongestoord, te midden van de natuur, op een van de mooiste maar meest onbereikbare plekken van Rome. De ingang van de tempel is afgezet met een metalen hekwerk. Ik zal nooit weten of binnenin, in het Heilige der Heilige, de steen nog staat, maar de aanblik van de tempel is genoeg. Ik heb de Godin gevonden, in het hart van de christelijke kerk.

Ik sluit mijn ogen en bid tot de Godin. Als niemand haar meer erkent of herkent, kan ik allicht een klein gebed voor haar doen. Ik bid dat ik haar mag eren en haar ten dienste mag zijn. Vanuit de stilte hoor ik haar stem:

'Dat wat vervloekt is, wordt bij deze ongedaan gemaakt. Een vloek is niet anders dan het niet zien van de waarheid, die liefde is. De macht van de Godin is hersteld. Dit was alles wat nodig was. Ook als maar één persoon mij ziet, wordt mijn kracht hersteld. Of eigenlijk wordt jouw kracht hersteld, want juist door het verlies van de Godin verlies je je eigen kracht. Ik ben er altijd, zoals de Vadergod er altijd is, maar door je met ons te verbinden, hervind je je ware kracht.'

Ik sla een kruisteken en verlaat het Vaticaan. Als ik buiten sta, kom ik midden in een processie terecht. Priesters en monniken dragen het beeld van Maria op hun schouders door de straten. Daarachter lopen allerlei figuren in middeleeuwse kledij. Ze zien er kleurrijk uit en iedereen kijkt met grote ogen naar het heilige Mariabeeld: de grote Moedergodin in haar westerse, christelijke versie. Misschien is er uiteindelijk toch niet zoveel veranderd in al die eeuwen...

Later die avond, op weg naar mijn hotel, vind ik een klein kapelletje dat nog open is. In plaats van de megalomane pracht van het Vaticaan vind ik hier eenvoud en rust. Ik kniel neer voor het altaar, en er daalt een diepe stilte neer. Ik denk aan de jaren die ik in het Katharengebied heb doorgebracht: de wandeltochten, het Maria Magdalena Festival, de avonturen met Karel en Caroline en vele anderen. Maar in deze kleine en stille kapel lijkt een andere stem me te roepen. Ik hoor mijn gids tot me spreken...

'Je werk in het Katharengebied is klaar. Deze streek herbergde de sleutel tot het ontsluieren van de kennis van Maria Magdalena. Zij is de inwijdster, degene die de Christusenergie aanroept en inwijdt. Door haar, het goddelijke vrouwelijke, kan het goddelijke mannelijke aan het licht komen. Maar de sleutel daarvoor ligt ergens anders: in het Midden-Oosten. Dat is waar je volgende taak ligt in de komende jaren. Reis erheen, zoek de achtste poort en weet dat je de zaden legt voor datgene dat zich opnieuw in de wereld mag openbaren: de innerlijke Christus die in vele mensen geboren wordt.'

Ik doe mijn ogen open en zie een klein kaarsje branden op het altaar. Het wordt al bijna donker buiten, maar het kleine lichtje verlicht het hele vertrek. Achter mij beweegt de schaduw van mijzelf tegen de muur. Mijn reis is ten einde en het is tijd om terug naar huis te keren.
Ik hoor de roep van een nieuw avontuur. Het Midden-Oosten lonkt. Maar eerst besluit ik opnieuw Karel en Caroline op te zoeken.

'Als ik aan het Midden-Oosten denk, krijg ik het beeld van Mozes,' zegt Caroline. 'Hij kreeg zijn boodschap door op de berg Horeb in de Sinaïwoestijn. Hij was natuurlijk een typische aartsvader en moest niets van het vrouwelijke hebben,' zegt ze erachteraan.
'Gelukkig krijg je dat beeld niet bij mij,' zegt Karel met een knipoog.
'Dat weet ik nog net niet,' antwoordt Caroline. 'Ook gij, Karel, bent verbonden met de aartsvaderen die door de woestijn liepen.' Karel glimlacht. Het spel van vriendschappelijk porren gaat vloeiend over in de boodschap die Caroline doorkrijgt.

'Ga naar de Poort van de Hemel. Daar vinden jullie de sleutel die toegang geeft tot de volgende fase op jullie reis. Deze poort geeft je toegang tot het goddelijke. Maar het is tevens de poort naar de Onderwereld. Alleen door de reis door het duister te maken kun je het Labyrint betreden van de Vier Elementen. Het duister geeft voeding maar eist zijn tol. Laat je leiden door de woestijn. Geen veertig jaar, maar vijf dagen...'

Een heel verhaal volgt, over de rol die Mozes in de geschiedenis heeft gespeeld, en wat onze taak in het grotere geheel is. Maar concreet betekent het dat we gezamenlijk een reis gaan maken naar de Sinaïwoestijn.

DE OPENBARING VAN HATHOR

Onze reis begint aan de Dode Zee in Israël. Van daaruit reizen we verder naar het zuiden, om via Eilat naar de Sinaïwoestijn te gaan. Als we in Tel Aviv geland zijn, rijden we direct door naar de Dode Zee. De bedoeling is dat we dezelfde avond nog doorrijden naar Eilat in het zuiden van Israël. Het is echter al laat in de middag als we bij de Dode Zee aankomen. We hebben zwemspullen bij ons en niet veel later drijven we gedrieën in het zoute water. Op de een of andere manier lijkt het of we licht geven: het zoute water werkt op een wonderlijke manier in op je energielichaam. Doordat je je totaal kunt ontspannen, lijkt je aura uit te dijen en te vervloeien met de zoute substantie onder je. Ik heb een intense tijd van workshops achter de rug en ben eigenlijk doodop.

De legende gaat dat op de plaats van de Dode Zee ooit een koninkrijk lag. De steden Sodom en Gomorra maakten er deel van uit. Doordat de bewoners zich misdroegen, draaide God op een geven moment de aarde om en begroef het koninkrijk onder de aarde. Alles wat restte van het koninkrijk was een groot gat, een vallei waar zich nu de Dode Zee bevindt. Onlangs hoorde ik dat de NASA een foto heeft gemaakt van de Dode Zee waarop inderdaad de restanten van twee steden te zien zijn die diep onder water liggen: Sodom en Gomorra. Maar aangezien het waterniveau van de Dode Zee met een meter per jaar daalt, zou het kunnen dat de steden binnen niet al te lange tijd weer boven water komen...

Terwijl we ronddobberen, begin ik me licht zorgen te maken over een slaapplaats voor de nacht. Het is nog minstens drie uur rijden naar Eilat en ik vraag me af of we daar zomaar iets gaan vinden.
'Ach, maak je niet druk,' zegt Karel. 'Het komt allemaal in orde. Je moet gewoon positief denken.' Dat zouden mijn eigen woorden kunnen zijn, maar aangezien ik doodvermoeid ben, lijkt positief denken wel het laatste waar ik toe in staat ben. Vooruit maar, overgave, denk ik wanhopig. Karel en Caroline lijken het volste vertrouwen in de hele onderneming te hebben. Oké, denk ik. Ik heb het hele jaar allerlei workshops geleid. Nu is het aan hen om de leiding te nemen en aan mij om te volgen.

Om één uur 's nachts bereiken we Eilat. Precies op de plek waar we uitstappen, is een alleraardigst hotelletje. We bellen aan en er blijkt nog precies een kamer voor drie personen vrij te zijn. Het lijkt wel alsof alles voor ons is geregeld. Aan de muur van de kamer hangt een groot wandkleed met een zon en een maan erop die in elkaar geschoven zijn.

Als we de volgende ochtend wakker worden, blijkt dat we in een soort alternatief backpackershotel terecht zijn gekomen. De eigenaren zijn zeer vriendelijk en vertellen wat we allemaal in Eilat kunnen doen.

Als we eenmaal buiten lopen, lijkt de gespannen sfeer van Israël opeens te zijn veranderd in het zwoele en ontspannen klimaat van een vakantieoord. Vrouwen lopen rond in bikini en zien er betoverend uit met hun zwarte krullen en bruine huid. Stoere beachboys rijden rond in jeeps en dragen blinkende zonnebrillen. Maar onder de schijnbaar vrije vakantiestemming is toch nog de beklemming van het joodse volk te voelen. De dreigende gedachte aan een plotselinge bomaanslag is overal voelbaar, maar wordt nergens uitgesproken.

'Er is een dolfijnenbaai,' roept Caroline opgewonden. Ze heeft bij de eigenaren informatie ingewonnen en gehoord dat er iets voorbij Eilat een strand is waar een groep dolfijnen verblijft. Het doet haar terugdenken aan de jaren dat ze in Hawaii woonde voordat ze Karel leerde kennen.

Karel en ik zijn net in een gesprek verwikkeld over relaties en wat het betekent om met iemand een intieme band aan te gaan. Ik heb inmiddels diverse relaties gehad, maar geen enkele ervan was blijvend. Het waren stuk voor stuk waardevolle ervaringen, maar toch heb ik moeite om me te verzoenen met mijn lot.

Als Karel, Caroline en ik die middag in de baai van de dolfijnen zijn aankomen, besluit ik te kijken of ik contact met de dolfijnen kan leggen om ze te vragen wat de bedoeling van relaties is en hoe ik daar op een goede manier mee om kan gaan. Wat is nu eigenlijk de essentie van relaties en seksualiteit? Het is een vraag die me al jaren bezighoudt en dolfijnen lijken me de meest geschikte dieren om mee van gedachten te wisselen, als dat mogelijk zou zijn. Het zijn hoogontwikkelde wezens die samenleven met een partner op basis van trouw, speelsheid en vrijheid.

Met de taxi arriveren we bij het strand dat is omgetoverd tot een soort tropisch paradijs met palmen, watervalletjes, vijvers en houten parasols. Vanaf het strand lopen er een aantal houten vlonders de zee in vanwaar de bezoekers naar de dolfijnen kunnen kijken. Caroline loopt voor ons uit en is als een kind zo blij.

'Kijk, daar zwemmen ze!' roept ze. Ze heeft tranen in haar ogen. 'Wat zijn ze mooi. Oh, dit is wat ik altijd al gewild heb.' Ze gaat op de vlonder zitten met haar voeten in het water en opeens zwemt er een dolfijn onder de vlonder door, vlak langs haar benen. 'Dag lieve mooie dieren, ik houd zo van jullie.'

Karel en ik zijn wat gereserveerder maar zijn eveneens onder de indruk van de prachtige dieren die rondom de vlonders zwemmen. Ik besluit me af te stemmen op de golflengte van de dolfijnen en zoek een plekje in het midden van de vlonder. Het duurt niet lang of ik heb contact, maar ik ben enigszins verbaasd over wat ik hoor. De dieren zijn niet zo blij als ze eruitzien.

'We worden hier vastgehouden om de toeristen te vermaken. We zwemmen niet vrij rond, zodat we geen contact kunnen maken met onze soortgenoten en dat doet ons groot verdriet.'

Ik kijk uit over de zee en zie dat er een groot net in het water hangt dat de baai afsluit.

'We zijn hier wel op vrijwillige basis. Het is onze keuze met de mensen in contact te komen, maar het is tegelijkertijd erg zwaar en het berooft ons van onze vrijheid. Vrijheid is het hoogste goed wat er is. We genieten van het contact met de mens, maar helaas is er zo weinig echt contact. De mensen kunnen helaas niet communiceren zoals wij dat doen, door middel van hogere frequenties. We zijn daarom blij dat je hier bent en met ons praat. Als je naar de andere kant van de baai komt en naar het net zwemt, zullen we daarheen komen om contact met jullie te leggen.'

Ik vertel Karel en Caroline wat ik heb gehoord en we lopen naar de andere kant van de baai. We trekken onze zwempakken aan en duiken het heldere water van de Rode Zee in. Het water is heerlijk en terwijl we onder water zwemmen, horen we de eerste tonen van de dolfijnen, hoge geluiden die als een soort roep door het water klinken. Het is een geluid dat diep doordringt in je hersenen. Zonder dat ik het begrijp, word ik er blij van en word ik verliefd op deze wijze en wonderlijke schepselen. We zwemmen tot aan het net en het duurt niet lang of de dolfijnen komen aan de andere kant van het net naar ons toe. Eentje zwemt vlak voor me en gaat recht overeind in het water staan zodat hij zijn kop op de rand van het net kan leggen. Ik kijk recht in zijn ogen en ervaar een van de meest bijzondere contacten die ik ooit heb gehad. Het is geen dier dat naar mij kijkt, geen vis of zoogdier, maar een wezen met een eigen intelligentie en ziel. Hij - of zij - observeert me en kijkt me aan alsof we elkaar al lang kennen. De dolfijn maakt weer zijn hoge piepende geluid en ik raak zijn snuit aan. Direct daarop duikt hij onder water en zwemt onder de waterlijn naar me toe. Door het net heen kunnen we elkaar aanraken en contact maken. Ook Caroline en Karel hebben contact met een van de dolfijnen. We kunnen niet erg lang onder water blijven zonder adem te halen en er ontstaat een spel van ontmoeten, aanraken en contact maken. Het zijn de meest grappige en speelse wezens die ik ooit ben tegengekomen.

Als we later op het strand van deze intense ontmoeting aan het bijkomen zijn, hoor ik hun stem weer in mijn hart.

'Het leven is een spel. Het is de hoogste manier van zijn; plezier met elkaar maken en genieten van elkaars aanwezigheid. Jullie hebben de neiging om het elkaar zo moeilijk te maken. Laat je gaan en geniet. Dat is alles wat je te doen hebt. Dat is de hogere weg die jullie als mensheid mogen ontdekken.'

'Maar hoe zit dat met relaties?' vraag ik. 'Betekent dat dat je geen binding aangaat en gewoon leeft in het moment?'

'In een relatie kun je het spel van aanraken en genieten tot een ware levensvorm en kunst verheffen. Dat is een zeer intieme en waardevolle ervaring, die je niet met iedereen kunt ervaren. De eerste essentie van een relatie is vrijheid. Laat elkaar volledig vrij. De tweede essentie is echter geborgenheid en liefdevolle verantwoordelijkheid. Wij kiezen ervoor om met één partner te blijven omdat dat de waarde van het spel alleen maar verhoogt. Het betekent niet dat we gedwongen worden bij elkaar te blijven zoals jullie in een huwelijk bij elkaar zijn, maar vanuit een diepe zielenstaat kiezen we ervoor om onze verbinding steeds verder te verdiepen. Het is een rijke manier van eenwording met een ander. Het betekent dat we nog steeds vrij zijn om te spelen met een ander, maar de meest intieme, seksuele daad houden we bij een partner. Ons hele leven bestaat echter uit een speelse aanraking met elkaar en er is slechts een niveauverschil tussen het spel met elkaar en een intieme verbinding met een enkele partner. Bij jullie lijken die twee niveaus meer gescheiden. Je deelt alles met een partner en met de andere mensen gaan jullie afstandelijk om, zonder elkaar aan te raken of te strelen. Bij ons liggen die twee niveaus veel dichter bij elkaar, omdat spel de essentie is van ons samenzijn. Dat is ook het contact wat we met mensen maken. Ze worden aangetrokken door onze speelsheid en het contact dat we op die manier met de mensen onderhouden.
Een van onze grootste bijdragen aan de mensheid is om ze weer te leren spelen en ze daarmee de onschuld te laten ontdekken van wie ze zijn. De mensheid is zo serieus geworden en is vergeten om te spelen als een kind. En toch is dat de essentie van het bestaan.'

We verblijven nog enige tijd in de nabijheid van de dolfijnen. Het is heerlijk om de energie en de wijze speelsheid van deze prachtige dieren te voelen. Dankbaar en totaal verguld keren we aan het eind van de dag terug naar ons hotelletje. We spreken nog lang na over de boodschap van de dolfijnen en de betekenis van relaties.

De volgende dag pakken we onze spullen weer in en vertrekken naar de grens met Egypte, even buiten Eilat. De berg van Mozes roept. De doorgang bij de grens verloopt zonder veel problemen en niet veel later staan we op Egyptische bodem. Direct valt iets van de spanning weg die voelbaar was in Israël. Maar een heel ander soort spanning doet zijn intrede: het spel van bieden, loven en onderhandelen met de Egyptische taxichauffeurs. Na enige moeite hebben we uiteindelijk een taxibusje gevonden dat ons en een aantal andere toeristen naar de volgende plaats zal brengen. Vanaf daar is er een andere taxichauffeur die ons verder de woestijn in zal rijden. Als we met chauffeur twee op stap zijn, stopt hij opeens als er van de andere kant een derde taxi aankomt. We worden overgeladen en gaan met taxi drie verder. Het spel van taxi-verwisselen herhaalt zich nog twee keer.
'Is dit wel te vertrouwen?' vraagt Karel. 'Niemand die ons bij de grens heeft gezien weet dat we in deze taxi zitten en we zijn inmiddels ver van de bewoonde wereld af.'
'Klopt,' zegt Caroline, 'ik begon me ook al zorgen te maken. Ze zullen ons toch niet ergens heen lokken?'
'Ik weet het niet,' zeg ik. 'Het is allemaal erg ondoorzichtig, hoewel ik niet het gevoel heb dat deze man niet te vertrouwen is.' Ik kijk de taxichauffeur aan: hij grinnikt terug. Er zitten nog maar een paar tanden in zijn mond. *Family,* zegt hij en hij wijst in de richting waar we naartoe rijden. *My family. I sleep there.* Het lijkt alsof hij onze gedachten heeft geraden en ons probeert gerust te stellen. De natuur is inmiddels veranderd in een grote bergwoestijn waar de avondzon rode en oranje strepen in trekt. Het landschap is adembenemend mooi en majestueus, maar totaal leeg. Er is niemand te bekennen; geen boom, plant of dier.
Helemaal tegen de avond zien we een paar bedoeïenen op kamelen voorbijtrekken. Alsmaar verder rijden we de Sinaïwoestijn in, op weg naar de berg van Mozes. Toch voelt de woestijn niet verlaten of leeg aan, eerder gevuld met een soort heilige stilte. Ik voel me helder en energiek. Alle spanning van het afgelopen jaar is van me afgevallen. Ik kijk uit naar de beklimming van de berg Horeb, de berg waar Mozes de tien geboden kreeg.

Ik denk terug aan de afgelopen jaren: aan de oproep van *The Elders*; de zoektocht naar Maria Magdalena; aan de boodschap in de kapel in het Katharengebied om de Christus opnieuw aan te roepen in het Midden-Oosten; aan het contact met de dolfijn en aan de belofte van het Vijfde

Element. Het lijkt alsof alle gebeurtenissen op een onzichtbare manier met elkaar verbonden zijn en als kralen aan een ketting aaneengeregen worden. Maar wat is de rode draad? Wat wil het bestaan mij duidelijk maken? Ik probeer de puzzelstukjes aan elkaar te lijmen, maar op de een of andere manier kan ik er nog geen totaalbeeld in ontdekken. Het blijven losse delen van een wonderlijk avontuur en ik heb de kracht niet om er een geheel van te maken.

Laat in de avond arriveren we aan de voet van de berg Horeb bij het Katharinaklooster. We kunnen een kamer krijgen in het hotel dat vlak bij het klooster ligt. Boven ons strekt zich de sterrenhemel uit als een grote oneindige ruimte. Hier lijkt de tijd stil te staan. Niets scheidt ons van de mensen die hier eeuwen geleden langs zijn getrokken op zoek naar hun beloofde land. Ook zij hebben hier hun kamp opgeslagen en naar dezelfde sterrenpracht gekeken. Ook zij zijn op zoek geweest naar vrijheid, naar een kracht die hen kon leiden, naar liefde en naar respect.

Vroeg in de ochtend besluit ik het klooster te verkennen. Ik sluip de kamer uit en laat Karel en Caroline achter. Als ik de deur van het hotel uitga, zie ik pas de omgeving. We zijn omringd door enorme bergen, kaal en ongenaakbaar. De ochtendzon creëert een palet van oranje, gele en roze tinten op de zandstenen rotsen. In een zaaltje vind ik een ontbijtbuffet en ik sluit me aan in de rij om wat brood, thee en beleg te nemen.

'Oh, isn't it amazing dear, what an incredible morning!' hoor ik de dame achter me zeggen.
'O, yes, my love, it is gorgeously sunny, don't you think?' antwoordt de andere dame, die als twee druppels water op de eerste lijkt. Terwijl ik doorschuif, gaat het gesprek tussen de twee keurige Engelse dames verder en ik amuseer me om hun *upper class* taalgebruik. Terwijl het gesprek voortkabbelt, spits ik mijn oren. Uit hun woorden blijkt dat ze onderzoeksters zijn die oude teksten bestuderen. Ik vraag hen naar hun werk en ze beginnen te vertellen. Madeleine, de eerste dame, is hoofd van een onderzoeksinstituut in London die zich bezighoudt met het behoud van oude teksten. Ze heeft toestemming gekregen van de monniken om een inventarisatie te maken van de evangeliën die in het klooster liggen opgeslagen. Ik schuif aan bij hen aan tafel om verder te luisteren en mijn verbazing stijgt als ik hoor wat deze twee Miss Marples aan het doen zijn.
'We have been granted the privilege to do research on the Codex Sinaiticus,' zegt Maria, de tweede dame en zus van de eerste.
'Oh,' zeg ik, 'de codex...?' Ze leggen me opgewonden uit dat de Codex Sinaiticus de eerste kopie van de bijbel is die in het Katharina-klooster is geschreven en daar nog steeds bewaard wordt. De papieren zijn door het

woestijnklimaat bijna tweeduizend jaar bewaard gebleven, maar als er niets gebeurt dan zullen ze binnenkort tot stof uiteenvallen. De dames doen hun best om de monniken te overtuigen dat de papieren rollen beschermd en bewerkt moeten worden, maar de monniken willen er niets van weten. Al bijna tweeduizend jaar hebben rovers, legers, koningen, veldheren, wetenschappers en toeristen getracht hun schatten af te nemen, maar tot nu toe zijn de monniken er in geslaagd om alles te bewaren. Zelfs Mohammed heeft ooit het klooster ongeschonden gelaten en zijn zegen gegeven opdat het klooster niet vernietigd zou worden. Als heilige wachters waken de monniken over hun erfenis van oude papieren, boekrollen en evangeliën, die in grote hoeveelheden in kelders, onder stenen vloeren of achter keukenkasten wordt bewaard.

'The most interesting thing is that the Codex Sinaiticus contains the gospel of Judas. He isn't such a villain after all, as I understand from the text. Of course, I am not an expert on the subject. I only look at the quality of the paper.'

'Nothing like this chap Moses,' vult haar zuster aan. *'He killed three thousand of his people because they were dancing around a golden calf.'*

Ik kijk haar verbaasd aan. Dat verhaal van drieduizend doden kende ik niet.

'Oh, you should read the Bible, dear. It's all in there. When he came down from the mountain with his two stones, he saw them dancing around the golden calf. He was so angry that he threw down the stones with the Ten Commandments. After that the priests killed all the followers of the pagan rite that didn't convert to the rules of Moses. And to think he had just written down, 'Thou shalt not kill'. Such a shame.'

'Oh, stop it, Maria,' komt Madeleine tussendoor. *'You overload our friend with your twit twat.'*

Madeleine en haar zuster vertellen verder over hun onderzoek en hoe kleine microbacteriën het papier langzaam opvreten waardoor het zwart en onleesbaar wordt.

Ik besef dat op deze plek de geschiedenis bewaard wordt van de heel vroege joodse en christelijke beschaving. Wie weet wat hier nog aan onbekende teksten en verborgen evangeliën verstopt zit achter de muren van het klooster? In twee millennia is er een hoop veranderd en zijn er talloze evangeliën verdwenen, bijbelteksten aangepast of gecensureerd. We kunnen alleen maar gissen naar de ware aard van de gebeurtenissen die in een ver verleden hebben plaatsgevonden.

Al mijmerend kom ik bij de braambos die in een hoekje van het klooster nog steeds te bewonderen is, hoewel natuurlijk niemand weet of dit de echte braambos is. Karel en Caroline komen aanlopen. 'Hé Ton, hoe is-ie?' Ze hebben rustig ontbeten en hebben zich klaargemaakt voor de tocht de berg op.

'Kijk!' zeg ik. 'De braambos van Mozes. Hier kreeg hij zijn visioen van God, die hem vertelde dat hij zijn volk moest bevrijden. De struik kwam in brand te staan, zonder dat hij verbrandde.'
'Ik vind het niet zo'n mooie struik,' zegt Caroline, 'een beetje dor. Ik hou meer van die Oleander die ernaast staat. Waarom altijd het oude aanbidden wat al eeuwen dor en droog is. Ik richt de orde van de Heilige Oleander op. Doen jullie mee?' vraagt ze.
'Goed plan,' zegt Karel. 'Dat klinkt beter dan die doodgravers van monniken die hier rondlopen en de wacht houden. Wat een sombere bedoening. Zullen we de berg beklimmen?'

We pakken onze spullen en beginnen aan de klim van de drieduizend treden de berg op. Alsof we in een film van *Lord of the Rings* beland zijn, stappen we tree voor tree naar boven, steeds dichter bij het Heilige der Heilige: de top van de berg Horeb. De lucht is enigszins bewolkt en zorgt er gelukkig voor dat het niet te heet is. Er is geen enkele schaduw en de brandende zon kan hier ongenadig schijnen. We klimmen gestaag door en op de een of andere manier laat het verhaal van Mozes, de chagrijnige monniken en de oude geschriften me niet los. Er is iets wat me niet zint, maar waar ik de vinger niet op kan leggen.
'Wat is er?' vraagt Karel. 'Je bent zo stil.'
'Ik weet het niet,' zeg ik. 'Ik voel me chagrijnig en geïrriteerd, maar ik weet niet waar het vandaan komt. Ik heb helemaal geen zin meer om naar boven te gaan.'
'Hoezo?' vraagt Karel.
'Nou ja, als je bedenkt dat hier voor het eerst die Tien Geboden zijn opgeschreven die het begin zijn geweest voor al die patriarchale godsdiensten, waarin mannen de macht hebben en alles wordt gedicteerd door regels. Waarom zijn het altijd mannen die de dienst hebben uitgemaakt? Kijk naar wat het heeft opgeleverd: duizenden jaren van godsdienstoorlogen, religies die te vuur en te zwaard worden opgelegd, eindeloze twisten over wiens God de beste is, welke religie de enige juiste religie is: je wordt er gek van.'
Hoe meer ik erover nadenk en er Karel over vertel, hoe bozer ik word. 'Ik heb het zo gehad met al die instellingen en instituten die verkondigen wat waar en niet waar is. Wat een eindeloze godsdienstwaanzin. Kijk wat de christenen hebben gedaan in de kruistochten: miljoenen mensen afgemaakt in naam van God. Kijk wat de Israëliërs doen met de Palestijnen: ze behandelen ze als dieren, omdat hun God het land aan de joden heeft beloofd. De islamitische terroristen blazen zichzelf op in naam van Allah. Bush valt Irak binnen en heeft zogenaamd God aan zijn zij en ga zo maar door. Er is één constante in dit hele verhaal die me boos en beschaamd maakt: het zijn allemaal mannen. Ik word er ziek van. Als ik lees wat de

Katholieke Kerk in de loop van de eeuwen allemaal heeft aangericht word ik misselijk. Waar zijn de vrouwen? Of is God alleen een mannenzaak?'

Ik ben razend en Karel laat me begaan. Alle frustratie die ik zelf in mijn leven heb ervaren, opgevoed als goed katholiek, alle machteloosheid en woede over onrecht, hypocrisie en machtsmisbruik komt er in een stortvloed uit. Als ik eenmaal uitgeraasd ben, neem ik een besluit: de laatste duizend treden van de trap de berg op wil ik lopen ter ere van de Godin, van het vrouwelijke, het aspect dat zoveel eeuwen lang ontkend is geweest, waardoor vrouwen nog steeds in veel religies op de tweede rang komen te staan.

Terwijl we verder klimmen, zeg ik bij iedere stap: 'Ik wijd mijn leven aan liefde, geluk en overvloed.' In plaats van de eed van armoede, kuisheid en opoffering - zoals de monniken doen - wil ik de drie eigenschappen van de Godin eren. Het is genoeg met die sombere, machtswellustige en gortdroge godsdiensten. Terwijl ik de spreuk keer op keer als een mantra herhaal, voel ik hoe mijn stemming totaal verandert. Ik voel me krachtig en krijg nieuwe energie. Het leven lijkt weer vol schoonheid en plezier te zijn. De bergen om ons heen geven een steeds weidser uitzicht en we verheugen ons erop de nacht boven op de berg door te brengen. We hebben gehoord dat we bij de bedoeïenen kunnen slapen, die op de top hun tentjes hebben opgeslagen. Het duurt niet lang of we komen voor een stenen poort te staan die de laatste etappe markeert naar de top. Hierop staat geschreven: *de poort naar de hemel.*

'Wat een toepasselijke titel voor deze stenen boog,' mijmert Karel. Stap voor stap leggen we de laatste paar honderd treden af, iedere tree dichter bij de hemel boven ons, verder weg van de aarde, van de bewoonde wereld. Hier boven herinnert bijna niets meer aan het aardse leven. Er is een soort heilige leegte, die zwanger is van aanwezigheid, alsof er ieder moment engelenkoren kunnen losbarsten in hemels gezang.

Het is iedere keer weer fascinerend om op een krachtplek te komen en de sfeer ervan te proeven. Iedere plek heeft zijn eigen identiteit, zijn eigen energie en uitwerking. Bij deze plek voel ik het sterkst de verbinding naar de hemelse regionen, alsof er een directe doorgang is tussen de berg en de lichtwereld die om ons heen is. Het verbaast me niet dat Mozes hier de stem van God hoorde en van hem de Tien Geboden kreeg. Het is alsof God ieder moment vanuit zijn helikopter hier boven op de berg kan landen. Misschien heeft-ie nieuwe geboden voor deze tijd, bedenk ik me, terwijl ik verder stap. De oude lijken een beetje versleten. Of misschien moeten ze alleen onder het stof vandaan worden gehaald en weer nieuw leven worden ingeblazen.

Misschien is het tijd voor een grondige reorganisatie van het geloof: terug naar de oorsprong, terug naar de eenvoud. De kerkelijke hiërarchie met al zijn franje, zijn schoonheid maar ook zijn logheid en gebrek aan levensvreugde, lijkt op sterven na dood. Ik moet denken aan paus Johannes Paulus II. De man had zich tot het laatste moment aan het kruis vastgehouden, totdat hij zelfs de heilige zegen, het urbi et orbi, niet meer kon uitspreken tijdens de paasmis. Met een bewonderenswaardig doorzettingsvermogen leek hij het beeld van de Katholieke Kerk te vertegenwoordigen: een oude man, kwetsbaar en moegestreden, in overgave aan Christus. Juist in zijn breekbaarheid en zijn lijden leek Johannes Paulus II de mensheid het beste te tonen van waar het allemaal om ging: de eenvoudige liefde en trouw tussen mens en God, hoe vaak we Hem - of Haar - ook verlaten hebben. De kerk had in de loop der eeuwen zoveel miljoenen doden op haar naam staan en was ver afgedwaald van de oorspronkelijke boodschap van liefde en eenvoud, maar deze man riep in zijn laatste uren compassie en mededogen op. Toen de paus stierf, rouwde de wereld omdat we in die laatste uren naast zijn grootsheid ook zijn nederigheid en diepe menselijkheid hadden gezien. Hij koos ervoor om bijgezet te worden in een simpele kist van olijfhout, zonder enige franje. Terwijl de groten van de aarde verzameld waren op het Sint-Pietersplein lag in het midden de kist met het kleine, oude lichaam van de paus.

Op dat moment leek het alsof God zich opnieuw kenbaar maakte aan de gemeenschap. Een lichte bries deed de papieren bladzijden van de bijbel, die boven op de kist lag, opwaaien en een voor een sloegen de bladzijden om. Het leek alsof nog een keer alle verhalen, de geboden, de gezangen en de brieven van de evangelisten de revue passeerden. Toen, met een sterke windvlaag, blies God het boek uit. De laatste bladzijden vielen dicht en het boek lag gesloten boven op de doodskist. Einde hoofdstuk. Ik vond het een prachtig slot voor een godsdienst die klaar was en toe is aan vernieuwing.

Ik kijk omhoog en zie dat Karel en Caroline de top hebben bereikt. De laatste treden van de trap liggen voor me en om me heen is een oneindigheid aan ruimte, bergtoppen, woestijn en lucht. Zo ver het oog kan reiken, is er geen enkel menselijk teken van leven te zien. We zouden ook op Mars kunnen staan en hetzelfde beeld kunnen zien. Karel en Caroline verwelkomen me uitgelaten. 'We zijn er!'

's Nachts droom ik dat Mozes in woede beneden aan de berg aankomt. Hij zit bij het Gouden Kalf en daaromheen een uitzinnige menigte van vooral vrouwen en enkele mannen. Ze dansen, lachen, zingen, er staan tafels en standjes met kleden en kussens. Het is in mijn droom net een groot New Age festival of Onkruidbeurs. Er is iemand die tarotkaarten leest, een hele groep mannen en vrouwen doet Biodanza, er worden tantrische rituelen uitgevoerd, een groepje mannen doet de Haka van de Maori's, anderen zitten in meditatieve houding rondom een goeroe. Kortom, het is een bont gezelschap van talloze stromingen en spirituele uitingen. Mozes ziet het met lede ogen aan en balt zijn vuisten. 'Dit is niet de bedoeling!' briest hij. 'Jullie zijn God vergeten!' De menigte lacht en verandert in een golvende massa op een houseparty die op de drumbeats van de muziek op en neer deint. In woede gooit Mozes de stenen met de Tien Geboden stuk. Uit het midden van de massa zie ik een beeld van de godin Hathor verschijnen. Het is de godin met de koeienoren. Opeens begrijp ik het beeld van het Gouden Kalf: het is een afbeelding van vruchtbaarheidsgodin Hathor. Ze is de godin van liefde, heling en overvloed. Ze werd door de Egyptenaren aanbeden en vereerd als de partner van de lichtgod Horus.

Dan verandert de sfeer in de droom. Het wordt donker en duister en de bliksem slaat neer. De toorn van Mozes neemt groteske vormen aan en hij beveelt dat alle aanhangers van Hathor moeten worden afgemaakt. Zijn priesters, de Levieten, gaan met messen en hakbijlen tekeer en de vrolijke, dansende menigte verandert in een bloedbad. Het laatste beeld van mijn droom is een stervende Hathorpriesteres, die uit wanhoop en woede een vloek uitspreekt over de mannen die de slachtpartij aanrichten: *'Iedere godsdienst waarin het vrouwelijke ontkend, veracht en vermoord wordt, zal boeten voor deze wandaad. Hij zal nooit de heilige kracht van de seksualiteit meer proeven en hij zal gebukt gaan onder een vervormde en verkrachte vorm van seks. Deze godsdienst zal ten onder gaan aan strijd en tweedracht.'*

Ik word zwetend wakker. Het is nog geen licht en ik zie een dun streepje licht onder het tentdoek door aan de horizon. Ik besef dat ik in de bedoeïenentent lig waar we gisteren onderdak hebben gekregen. Ik ga rechtop zitten en overdenk de impact van de droom. De bedoeïen die ons gisteren welkom heette in de tent had verteld dat er naast de berg Horeb een berg is met een tempel van Hathor. In de droom leg ik opeens de connectie tussen de berg Horeb, de berg van Mozes en de berg van de godin Hathor. Mozes was begonnen met een monotheïstische godsdienst, waaruit later het christendom en de islam voortkwamen. Een religie met God de Vader. Daarvoor moesten alle andere goden en godinnen wijken. Ik snap zijn moeite met de veelheid en variëteit van stromingen die een allegaartje kan worden, waardoor de essentie verloren gaat. Maar de remedie is zoveel erger. Hetgeen als godskracht vanuit het hart is bedoeld, wordt een strenge vader op een wolk. De universele liefde waar vele meesters over spreken, die geen naam noch beeltenis heeft, wordt uiteindelijk toch weer een beeld:

God de Vader, alias Allah of Jahweh. En daarmee begint de oneindige strijd tussen de drie Goden.

Als het lichter is en Karel en Caroline ook wakker zijn, gaan we bij elkaar zitten. Caroline stemt af op de godin Hathor, in de hoop dat ze ons iets van inzicht kan geven.

'Mozes was een profeet die de stem van God hoorde en een nieuwe religie van geloof in één God verkondigde. Niet wetende dat hij in zijn zoektocht naar zuiverheid en overleving de Moedergodin vervloekte en in de steek liet. Vandaag zien we het einde van zijn nalatenschap: een oude cultuur die op zijn laatste benen struikelt en probeert zichzelf te redden, maar zich niet kan overgeven aan de stem van God. De crisis in het Midden-Oosten, de armoede in Afrika, de klimaatverandering en de financiële schulden over de hele wereld maken allemaal deel uit van één grote verandering: een verandering die transformatie en evolutie met zich meebrengt, maar tegelijkertijd chaos, burgeroorlog en revoluties. Het een kan niet zonder het ander, omdat de wonden diep zijn en de patronen van vernietiging sterk. Het maakt deel uit van een spirituele crisis, een verlangen terug naar eenheid, de noodzaak om de last van het patriarchaat te overwinnen, de heropleving van het goddelijke vrouwelijke, zodat een nieuwe orde kan worden bereikt. Dit zal niet van de een op de andere dag gebeuren, noch zal het gebeuren zonder pijn, strijd en verdriet.
Jouw taak is om de tempels van de Vijf Elementen te vinden; de ene leidt naar de andere, totdat je het vijfde element hebt gevonden. De weg zal niet gemakkelijk zijn en is vol van gevaar en verleidingen. Maar weet dat wat er ook gebeurt, we bij je zullen zijn.'

De volgende dag besluiten we een bezoek te brengen aan de Hathor-tempel waar de bedoeïen ons over vertelde. De man kent de weg op zijn duimpje en leidt ons de weg over smalle paadjes, over bergkammen en langs diepe afgronden. Aangezien hij nauwelijks Engels spreekt, is hij de meeste tijd stil, maar zijn ogen spreken boekdelen. Het is alsof hij begrijpt wat onze missie is. Ook Karel en Caroline zijn vol enthousiasme en stappen stevig door. Ik sluit zelf de rij en ben opnieuw teruggetrokken en stil. Ik probeer de enerverende gebeurtenissen van de hele reis, het contact met de dolfijnen en de woestijntocht te begrijpen. Maar het is nog te vroeg, te vers. Ik denk aan de krachtige ervaring die ik had voorbij de Poort van de Hemel. Het zijn deze korte momenten op heilige plaatsen die me iedere keer weer herinneren aan waar het werkelijk om draait in het leven.

Als we bij de ruïnes van de Hathor-tempel aankomen zijn we in eerste instantie wat teleurgesteld. Er is niet veel van over. De bedoeïen vertelt Karel en mij in gebroken Engels dat Israël tijdens de zesdaagse oorlog de Sinaïwoestijn had veroverd. De aanvoerder van de militaire actie, Moshe Dayan, kwam als eerste naar de tempel van Hathor om alle kostbaarheden weg te halen. Sindsdien ligt de tempel er kaal en naakt bij.

Caroline is inmiddels bezig een geïmproviseerd altaar te maken. Ze heeft vier stenen neergelegd als symbool voor de vier elementen. We gaan er met zijn drieën omheen zitten. De bedoeïen kijkt het tafereel aan en besluit dan om erbij te komen zitten. Vier stenen, vier elementen, vier personen. Caroline roept de vier windstreken aan. Een zucht van wind gaat door de tempel, alsof de priesteressen uit een ver verleden de roep gehoord hebben. We sluiten onze ogen en een lange meditatie volgt. Ik zie beelden terug van de reis die ik de afgelopen jaren in mijn leven heb gemaakt. Zeven poorten van bewustzijn. Iedere poort gaf me een nieuw inzicht, een nieuwe les, een nieuwe opdracht. Maar wat heb ik te doen? Wat is mijn volgende stap? Ik doorbreek de stilte.
'Caroline, mag ik een vraag stellen?'
Zonder haar ogen open te doen begint ze te spreken. *'Wij verwachten deze vraag al lange tijd. Spreek.'*
'Wat is mijn missie?'
'Gisteren ben je door de Poort van de Hemel gegaan. Dit is de Achtste Poort. Dit is de inwijding van het vrouwelijke pad. Je zult ten diepste beproefd worden. Het is een pad dat niet ten dienste van jezelf staat, maar ten dienste van de wereld. Je zult veel moeten opofferen. Ten eerste je ego. Ben je bereid die weg te gaan?'
'Ja,' zeg ik stil.
'Luister goed naar wat ik zeg. Je zult een weg moeten afleggen die je naar de meest duistere plekken op aarde brengt. Op ieder van die plekken zul je een inwijding ondergaan. Er zijn in het totaal vijf inwijdingen. Een eerste inwijding betreft het sterven van het ego via het element Aarde. Een tweede inwijding is de doop met het element Water. Je wordt als het ware opnieuw geboren. De derde inwijding is een initiatie via Vuur, vergelijkbaar met de kruisiging en wederopstanding. De vierde inwijding verloopt via het element Lucht, waarin je geest wakker wordt uit de staat van onwetendheid. Over de vijfde inwijding kunnen we je niets vertellen. Die is geheim en wordt alleen energetisch doorgegeven.'
Dan zwijgt ze een lange tijd. Het lijkt alsof ze met gesloten ogen door de tijd heen kijkt, naar het verleden en naar de toekomst. Haar voorhoofd krijgt een diepe rimpel en haar gezicht betrekt. Haar stem is dreigend als ze opnieuw spreekt. *'Als de elementen niet geëerd worden op aarde slaat ieder element om in zijn destructieve kant. Aarde brengt dood, water stroomt over,*

vuur vernietigt en lucht dreigt alles omver te blazen. Het wordt tijd dat de mensen de elementen weer eren in plaats van de afgoden van geld, macht en technologie. Het uur nadert...'
Carolines hoofd begint te draaien en ze opent haar ogen naar de hemel. De bedoeïen kijkt haar wat bezorgd aan, maar Karel houdt haar arm vast.
'Wij hebben gezien wie u bent. Wij kennen de belofte van uw ziel. Zoek het Vijfde Element. Dan pas kan de mensheid zich verenigen en de wil vinden om het onvermijdelijke te keren.'

In de maanden die volgen raak ik steeds meer gefascineerd door de geschiedenis van het Midden-Oosten en de rol van religie. Ik bestudeer de Koran, de geschiedenis van het joodse volk en de rol die de christenen hebben gespeeld in het Heilige Land. Steeds dieper raak ik betrokken bij de volken en de mensen die er wonen. Ik word uitgenodigd om mannenworkshops te geven in de Gazastrook, en dat opent de deur naar een nieuwe fase in mijn leven. Ondertussen is Karel bezig een boek te schrijven over de gevaren en risico's van de digitale wereld waarin we collectief steeds meer terechtkomen. Vlak nadat zijn boek is uitgekomen organiseren ze opnieuw een reis naar het Titicacameer in Peru. In een mailtje schrijft Karel me dat hij een toegangscode heeft ontdekt van de Amara Muru Doorway, de sjamanistische poort van de Inca's. 'Zeer fascinerend! Ik heb een vermoeden waar Het Vijfde Element over gaat.' Het is het laatste mailtje dat ik ooit van hem krijg.

Enkele weken later gaat de telefoon...

DEEL I. AARDE

AARDE IS HET ELEMENT VAN INWIJDING, VAN DOOD EN WEDERGEBOORTE EN VAN DE DIEPE AFDALING NAAR HET RIJK VAN DE ZIEL. HET IS TEVENS HET ELEMENT VAN DE GROTE MOEDER EN STAAT VOOR VRUCHTBAARHEID, STABILITEIT, GEGROND-ZIJN, POTENTIE EN STILTE. DE MENS KOMT UIT DE AARDE EN KEERT ER WEER NAAR TERUG ALS DE EEUWIGE CYCLUS VAN HET LEVEN OP AARDE. WAAR LUCHT, WATER EN VUUR VLUCHTIGE ELEMENTEN ZIJN, ZO IS HET ELEMENT AARDE VAST EN INACTIEF. ZOALS LUCHT VERBONDEN IS MET DE HEMEL EN DE WERELD VAN DE GODEN, ZO IS AARDE VERBONDEN MET HET ONDERMAANSE EN DE ONDERWERELD. HET TAROTSYMBOOL VOOR HET ELEMENT AARDE IS DE VIJFHOEKIGE STER IN EEN CIRKEL OF HET PENTAKEL.

VIER JAAR LATER...

Ik ben een aantal jaren lang zaakwaarnemer voor Caroline. Ik ben niet meer de zoon, maar de vader. Een nieuwe kracht wordt in me wakker. Geen spirituele avonturen, maar aardse daden. Ik moet voor allerlei praktische zaken zorgen. Ik onderhandel met de verzekering, de Sociale Dienst, het pensioenfonds, banken, ziekenhuizen en zorgplaatsen. Het revalidatieproces van Caroline duurt lang en ze lijkt nooit meer de oude te worden. In plaats van de krachtige en besliste vrouw die ik kende, kijk ik naar een spiegel die in duizend stukjes is geslagen. De coherentie van haar geest is zoek. Soms bedenk ik dat ze nog steeds vastzit in het wrak van de bus bij het Titicacameer. Wat we ook doen, het lijkt onmogelijk om haar eruit te krijgen. Na drie jaar verhuist Caroline naar een zorginstelling in Zutphen. 'Ik was zo graag naar Hawaii gegaan,' verzucht ze. 'Daar voelde ik me thuis. Moet je kijken waar ik nu zit; in een gevangenis waar ze je iedere dag controleren.'

Na mijn eerste reis naar de Sinaïwoestijn reis ik steeds vaker naar het Midden-Oosten. Ik ben uitgenodigd om traumahulpverlening te geven aan jonge mensen in de Gazastrook. Steeds krijg ik van mijn gidsen te horen dat het belangrijk is om naar de meest duistere gebieden te gaan omdat daar de sleutel ligt tot de verlossing of bevrijding. De zoektocht naar het Vijfde Element is wel het laatste waar ik aan denk, maar als ik opnieuw naar Gaza reis, krijg ik opeens een boodschap van mijn gidsen die me herinnert aan de zoektocht die ik met Karel en Caroline begonnen was.

'Door af te dalen in je eigen ziel en ieder element te ontdekken en te verkennen, kom je als het ware steeds dichter bij de kern. Via Aarde, Water, Lucht en Vuur kom je uit bij het Vijfde Element. Het is een reis die je zowel in de wereld als in jezelf zult moeten maken.
Dat vergt echter moed en doorzettingsvermogen, en de wil om het duister in jezelf onder ogen te zien. Het is in het verborgene, in het duister, dat het licht geboren wordt. Door af te dalen in jezelf en steeds verder in contact te komen met datgene wat moeilijk is, opent zich als het ware de volgende poort. Een poort die je leidt naar het licht dat daarachter verscholen zit.
Ga naar Gaza en daal af in de aarde. Het woord Gaza betekent 'vrouwelijke kracht'. Dit is de weg, de overgave, de weg die Jezus ging door de kruisiging, door de dood heen. Door de volledige acceptatie van datgene wat pijn doet, komt er een enorme liefdeskracht vrij. Het is deze weg waartoe ik je wil uitnodigen: om je kruis te dragen, het volledig te omarmen en daardoor te transformeren. Ben je bereid die weg te gaan met mij?'

Vlak voor ik vertrek, bezoek ik mijn vader, die zeer kwetsbaar is. Hij heeft niet lang meer te leven. Hij zit in een stoel, kan bijna niet meer praten en het enige wat ik doe, is zijn hand vasthouden. Hij zit in een huis voor mensen met Alzheimer en dementie. Mijn moeder bezoekt hem iedere dag. Als we een stuk gaan wandelen en ik de rolstoel van mijn vader voortduw, zegt mijn moeder opeens: 'Je vader is altijd de enige geweest voor mij.' Mijn vader, die de hele ochtend nog helemaal niets heeft gezegd, draait zich in de rolstoel terstond naar haar toe en zegt volmondig: 'Dat is wederzijds.' Ik zie een diepe liefde, die de tijd heeft overleefd.
'Toen ik je vader voor het eerst had ontmoet en naar huis fietste, wist ik opeens heel helder: dit is de man met wie ik ga trouwen. Dat kwam als een heldere boodschap binnen en ik heb er nooit aan getwijfeld.'

Ik geniet van de momenten die ik met mijn ouders heb, zo kwetsbaar en kostbaar. Korte momenten, maar ze voelen als een zegen. In hun liefde voel ik dat er iets geheeld wordt in mijn eigen leven. In hun worsteling vind ik de antwoorden voor de relaties waar ik zelf zo veel problemen in tegenkom. Daar komt nog bij dat ik financieel al jaren aan de grond zit. Ik verdien net genoeg om te kunnen leven en mijn rekening staat gemiddeld rond het nulpunt. Ik voel me soms net de geest uit *Aladdin en de Wonderlamp*: *Great powers but living in a very small bottle.*
'In de beperking toont zich de meester,' had Karel ooit tegen me gezegd.

DE OPENBARING VAN INANNA

Gaza, 2014

Het is midden in de nacht, ik lig wakker en maak me zorgen. Zal ik het aankunnen? Kom ik er weer normaal uit? Zal ik in staat zijn iets bij te dragen? Wekenlang heb ik me innerlijk voorbereid om terug naar Gaza te gaan en nu het zover is, zakt de moed me in de schoenen. De afgelopen zomer is de Gazastrook 51 dagen lang gebombardeerd. Zelfs ziekenhuizen, ambulances en een van de scholen van de VN waar mensen dachten veilig te zijn, zijn rücksichtlos met bommen bestookt. Er zijn meer dan 1300 doden, waarvan de helft vrouwen en kinderen en duizenden gewonden. Gisteravond zag ik foto's van de vernietiging en las ik het verhaal van een jonge vrouw. Door de iPad heen voel ik de moedeloosheid, de wanhoop, de chaos, de paniek en de enorme stress. Zal ik in staat zijn in mijn hart te blijven, of ga ik mee ten onder...? *'Vertrouw,'* hoor ik ergens achter in mijn hoofd. *'Daal af in de aarde om de essentie van het element Aarde te vinden.'*

De bus naar Schiphol zit vol en iedereen is in zichzelf gekeerd. Ook niet zo vreemd om vijf uur 's morgens, een tijdstip waarop de meesten nog half uit de droomwereld komen. Maar toch ook tekenend: niemand kijkt elkaar aan of maakt contact. Behalve een jonge vrouw die bij de bushalte naar me glimlacht. Wat een verademing: er is contact!

Als ik op Schiphol een kopje thee bestel, lees ik de tekst op het theebuiltje. *A secret path will be there for you that no one knows.* Zo voelt het ook. Dit is de zevende keer dat ik naar de Gazastrook reis en ik vrees dat het deze keer nog erger is. De wonden zijn vers, iedereen heeft wel iemand verloren, of is verwond. Hele woonwijken zijn gebombardeerd. Duizenden mensen zitten zonder huis. En iedereen wil weer zo snel mogelijk door met leven, met vergeten, de pijn verdringen, niet hoeven voelen. Omdat de emoties te groot en te gruwelijk zijn. Het is mijn taak om traumahulpverlening te geven aan een groep van twintig Palestijnse vrouwen van Theatre Day Productions (TDP), die daarna met de kinderen op scholen gaan werken. Zal ik er enig licht in kunnen brengen? En zal ik de sleutel vinden naar het element Aarde, in welke vorm dan ook?

De volgende ochtend rijd ik in een taxi door golvende landschappen naar de toegangspoort tot Gaza: Erez. Een soort vliegtuighal zoals op Schiphol, spiksplinternieuw, groot en totaal verlaten. Om in de Gazastrook te komen moet ik met mijn spullen door zeven poorten: drie draaihekken, een scanner waar je je armen omhoog moeten houden en drie sluizen. Ik moet denken aan de zeven poorten van de onderwereld. Bij de eerste sluis zie ik iemand achter een glazen raam zitten. Een vriendelijke Israëlische jongedame met een bril op. Ze kijkt naar mijn paspoort en knikt. 'U mag door.'

Als ik door de laatste sluis heen ben, sta ik voor de betonnen muur, waar met een enorme precisie een deur in is uitgesneden, alsof ze met een mes door een pakje boter zijn gegaan. Na tien minuten gaat de deur open en loop ik de terminal van Erez uit. Lange colonnes Israëlische tanks rijden de Gazastrook uit, ik wandel met mijn rugzak op naar binnen. Ieder zijn werk, denk ik.

Het is zes uur in de ochtend en een aantal getraumatiseerde hanen buiten mijn raam zijn al uren aan het kraaien. Of is dat normaal? In ieder geval ben ik wakker, nadat ik lang en diep geslapen heb. Gisteravond ben ik met een paracetamol naar bed gegaan. Hoofdpijn, keelpijn en na één dag werken al helemaal gevloerd.

Gisteren was ik de hele ochtend nerveus. Wat moet ik met twintig jonge vrouwen gaan doen? Hoe bereik ik hen? Er komt geen zinnig idee in me op, sterker nog, ik ben totaal blanco. Geen benul wat hen kan helpen om de oorlog te verwerken. Ik heb namelijk zelf geen idee hoe dat is: 51 dagen in doodsangst leven omdat je familie, je kinderen of jijzelf ieder moment kunnen sterven. Wat doet dat met je? Dit is geen spel, dit is echt.

Ik loop onrustig in de buurt van het theater en zoek de spullen die ik nodig heb. Ik koop twintig rozen, een schaal met allerlei soorten fruit en verse dadels. Samen met Ahmed, de jongen die voor de techniek in het theater zorgt, maak ik de ruimte schoon waar ik werk. Er hangen zwarte theaterdoeken voor de ramen, op de grond ligt een bordeauxkleurig zeil dat nieuw is en Ahmed heeft voor mij een kabeltje voor mijn iPod. Godzijdank, want wat moet ik zonder muziek...? Ahmed is al vanaf zijn veertiende bij het theater. Hij ziet eruit als Hollebolle Gijs, weegt ongetwijfeld twee keer zoveel als ik en wordt er door iedereen mee gepest. Hij heeft in de oorlog voedselpakketten aan families uitgedeeld en vertelt me dat hij iedere nacht hierover in zijn bed ligt te huilen. De beelden van de verslagen families gaan niet meer van zijn netvlies.

Om één uur in de middag is de ruimte klaar en nog steeds weet ik niet wat ik ga doen, maar er daalt een rust over me. Ik roep de krachten en goden aan om me te helpen, verbind me met de mensen in Nederland en België die mee afstemmen en word stil vanbinnen. De vrouwen komen één voor één binnen, als kakelende kippen met hoofddoeken om. Achter het zwarte doek kleden sommigen zich om. Gegiechel. Handtasjes met veel blingbling. De één heeft haar mobiele telefoon vergeten. De ander moet nog naar de wc. Sommigen kletsen met elkaar. Ze zijn de hele ochtend aan het werk geweest om voorstellingen te repeteren, die ze de komende weken in de Gazastrook gaan spelen. Er wordt keihard gewerkt en ik vraag me even af of ik geen overbodige ballast ben. Met een programma van niets, drie uur niets.

Ik zie dat ze genieten van de rozen, het fruit en ze kijken me verwachtingsvol aan. Ik heet ze welkom en vertel dat deze twee middagen helemaal voor hen zelf zijn, dat ze even niets moeten, maar alle tijd voor zichzelf mogen gebruiken. Ik vraag ze hun ogen te sluiten om de stilte in te gaan. Twee simpele vragen komen in me op. *Wat heb je nodig? En hoe voel je je?* Na afloop wisselen ze uit in tweetallen. Er wordt gedempt gepraat. Lange verhalen. Als ze klaar zijn, komen we terug in de cirkel en vraag ik hen naar hun verhalen. Stilte. De vrouwen wachten af, totdat een van hen de *talking stick* pakt, waarvoor ik bij gebrek aan beter maar mijn eigen kamersleutel van het Marna House gebruik, mijn hotel. De vrouw begint te vertellen. Op het moment dat ze haar ogen dichtdeed, zag ze alleen nog maar de oorlog. De vernietiging, de momenten van angst, de herinneringen die ze zo naarstig tracht te vergeten of te verdringen. Alles beter dan die hel. Maar de hel zit aan de binnenkant en ook al zien deze vrouwen er normaal uit, van binnen is het zwart, inktzwart. De ene na de andere vrouw volgt:

'The war didn't destroy our houses, it destroyed us inside.'

'I don't see colours anymore. I don't want to eat anymore. It means nothing to me.'

'I was so afraid that my children would die, I couldn't stop kissing them.'

Ik heb moeite om mijn tranen te bedwingen bij het aanhoren van de verhalen, maar tegelijkertijd ben ik blij en verwonderd. Ik heb een sleutel gevonden. De vrouwen vertellen hun verhaal en overal verschijnen tranen, zakdoeken en wordt er intens geluisterd. Ik voel hoe de groep groeit in kracht, in verbondenheid, in compassie voor elkaar. Datgene wat daarnet nog onbesproken was, wordt opeens een bron van kracht. Een vrouw vertelt hoe haar huis vernietigd is, dat ze al haar herinneringen kwijt is en nu in de openlucht slaapt met haar twee kinderen.

'I lost everything. I have no hope. Everything is dark inside of me. Now I love the darkness at night. I love the animals that crawl over me. I love the water we drink from the bucket. I love the war. I cannot feel my heart anymore.'

Haar donkere ogen verraden waar ze zit: ergens diep in de onderwereld.

Ik moet denken aan het verhaal van Inanna, de Soemerische godin die door zeven poorten afdaalt naar de onderwereld en bij iedere poort iets moet afleggen. Als ze naakt in de onderwereld aankomt, wordt ze als een levend lijk aan de muur gehangen. Deze vrouw vertelt haar verhaal vanuit die plek. Haar ogen zijn poelen van donkerte, woede, verdriet, desolaatheid, wanhoop, razernij en haar hart is versteend. En van buiten is ze gewoon een jonge vrouw.

Na de verhalen vraag ik de vrouwen om een matras te pakken en te gaan liggen, omdat velen vertelden dat ze zo onbeschrijfelijk moe zijn, zich niet kunnen concentreren, geen energie meer hebben, sterk moesten zijn voor man en kinderen, maar nu geen puf meer hebben. Ik sluit de deuren van de zaal waar we werken en als ze allemaal liggen, zet ik mijn muziek op. *Ave Maria Paienne* uit *Notre Dame de Paris*, *Adiemus* van Karl Jenkins, *Elysium* van de film *Gladiator*. *Let the Sun Shine in* van de musical *Hair*. De vrouwen liggen een half uur volledig stil, ieder in hun eigen wereld, in hun eigen herinneringen. Ik leg op iedereen een roos. Als ze weer bijkomen, zijn er nog enkele korte verhalen en reacties waarna we afsluiten. De vrouwen pakken hun spullen en gaan weer. De vrouw met de zwarte ogen die haar huis kwijt is, komt naar me toe en kijkt me met een heel grote glimlach aan. In haar ogen lees ik dankbaarheid. Het licht is weer aan.

Ik ga terug naar het hotel en dan begint voor mij de nachtmerrie. Ik ga op bed liggen en krijg stekende keelpijn, hoofdpijn en ik begin alle onuitgesproken emoties van de vrouwen te voelen. Tenslotte is dat hoe het werkt: de sleutel werkt naar twee kanten. Zij verbinden zich met mij, maar ik ook met hen. De duisternis vloeit mijn lichaam in, vindt mijn gedachten en mijn gevoel. Het is overweldigend. Ik tracht alles te doen om mezelf in het licht te houden, maar het is te sterk. Ik voel de wanhoop, de razernij, de eenzaamheid, de diepe put van duisternis en ik daal eveneens af naar de onderwereld. Achter mijn pijn voel ik onuitsprekelijke woede, die zich bij mij niet richt op de Israëliërs, maar op Nederland. Hoe durft onze regering pal achter Israël te staan? Zijn ze niet goed bij hun *fucking* hoofd? Waren wij na de oorlog ook niet allemaal trots op onze verzetshelden? En dan nu anderen terrorist noemen omdat ze voor de vrijheid van hun volk strijden? Kan iemand hier godverdomme iets aan doen, tier ik in mijn slaapkamer.

Laat in de avond ga ik naar beneden en tref ik Jan Willems, de directeur van TDP, in de lobby van het hotel. Al meer dan twintig jaar zet hij zich onverschrokken in om theater te maken voor jonge mensen in de Gazastrook. In mijn ogen is hij een held. We wisselen verhalen uit. Ik vraag hem een paracetamol en ga terug mijn bed in. Gelukkig herinner ik me nog net voor het slapengaan dat ik om hulp kan vragen. Ik sms een paar naaste vrienden, lichtwerkers en vraag om ondersteuning. De sms'jes komen binnen. Ik voel hun verbinding, hun liefde, hun waardering en ergens in de onderwereld valt een lichtstraaltje naar binnen. *Thank you, guys. You saved my ass.* Ik val in een diepe slaap. De eerste dag in Gaza zit erop.

Vandaag is het vrijdag. Op vrijdag gaat iedereen naar de moskee om daarna te lunchen met familie. Ik besluit naar het strand te wandelen dat ongeveer één kilometer van mijn hotel ligt. Nu is een wandeling naar het strand hier iets anders dan een wandeling naar het strand bij ons. Aan het ontbijt vertelt Jan dat-ie drones hoorde. Die zoemen boven de stad om als een boos oog alles in de gaten te houden. Dat geeft niet echt een geruststellend gevoel.

Als ik de poort van het Marna House uitwandel, wat mijn *safe haven* is hier in Gaza, ben ik lichtelijk nerveus. Op het kruispunt staan wat taxibusjes, maar verder zijn de straten verlaten, zoals bij ons op zondagochtend. Het geeft me de mogelijkheid alles beter te bekijken. De lege straten met afval, de rolluiken voor de winkels, hier en daar een kapotgeschoten huis en de wind die vanuit zee door de stad waait, geven een wat sinister beeld. Het doet me aan een decor van een Hollywoodfilm denken. Als ik in een straat loop waar ik niemand meer zie, krijg ik toch een wat benauwd gevoel. Stel je voor dat... Allerlei angstscenario's van Israëlische sluipschutters, boze Hamasstrijders of gewoon getraumatiseerde burgers die hun energie kwijt moeten, gaan door mijn hoofd. Er gebeurt niets, alleen wat kinderen die naar me toe komen. *'Hello, how are you, what's your name?'* Apart, hoe angst werkt. Voor je het weet, heb je een heel doemscenario klaar.

De volgende uitdaging komt bij het strand, want ook hier zijn de nodige obstakels. Ik zie dat er allerlei families aan het strand zitten en loop er naartoe. Ik zoek een plekje uit en kijk rustig om me heen. Nou niet echt rustig, ik ben eigenlijk enorm gespannen, maar van buiten doe ik alsof ik rustig ben. Ik ben de enige buitenlander hier, dat is duidelijk. Petje op, wit T-shirt en kaki afritsbroek. De Middellandse Zee ziet er aantrekkelijk uit. Maar hier is mijn probleem: hoe moet ik de zee in? Ik zie dat alle vrouwen van top tot teen gesluierd het water in gaan. De mannen hebben bijna allemaal een grote boxershort en een hemd of T-shirt aan. Ik kan toch moeilijk in mijn zwembroek, die opeens verschrikkelijk klein voelt, het water in rennen? Dat is vergelijkbaar met bij ons in een openbaar zwembad naakt van de duikplank springen. Althans zo voelt het. Dus blijf ik rustig zitten en kijken, niet wetend wat te doen. Weer dat niet-weten... Kom op, Ton, denk ik nog. Niet zo preuts. Je kan toch gewoon de zee in duiken? Nee, niet doen, zegt een andere stem. Neem geen gekke risico's. Je kent het hier niet.

Dan komt er een Palestijnse man aangelopen en schudt mijn hand. *'You like coffee or tea?'* vraagt-ie. Ik ben verrast. Hij loopt terug naar zijn familie en komt even later met een kop thee aan. Het duurt niet lang of zijn halve familie en een hele meute jongens staan om me heen. Ze kijken me allemaal nieuwsgierig aan en willen alles weten: hoe ik heet, waar ik vandaan kom, hoe oud ik ben, hoe ik Gaza vind, wat ik van de oorlog vind, of ik weet dat er onlangs drie jongens op het strand zijn neergeschoten, etc. Er wordt gelachen en druk gespeculeerd, want ik spreek geen Arabisch en zij geen Engels. Later komt een zus van de man erbij die lerares is op een school en een beetje Engels spreekt. Van een van de jongens mag ik zijn vlieger vasthouden, die de vorm van de Palestijnse vlag heeft. Even denk ik aan de drones. Zo dadelijk zien ze ergens op een beeldscherm in Israël dat ik met een Palestijnse vlieger op het strand in Gaza zit.

Dan komt de hamvraag: of ik mee ga zwemmen met de jongens? Ik kijk ze wat vertwijfeld aan en toon ze dat ik een zwembroek onder mijn broek heb. Nee, dat is geen goed idee, laten ze weten. Ik moet mijn broek aanhouden. Gelukkig heb ik een afritsbroek, dus kan ik de pijpen er nog afhalen. Mijn spullen worden bij grootmoeder in de strandtent ondergebracht, net als mijn portemonnee en mobiel die nog in mijn broek zitten. Mijn T-shirt mag uit.

En dan rennen we met zijn allen het water in, tegen de golven aan en iedereen lacht en is blij. Sommigen kunnen zwemmen, de meesten niet. Het water heeft een heerlijke temperatuur. Ik ben altijd blij als ik in de Middellandse Zee zwem. Het voelt als thuis. Vorig jaar zwom ik iets verderop in de zee, aan het strand van Tel Aviv. Wat een wereld van verschil, maar uiteindelijk is het hetzelfde water. *The ocean refuses no river...*

Als ik een half uur later uit het water kom, word ik nog meer opgenomen in de familie. Iedereen komt om me heen zitten. Grootmoeder luistert uit een blikje cola naar de gebeden van de Koran. Het blikje blijkt een verborgen radio te zijn.

Dan wijst een van de jongens, die deels een albinohuid heeft, dus half blank, half Arabisch, naar mijn ring. Op de ring staat het teken van de Egyptische *ankh*. Ik heb hem gekregen van een jongen uit Gaza toen ik hier voor het eerst kwam. Ik was gefascineerd door het beeld van de ankh en zoals dat hier gaat, deed hij de ring af en gaf hem aan mij. Sindsdien draag ik de ring. Maar toen ik laatst in Amsterdam een massage kreeg, zei de vrouw: 'Misschien wordt het tijd dat je je ring afdoet.'

Ik neem mijn ring af en geef hem aan de jongen met de albinohuid cadeau. Hij is er blij verrast mee.

De ring met de ankh erop stond voor mij voor healing. Nu, tien jaar later, kan ik hem met plezier weggeven. De cirkel is rond. Maar vlak daarna voel ik een hand op mijn schouder. Een andere jongen heeft zijn ring afgedaan, een ronde metalen ring met een prachtig pentagram erop en geeft hem aan mij. Ik herinner me de zoektocht naar het Vijfde Element...

Ik draag de ring nu ik weer 'veilig' terug in mijn hotel ben. Als ik op internet zoek naar een plaatje van het strand in Gaza, kom ik de meest afgrijselijke beelden tegen van kleine jongens die doodgeschoten en verlaten in het zand liggen. Dezelfde soort jongens met wie ik net gezwommen heb. Ik schrijf in mijn dagboek: *I cannot change the world, but the world changes me.*

Als ik 's avonds in bed lig, word ik opnieuw het innerlijke proces ingezogen en maak de afdaling naar de onderwereld. Deze keer de onderwereld van mannen, van onuitsprekelijke woede, van diepe angst, van machteloosheid, van onbegrip en van controle willen hebben. Maar er is niets om aan vast te houden. Alleen overgave. Hoe kun je je overgeven aan het niet-weten, aan de angst, aan de pijn, aan de woede?
Gelukkig heb ik de volgende ochtend vrij voordat ik in de middag met de groep verder zal gaan. Dat geeft mij tijd om alles te doorvoelen, want ik vind het allemaal niet gemakkelijk. Ik probeer er grip op te krijgen, maar de essentie is dat ik er geen chocola van kan maken. Alles blijft één groot mysterie en ik voel me hulpeloos ronddobberen op een grote oceaan, waarvan ik de diepte niet ken.
Ik denk terug aan de momenten die ik jaren geleden met Karel doorbracht op de Montsegur en zijn woorden over spiritueel krijgerschap: *'De weg van het hart is niet makkelijk te vinden. Je kunt het niet leren uit boeken of geschriften, noch via een leraar of sekte. Je zult het zelf moeten doen. Er is niets of niemand die je kan helpen.'*

Ik zit de tweede dag opnieuw met de twintig vrouwen op de grond in een cirkel in een donkere en stikhete ruimte. Ik vraag me soms af hoe de vrouwen het volhouden onder hun sluiers en lange jassen. Sinds enkele jaren is het 'kledingbeleid' in Gazastrook strenger geworden en iedere vrouw draagt een lange zwarte overjas en een hoofddoek. We zitten dit keer niet in de kleine donkere ruimte, maar in het grote theater. Een cirkel van vrouwen in voornamelijk zwarte jassen, in een grote vierkante zwarte ruimte, op een donker podium. Ik heb een kleurig kleedje op de grond gelegd met een schaal met wat fruit in het midden.
Na een korte introductie van het healingwerk vraag ik de vrouwen hun ogen te sluiten en met hun aandacht naar binnen te gaan. Het duurt even

voor de enorme wirwar aan gedachten tot rust komt, maar langzamerhand voel ik de stilte indalen. Als de vrouwen hun ogen opendoen, neemt een van hen het woord.

'Voor de oorlog begon was ik acht maanden zwanger. In juli kwam ik bij de dokter en die constateerde dat alles oké was. Ik was dolgelukkig en danste thuis in de kamer. Maar toen begonnen de bombardementen. Ik was zo bang om mijn baby te verliezen en stond vreselijke angsten uit. Ik kon 's nachts niet slapen en raakte uitgeput. Iedere nacht luisterde ik naar de bombardementen die steeds dichter bij ons huis kwamen. Ons huis ligt in een buurt die zwaar getroffen werd. Uiteindelijk kwam het moment waarop ik uitgerekend was. Toen ik de dokter belde, vertelde hij me dat ik naar het ziekenhuis moest. Maar van het ziekenhuis hoorde ik dat er door alle gewonden geen plek was. Een privékliniek kostte veel geld, dat mijn man en ik niet hadden. Ik vreesde voor het leven van mijn kind.'
De vrouw begint te huilen, haar stem slaat over en de andere vrouwen zijn doodstil. 'Ik belde naar de dokter om te vragen of hij kon komen, maar hij kon het gebied niet meer in. Het was te gevaarlijk. Ik belde mijn zuster en hoorde dat er niemand meer onze wijk in kon. Ook ambulances konden niet komen. Die nacht kon ik niet slapen. Overal sloegen de bommen in. Ik hield mijn buik vast en bad voor mijn kind. Ik zat onder de trap in de hoop dat de bommen me niet zouden raken. Als het Gods wil is dat ik sterf, dan is het zo, maar ik hoop dat mijn kind zal leven.'
Ze vertelt verder: 'Mijn zuster had met de dokter van het ziekenhuis gebeld en geregeld dat ik kon komen. Ze had een neef gevraagd om me op te halen en ik vertelde hem de volgende ochtend hoe hij bij ons huis kon komen. "Als ik moet sterven, is het Gods wil," zei hij door de telefoon, "maar ik kom je ophalen." Hij reed door de kapotgeschoten straten en bereikte ons huis. Met mijn dikke buik liep ik naar de auto, mijn man durfde niet mee en bleef thuis. Ik stapte in de auto en reed met mijn neef naar het ziekenhuis. Voor een gewone geboorte was echter geen tijd tijdens de oorlog. De doktoren haalden mijn kind eruit via een keizersnee. Ik was blij en niet blij. Ik was helemaal alleen, zonder man of familie en de eerste nacht was verschrikkelijk. De volgende dag kreeg ik te horen dat ze het ziekenhuis zouden gaan bombarderen. Mijn zus kwam me ophalen maar ik was te zwak na de keizersnee om te lopen. Ik kon het ziekenhuis niet uit en was doodsbang dat mijn kind zou sterven. "Neem mijn baby mee," zei ik tegen haar, "ik wil dat hij blijft leven!"
Uiteindelijk droegen ze me het ziekenhuis uit en werden we naar een school gebracht, waar ik de nacht doorbracht met mijn baby. De volgende dag keerde ik terug naar mijn eigen huis en bracht de nacht door met mijn man en mijn kind. Toen had ik voor het eerst het idee dat ons kind geboren was en ik was gelukkig, ondanks dat 's nachts de bombardementen

doorgingen. Ik heb het overleefd, maar ik ben vreselijk moe. Ik wil het liefst niet meer terugdenken aan die afschuwelijke periode.'

Een van de vrouwen die het hele verhaal heeft aangehoord, begint te zingen en te klappen. Een lied om de pasgeborene te verwelkomen, zoals dat traditioneel gezongen wordt bij de geboorte. Ik ben getuige van een verhaal over een geboorte en een vrouwenritueel en besef hoe bevoorrecht ik ben. Maar tegelijkertijd raakt het verhaal van de vrouw en de geboorte van haar kind me hard. Ik ben er stuk van. Boos, verdrietig, ontzet. Hoe kan het dat een vrouw zoiets moet doorstaan?

Ik denk opnieuw aan de afdaling van de godin Inanna door de zeven poorten naar de onderwereld, die al haar wilskracht, hoogmoed, ijdelheid en trots moest afleggen om naakt in het aangezicht te komen van haar zuster Ereshkigal, heerseres van de onderwereld. En blijkbaar ben ik dit keer naakt genoeg, want de vrouwen vertellen me een voor een hun verhaal. Over kapotgeschoten huizen, over een bom die in een huis terechtkomt en niet afgaat. Een broer die de bom oppakt en hem naar buiten gooit en daarbij zijn handen verbrandt. Over de continue vraag of je beter in je eigen huis kunt blijven, in het huis van je buren, van je ouders of dat het allemaal niets uitmaakt. Over de nachtenlange bombardementen waarin je niet kunt slapen en alleen maar luistert en de lichtflitsen van de ontploffingen ziet en vlak daarna de dreun van de inslaande bom. Over het verschil tussen *qassams*, die van de Hamas zijn en Israëlische raketten, die in duizenden stukjes uit elkaar spatten en daarmee veel schade aanrichten. Of de grote bommen die imploderen en een huis in één keer tot stof doen vermalen. Waarbij gezegd moet worden dat een dergelijk bombardement vooraf wordt gegaan door een kleine raket, die de bewoners waarschuwt dat ze beter hun huis kunnen verlaten. In het beste geval krijg je een telefoontje van het Israëlische leger dat je huis over vijf minuten vernietigd gaat worden.

Ik hoor verhalen over familieproblemen, vrouwen en mannen die gescheiden raken van elkaar, omdat de vrouw tijdens de oorlog teruggaat naar het huis van haar ouders en de man naar het zijne. Over een vrouw die geslagen wordt door haar vader. Over een gezin dat in één kamer woont van een huis bij de familie van de vrouw en daar gek wordt. Om maar niet te spreken over het totale gebrek aan privacy. Ik hoor twee verhalen van vrouwen die alles zijn kwijtgeraakt, omdat hun huizen gebombardeerd zijn. Over hoe ze hun spullen missen. De kinderkleertjes die ze bewaard hadden. De vrouw die eindelijk een man had gevonden, getrouwd was en voor hun huwelijk een totale nieuwe inrichting voor hun huis hadden gekregen, wat de gewoonte is hier en nu alles weer kwijt is. Het huis is volledig verwoest en ik herinner me de kapotgeschoten flat waar ik langs ben gereden.

Het ene verhaal volgt op het andere. We eindigen de sessie en ik besluit vroeg terug naar het hotel te gaan. Ik loop verdwaasd door de stad, met pijn in mijn hart. Als ik door een verlaten straat loop, nodigt een oude man mij uit om bij hem te komen zitten. Ik neem de uitnodiging aan en neem plaats op het krukje naast zijn deur. We kunnen elkaar niet verstaan, maar zijn aanwezigheid doet me goed. Ik adem en kom enigszins tot rust. Hij kijkt me enkele keren vriendelijk aan en pakt dan een pen. Hij geeft hem aan mij. Ik snap het eerst niet, maar het blijkt een cadeau te zijn. Gewoonlijk zijn het de westerlingen die pennen uitdelen, niet omgekeerd. Ik sta op, bedank de man en loop verbaasd verder. Dan opeens valt het kwartje. *Schrijf je verhaal.* Schrijf het verhaal van de vrouw, van de geboorte, van het kind dat geboren werd in de oorlog. Leven en dood. Liefde en destructie. Schrijf het verhaal van Gaza.

De nacht is donker. De maan is al enkele dagen geleden verdwenen, de straatverlichting is uit vanwege de gebombardeerde elektriciteitscentrale en het enige wat ik zie, is het rode puntje van de televisie. Zodra de generator van het hotel uitvalt, is ook het rode lampje uit. Ik staar een aantal uur naar het duister. Terwijl ik in bed lig, herinner ik me alleen maar het zwart: de zwarte jurken, de zwarte theaterruimte, het zwarte achterdoek, de zwarte verhalen. Het is alsof ik de beelden kan zien van de nachten die ze hebben meegemaakt, alsof ik het geluid van sissende raketten kan horen, of ik de kruitdampen en giftige gassen kan ruiken. 'Het is alsof 51 dagen lang de dood naast me wandelde,' vertelde een van de vrouwen.
De cirkel van vrouwen in de donkere theaterruimte doet me denken aan de Ka'aba in Mekka. Eveneens een zwarte kubus met een zwart kleed eroverheen. Wat de meeste moslims niet weten, is dat het in vroeger tijd een heiligdom van de godin Cybele was, de grote moedergodin. Net als bij het Vaticaan is de Ka'aba gebouwd op een oud godinnenheiligdom, eveneens van de godin Cybele. In mijn gedachten worden Cybele en Ereshgikal, de heerseres van de onderwereld, één: een vrouw die furieus is, een woedende godin, met rollende ogen en uitgestoken tong. Zoals Kali, een donkere Isis die de koppen van mannen afhakt, een Sechmet die razend is over de vernietiging en verkrachting van leven. Boos dat ze ontkend wordt in haar vrouwelijkheid, dat haar kracht en schoonheid door mannen niet gezien wordt. De mannen die oorlog voeren, die bommen afvuren, die religies bestieren, die de vrouwen hun hoofddoek om doen, die strategieën

en oplossingen bedenken om Isis de mond te snoeren, maar niet durven voelen, noch durven afdalen tot de voeten van de Godin. Lange tijd krijg ik niet om erover na te denken, want het laatste beeld is dat de energie van de Godin zich op mij richt. Ik ben er klaar voor en laat de klap helemaal binnenkomen. Ik heb geen weerstand meer. Ik daal af in het duister van de onderwereld.

'Welkom in de Tempel van de Aarde,' hoor ik de Godin zeggen. *'Om te leven moet je kunnen sterven. Om te winnen moet je kunnen verliezen. Door het proces van dood en wedergeboorte en het omarmen van de pijn, zowel in jezelf als in de wereld, heb je meesterschap verkregen over het element Aarde. Vanuit de hemel ben je afgedaald in de onderwereld. Het wordt nu tijd voor de drie volgende elementen: Water, Vuur en Lucht. Ben je er klaar voor? Ieder element is een inwijding die je dichter bij het Vijfde Element brengt. Verlies nooit de hoop. Er hangt een wereld van af...'*

Als ik wakker word, schijnt het licht door de ramen.

Ik rijd in een taxi de stad uit en kijk naar de ezeltjes met karren die overal gebruikt worden, de grauwe huizen, de rotzooi en het plastic dat overal ligt. Ik ruik de stank van uitlaatgassen en hier en daar van een kadaver. Dit is Gaza, maar het is me zeer dierbaar geworden in de afgelopen tijd. Gek hoe je je hecht aan een plek. Als we aan de rand van de stad komen, laat de taxichauffeur me een kerkhof zien, dat keurig netjes is opgeruimd. Het is een kerkhof uit de Eerste Wereldoorlog, nu precies honderd jaar geleden en er liggen Belgen, Fransen en Engelsen begraven. Nog meer mannen die naar de oorlog gingen en niet terugkwamen en nu in een vergeten graf in Gaza liggen. Een muur van het kerkhof is onlangs gebombardeerd. *L'histoire se répète.*

De taxichauffeur zet me af bij de laatste post, aan de rand van twee kilometer niemandsland. Achter de muur ligt Israël. Dwars door dit gebied loopt een overdekte gang met metalen hekken en een golvend dak, keurig netjes aangelegd. Het is net een soort safaripark of het beeld van een slechte sciencefictionfilm. In de verte, waar de gang eindigt, zie ik de muur, een strook aan de horizon, van acht meter hoog beton, met hier en daar een wachttoren. Ik loop met mijn spullen de lange metalen gang in en verbaas me over de plotselinge stilte. Er is niemand en ik maak een heerlijk rustige wandeling. Achter me liggen de grijze resten van de stad. Hier om me heen zie ik groen en natuur. Dan krijg ik opeens een telefoontje van mijn broer.

'Ton, je moet nu komen. Papa ligt op sterven.'

Het is vroeg in de ochtend, half zes en mijn broer en ik scheuren met 180 kilometer per uur over de weg van Schiphol naar mijn vader in Zutphen. We delen de bekeuring, spreken we af. Een knaloranje zon komt op boven de Nederlandse weilanden. 'Zijn jullie al onderweg?' sms-t Coen, mijn andere broer. 'Het duurt niet lang meer.' Hij houdt al de hele nacht de wacht bij mijn vader en verwacht dat hij ieder moment kan sterven.

'Ik ben er, pap,' zeg ik als we zijn kamer binnenkomen. Hij ligt uitgemergeld in bed en heeft al enkele dagen niet meer gegeten of gedronken. Het zijn duidelijk de laatste uren en dagen. Ik ben blij dat ik hem nog zie voordat hij sterft.

Mijn oudere broer en ik besluiten die nacht samen te waken aan zijn sterfbed. We zetten prachtige muziek op en een serene rust daalt neer in de kamer. Beiden doen we onze eigen gebeden en werk om onze vader te begeleiden naar de andere kant. Halverwege de nacht hebben we het idee dat de laatste fase is aangebroken en mijn broer belt mijn moeder op. 'Het is tijd...'

Maar de dood komt altijd anders dan verwacht. Als mijn vader mijn moeder ziet, komt hij weer helemaal bij. Ze hebben intens contact en ik zie zoveel liefde tussen hun beiden. Dus dit is ware liefde, bedenk ik, tot de dood ons scheidt. Hadden ze dat niet jaren eerder kunnen bedenken? vraag ik me af. Maar ik weet inmiddels ook dat iedereen zijn karma heeft en dat er dingen worden uitgewerkt waar we soms geen benul van hebben. Ik weet ook dat de liefde leidend is, hoe mysterieus, onbegrijpelijk of pijnlijk soms ook. Het is de kunst om je hart te volgen, onvoorwaardelijk. Dat is het voorbeeld dat ik van mijn ouders mee krijg. Je betaalt de prijs, maar je ontvangt ook de diepe beloning...

Mijn vader neemt de tijd. Hij maakt de volgende ochtend met iedereen contact, maar kan helaas niets meer terug zeggen. Hij reageert op alles, lacht mee als we een grap maken en lijkt zich nog helemaal niet klaar te maken om te gaan sterven. 'Hou je het nog een beetje uit, daarbinnen?' vraag ik hem. 'Je hebt het goed gedaan, hoor. Je bent de beste vader die ik me wensen kon.' In de imperfectie ligt de toegang naar de liefde en compassie. Winnen door te verliezen. Dat is wat ik van hem heb geleerd. En blijf leren, tijdens het langzame proces van sterven en loslaten. Mijn vader lijkt nog steeds geen aanstalten te maken om te gaan. Het duurt tot de volgende middag voordat hij zijn laatste adem uitblaast en zijn hart er rustig mee ophoudt. Tot een uur voor tijd is hij helder en bewust aanwezig. Daarna keert zijn aandacht naar binnen en zie ik hoe zijn lichtlichaam loskomt van zijn lijf. Gestaag trekt hij eruit, zonder opsmuk of sensatie. De man die me zoveel geleerd heeft door er vaak niet te zijn, is er niet meer.

DEEL II. WATER

Water is het element van emoties en gevoel, maar ook van heling en vergeving. Het element Water brengt ons in contact met de diepe krochten van het onderbewuste. Waar Lucht verbonden is met de Geest, zo is Water verbonden met de Ziel. Water staat voor speelsheid, seksualiteit, verlangen, verandering, hoop en stroom. Water is een noodzakelijk element voor kunst en genezing en wordt vaak geassocieerd met het vrouwelijke. Als foetus leven we negen maanden in vruchtwater en ons lichaam bestaat voor het grootste deel uit water. Zonder water geen leven. Maar water kan ook wild, oncontroleerbaar of verwoestend zijn. Het symbool voor Water is de beker of de Graal.

Terwijl ik zie hoe mijn ouders door de dood dichter bijeen zijn gebracht, is mijn eigen liefdesleven een chaos. Ik ben verliefd geworden op een jonge vrouw die ik ontmoet heb in Jeruzalem, op de Olijfberg. Als ik haar de volgende dag in de tuin van de kerk van Maria Magdalena de trap op zie lopen, slaat de vonk over. Ik zie mijn Maria Magdalena. Voor het gemak kijk ik niet naar de steen die naast het pad staat waarop ze naar boven komt wandelen: *Watch and pray, lest you enter into temptation.* Mark 14:38. Maar de verleiding heeft al toegeslagen.

Ik heb als regel dat ik nooit iets met een deelnemer van mijn workshops of reizen begin, en bovendien heb ik al zeven jaar een relatie. Het is een absolute *No Go*. Ik worstel echter al langere tijd dat ik niet met mijn gehele hart voor mijn partner kan kiezen.

Als ik de vrouw op de Olijfberg tegenkom, besef ik dat het tijd is om een keuze te maken. Een pijnlijk besluit waar ik me erg voor schaam: Je vriendin opzij zetten voor een 13 jaar jongere vrouw. Een typisch geval van zielenliefde of een ordinaire midlife crisis? Ik durf er met niet veel mensen over te praten, gegeneerd als ik ben dat dit mij overkomt.

Mijn hart bloeit open als nooit te voren, maar enkele weken later wordt de liefde bruusk verstoord. Terwijl ik op reis ben, voel ik 's avonds een hevige pijn in mijn hart. De pijn wordt steeds sterker en ik besluit me af te stemmen op mijn nieuwe lief. Het beeld dat ik zie doet mijn hart stilstaan. Ik zie haar in bed met een andere man. Ik sms haar: Wat doe je? Of zie ik het verkeerd?

In de ochtend komt uitsluitsel: ze is inderdaad met iemand anders naar bed geweest. De tijd in het paradijs van de liefde is in een enkel moment verdwenen. Maar toch kan ik haar niet loslaten. Een lang proces begint van aantrekken en afstoten. Ik heb met haar in de korte tijd dat we samen zijn een eenheid en zielsverbinding ervaren die ik nog maar zelden eerder heb gevoeld. Ik kan voelen wat de kracht van *soulmates* is. Als we vrijen, lijkt het alsof we letterlijk één worden. Vrijen gaat over in meditatie en andersom. Ik kan diep in haar ziel kijken. Maar de heilige verbinding wordt wreed verstoord op het moment dat ze vreemd gaat. Er volgen nog enkele andere mannen. Ze vertelt dat ze meer gelooft in polyamorie dan in monogamie. Mijn hart krimpt ineen. Het brengt me naar de meest duistere en pijnlijke emoties van afwijzing en minderwaardigheid. Ik zit gevangen als een aap die met zijn hand een noot in een kooitje vasthoudt, maar om vrij te komen de noot los moet laten.

Ik geloof heilig dat het allemaal goed gaat komen, maar ondertussen word ik verteerd door conflicterende gevoelens van liefde, pijn en schaamte. Is het meer lust dan liefde? Is het allemaal mijn eigen schuld doordat ik mijn vorige vriendin heb verlaten voor deze jongere vrouw? Of is dit slechts deel van de inwijding in de duisternis? Uiteindelijk kan ik niet anders dan haar loslaten en de wonden likken van mijn hart.

Enkele weken na de dood van mijn vader en het debacle van de liefde begeleid ik een groep naar Egypte. Ik ben gefascineerd door de Egyptische mythologie en hoop hier enige duidelijkheid te krijgen over de worsteling van mijn hart.

Volgens de Egyptische mythe wordt de god Osiris door zijn slechte broer Seth in veertien stukken gehakt en over de Nijl verspreid. Zijn vrouw Isis, die haar geliefde mist, zoekt alle stukken bij elkaar, maar kan het veertiende stuk niet vinden: de fallus. Ze maakt een fallus van hout - of goud -, bedrijft de liefde met haar man en het kind Horus wordt geboren, de lichtgod. De missende fallus is geen onbekend thema in mijn werk en leven. De wonden en blinde vlekken op het gebied van seksualiteit zijn mij pijnlijk bekend. Ik zoek op allerhande manieren naar wegen om die te helen, waaronder het onderzoek naar verhalen en mythen. We hebben het seksuele ergens diep in ons onderbewustzijn begraven, weggestopt, omdat het... Ja, waarom? Omdat het te mooi, te heilig, te krachtig is? Omdat we bang zijn om tekort te schieten? Of omdat het ons in contact brengt met het goddelijke? Niet het goddelijke in de Bijbel of de Koran, maar het goddelijke in ons eigen lichaam en in de band met een geliefde. Ik heb er diverse channelingen over doorgekregen en ben zelfs bezig met het schrijven van een boek, *Heilige relaties, heilige sexualiteit*.

Ik voel dat de reis naar Egypte een beslissende wending met betrekking tot dit levensthema zal brengen: daar is oude kennis bewaard die gaat over heilige seksualiteit. De scheppingskracht van man en vrouw, niet alleen om een kind te baren, maar om de hele wereld en de schepping opnieuw vorm te geven, net als de Goden... *Egypte is Genesis*, de oorsprong, de bakermat van seksuele magie en van alle esoterische wijsheid. De tempels zijn gebouwd als inwijdingsplekken. Farao's zoals Echnaton, zijn gemalin Nefertiti, en de Hathor-priesteressen bezaten nog de oude kennis over iets dat daarna in onze wereld verloren is gegaan.

Tegelijkertijd vermoed ik dat de reis te maken heeft met de inwijding in het element Water, de tweede inwijding. Zouden mijn perikelen op liefdesgebied daarmee te maken hebben?

DE OPENBARING VAN SECHMET

Egypte, 2016

Soms geeft het universum een stille hint, maar op andere momenten lijkt het of de boodschap met een beitel op je voorhoofd wordt gegraveerd. Dat overkomt me als ik op een koude en waterige zaterdagochtend naar het wisselkantoor van Western Union op de Dam fiets. Ik moet geld overmaken naar mijn Egyptische gids, zodat hij de eerste kosten van hotels en vervoer kan betalen. Ik ben al enkele dagen bezig met de boekhouding en mijn hoofd staat nog helemaal niet naar een groepsreis door Egypte. Ik heb de reis al een keer uitgesteld, maar nu heb ik vier plekken geboekt: Gizeh, Luxor, Abydos en Aswan.
'Moet je niet met het water van de Nijl werken? Om codes te verankeren?' vraagt iemand me op Facebook.
Ja ja, energie verankeren, weer zo'n term. 'Mijn boekhouding moet ik verankeren,' mopper ik terwijl ik mijn fiets vastmaak aan een regenpijp.

'Is dat wel veilig,' vraag ik aan de man achter het loket, 'om zomaar geld op te sturen naar iemand, waarvan je alleen de naam opgeeft?' Ik vind het geen prettig idee dat ik een paar honderd euro afgeef, met alleen een naam in Egypte. Ik denk opeens aan diverse deelnemers die me in verband met de reis naar Egypte allemaal dezelfde vraag hebben gesteld: 'Is dat wel veilig?' Ik vertelde dat de media vaak een heel ander beeld geven dan de realiteit is, maar in mijn hart weet ik het natuurlijk ook niet. Is dat wel veilig? Geen idee. En in dit geval is het een stomme vraag: die man achter het loket gaat uiteraard niet zeggen dat het onveilig is om je geld met zijn bedrijf te versturen. De man komt echter heel betrouwbaar en rustig over, dus ik overhandig hem de briefjes van vijftig. En terwijl ik hem het geld geef, zie ik achter in zijn kantoor een poster hangen met een tekening van de Nijl erop, met daarboven in grote letters *Werken met het water van de Nijl*.
Ik ben klaarwakker.

Ik ben een dag eerder in Caïro gekomen om de piramide van Cheops te bezoeken, voordat de week aanvangt in Luxor. Ik zit eerste klas, want mijn kleine hotelletje ligt aan de voeten van de sfinx. Een betere locatie is er niet. Terwijl ik boven op het dakterras dineer, begint de lichtshow die vertelt over de geheimen en geschiedenis van de meest magische bouwwerken uit de menselijke geschiedenis.

Het is een wonder dat de *sound and light*-show nog draait, want er zijn ongeveer tien toeristen gekomen om een kaartje te kopen. Overal waar ik kijk, zie ik dit troosteloze beeld: een toerisme-industrie die sinds de revolutie volledig is ingestort, mannen die te trots zijn om het toe te geven en tegelijkertijd wanhopig, omdat ze hun gezin en vrouw niet meer kunnen onderhouden. En een revolutie die min of meer mislukt is. Uiteindelijk heeft een generaal van het leger de leiding genomen om de chaos weer wat in te dammen. Ik voel een diep verdriet over het land liggen. Een verslagenheid en een berusting. Sayed, mijn Egyptische gids en vriend, zegt: 'De verandering in ons land kan alleen plaatsvinden als alle 90 miljoen Egyptenaren worden vervangen door 90 miljoen anderen.' Er is weinig onderling vertrouwen en een lage eigenwaarde. De vrouwen worden onderdrukt, de mannen hebben gefaald.

En toch vertelt Sayed hartstochtelijk en trots over zijn land, het mooie Egypte, als hij mij de volgende ochtend naar de piramides brengt. Een ticket is snel gekocht, geen lange wachtrijen meer en ook een bezoek aan de koningskamer is geen probleem. We wandelen gebukt door de lange gang in het gigantische bouwwerk omhoog en de temperatuur stijgt. Het is altijd warm in de piramide van Cheops, die bestaat uit zo'n 2,3 miljoen stenen van elk gemiddeld 2.500 kilo. Het is een onwaarschijnlijk bouwwerk en het is nog steeds een raadsel waar-ie voor dient. Een graftombe lijkt bijna onwaarschijnlijk, maar alle spirituele varianten die erover zijn bedacht, trek ik inmiddels ook weer in twijfel. Ik weet het gewoon niet, zo bedenk ik de avond ervoor als ik naar de lichtshow kijk. Het is een raadsel en misschien moet ik me daar gewoon voor openstellen, zonder vooringenomen idee of verwachting.

De koningskamer is leeg, op een sarcofaag na. Na omkoping van de bewaker kan ik er ongestoord staan en mediteren. Ik sta tegen de sarcofaag aan en sluit mijn ogen.

Alsof ik door tijd en ruimte reis, herinner ik me hoe het ooit geweest is. Kemet, het land van de Nijl. Ik loop door de weelderige tuin waar lotussen en papyrus groeien en ik spreek met Nefertiti, mijn gemalin. We weten dat ons rijk niet lang meer zal bestaan en dat de schoonheid die in ons leven is, zal gaan verdwijnen. We treuren om de liefde die er was, om onze kinderen, ons volk en de pijn en de verlatenheid die erop zullen volgen. We maken ons zorgen om het afscheid en de vraag of we elkaar ooit in een volgend leven terug zullen vinden. We maken afspraken over hoe we elkaar opnieuw kunnen herkennen en spreken elkaar moed in voor de eeuwen van afscheiding die zullen volgen.

Echnaton en Nefertiti, de geliefden die in plaats van strijd voor de liefde kozen, maar hun nieuwe rijk en religie niet konden handhaven. De tijd was nog te vroeg. Het volk was nog niet klaar en Egypte gleed gedurende de eeuwen daarna af van zijn hoge beschaving naar het land dat het nu is. Arm, bang en gewond.

Ik ga in de sarcofaag liggen en reis met mijn bewustzijn naar de planeet Sirius. Ik zie een aantal lange witte gestalten van licht om me heen. Ze heten me welkom, herinneren me eraan dat ik een van hen ben, dat ik me geen zorgen hoef te maken, dat ik mijn werk doe tijdens mijn incarnatie. En dat ik in dit leven opnieuw mijn rol op me moet nemen. Het dragen van de pijn, het transformeren ervan en het brengen van compassie. Ik voel een diepe rust als ik met ze spreek en weet wat ik te doen heb.
Ze vertellen over het offer om anderen te redden, maar tegelijkertijd over de diepe vreugde die dat geeft. *Agnus Dei qui tollis peccata mundi*: het lam Gods dat de zonden van de wereld draagt. Het is een zin die al enkele jaren door mijn hoofd gaat en ik snap steeds beter wat ermee bedoeld wordt. Het staat haaks op vele New Age-gedachten waarin je alles aantrekt wat je wenst, je leven creëert door je gedachten te veranderen en waarin *happiness*, overvloed en geluk voor het oprapen liggen. Dit is echter de weg van afzien, van innerlijk dragen en van diepe compassie voor het lijden. Niet dat ik daar nu zo'n fan van ben, maar steeds meer besef ik de grote kracht en vervulling die daarin besloten ligt.

Als ik klaar ben, komt een groep Chinezen de koningskamer binnen. Een vrolijk Chinees gebabbel vult de kamer, foto's worden gemaakt, de sarcofaag betast en bekeken en het lijkt tijd om me weer naar buiten te begeven. De bewaker probeert nog wat *bakshies* van me af te troggelen, maar ik leg mijn hand op zijn schouder. 'La, habibi...' ('Nee, lieve vriend...'). Hij laat me gaan en ik begin aan de afdaling die me weer naar buiten brengt. Die middag vlieg ik door naar Luxor, waar ik de groep zal ontmoeten waarmee ik door Egypte zal reizen.

Mythen en verhalen zijn een soort software voor de ziel. Ze vertellen op symbolische wijze iets over de diepe patronen en archetypen die in onze psyche zijn opgeslagen. Als we in Luxor de eerste dag naar de tempel van Hatsjepsoet gaan, de eerste vrouwelijke farao van de achttiende dynastie, horen we het verhaal van Hathor uit de mond van een jonge Egyptische vrouw. Ze studeert voor gids en geeft ons een uitgebreid verslag van de oude mythe van de liefdesgodin. Hathor is de Godin van de vruchtbaarheid, van heling en genezing, van muziek, dans en wijn en de Godin van de liefde en de seksualiteit. Als ze echter een paar keer bloed heeft gedronken, verandert ze in de Godin Sechmet, die niet meer kan stoppen met het verslinden van haar slachtoffers. Pas als de goden haar met grote hoeveelheden wijn dronken voeren, ontwaakt ze uit haar razernij en herinnert ze zich haar geliefde weer: Horus, de lichtgod. Hathor en Sechmet zijn twee kanten van de Godin: de één lief, zacht en helend, de ander intens, verschrikkelijk en vernietigend. Beiden zijn af en toe nodig om harmonie te brengen, als de wereld uit balans is.

Als ik in een cafeetje zit, kom ik aan de praat met een jonge sympathieke Egyptenaar. Hij vertelt me hoe verschrikkelijk het is dat er bijna geen toeristen meer komen. Alle tempels zijn verlaten, de boten liggen stil en hotels hebben moeite om te overleven. Het Egyptische toerisme, dat de hoofdbron van inkomsten was in het land, is sinds de revolutie teruggebracht tot vijf procent van wat het was. Ik zie om me heen wat het betekent voor de bevolking: mannen die hun gezin niet meer kunnen onderhouden, armoede en onderdrukking van hun vrouwen en kinderen, teleurstelling in de revolutie en een algemeen gevoel van depressie, minderwaardigheid en falen. *I feel ashamed about the Arabic world.*
Als ik naar zijn persoonlijke verhaal vraag, vertelt hij openhartig dat hij een paar jaar geleden getrouwd is, op dringend verzoek van zijn ouders die een hotel hebben dat hij moet overnemen. Hij vertelt dat hij af en toe met westerse vrouwen slaapt. 'Als ik met mijn vrouw vrij,' zegt hij, 'is het alsof ik de liefde bedrijf met een robot. Ze kan niets voelen.' Ik vraag wat hij bedoelt en dan legt hij me uit dat vele vrouwen in Egypte besneden zijn, waarbij de binnenste schaamlippen en de clitoris van de vrouw op jonge leeftijd worden weggesneden, zodat ze geen genot meer kan ervaren tijdens het vrijen. Ik hoor zijn verhaal met afgrijzen aan. Ik wist van vrouwenbesnijdenis, maar nu pas dringt de gruwelijke waarheid tot me door. Hoe vrij je als je geen genot meer ervaart? Hoe kun je een vrouw eren als ze niets meer in haar clitoris voelt? Ik besef dat aan de Arabische revolutie een veel grotere revolutie ten grondslag ligt: die van de onderdrukking van vrouwen en van de frustratie van mannen. Als je geen vervullende seks kan hebben, dan ontspoort ieder huwelijk en daarmee uiteindelijk de hele samenleving. Hij vertelt me dat hij zijn moeder heeft gesmeekt om zijn pasgeboren dochtertje niet te laten besnijden. Zijn moeder? Ja, het zijn onder andere de moeders die de traditie in ere willen houden. Soms wordt zelfs de vagina deels dichtgenaaid om te zorgen dat de vrouw maagd blijft tot haar huwelijksnacht.

Als we later dit verhaal in onze groep van drie mannen en negen vrouwen bespreken, lijkt de leeuwengodin Sechmet wakker te worden. Een ongebreidelde woede en pijn maakt zich van ons meester en raakt bij ieder van ons gevoelige snaren over onze eigen wonden op het gebied van seksualiteit. De toon is gezet en een belangrijk thema voor de hele reis is de verhouding tussen mannen en vrouwen en de vraag hoe we seksualiteit weer heilig kunnen maken. Ieder deelt zijn of haar eigen verhaal, verwondingen en ervaringen op het gebied van seksualiteit.

De volgende dag - het is de dag van de volle maan in Leeuw - gaan we naar de overkant van de Nijl, naar de tempel van Karnak, een van de grootste en meest megalomane tempelcomplexen uit de Egyptische oudheid. De zuilengalerijen, afbeeldingen, obelisken en beelden zijn van een schoonheid en grootsheid die niet te evenaren zijn. Als we de voorhal binnenlopen, zie ik een afbeelding van de vruchtbaarheidsgod Amun Min, die wordt afgebeeld met een erectie. Hij zorgt voor de vruchtbaarheid van het land en van het volk, maar op veel van de zuilen is de fallus weg gebeiteld, door christelijke monniken in latere eeuwen. Opnieuw een beeld van de verwonding van seksualiteit, dit keer van het mannelijke geslacht. Net zoals in het verhaal van Osiris de fallus kwijt is, zo is hier de fallus ontkracht, verminkt en verdwenen. Het tekent de pijnlijke verhouding tot onze seksualiteit onder invloed van de patriarchale godsdiensten.
Een van de doelen van onze reis is de oude kennis van de heilige en gezonde seksualiteit weer op te halen: iets wat in vroeger tijd nog geëerd werd, maar langzaam veranderde in iets wat zondig, des duivels en besmeurd is. De onderdrukking van de vrouw in de islam en de enorme porno-industrie in de westerse wereld zijn twee kanten van dezelfde medaille: het scheiden van seksualiteit en spiritualiteit en de ongelijke verhouding tussen mannen en vrouwen. De meesten van ons weten niet meer hoe de balans te vinden. De afbeeldingen op de zuilen spreken over een tijd waar we alleen maar naar kunnen raden. Hoe kunnen we seks weer sacraal maken en haar ontdoen van de vloek die erover is uitgesproken, zowel in ons eigen leven als in de maatschappij? Het zijn vragen die ons bezighouden als ieder van ons door het grote tempelcomplex dwaalt.

Een van de bewakers heeft voor ons geregeld dat we, buiten het zicht van de politie en de inspecteurs, naar het tempeltje van Sechmet kunnen. In Egypte gebeurt alles via omkoperij, met schimmige handeltjes en misleidende verhalen, alles om het geld uit je zak te kloppen. Ook hier is de heiligheid ver te zoeken en vaak geven we ons maar over aan dit economische spel. Een voor een mogen we in de donkere en mysterieuze tempel van Sechmet komen. We staan oog in oog met het beeld van de leeuwengodin. Ze heeft namelijk het lichaam van een vrouw en het hoofd van een leeuw, met een grote zonneschijf boven haar hoofd. Het beeld is ontzagwekkend en ieder van ons knielt voor haar neer. Hoe het beeld hier terecht is gekomen, is niet duidelijk.

We betalen onze *bakshies* en worden met veel geheimzinnigheid weer teruggeleid naar de hoofdtempel. Later komt een politie-inspecteur naar ons toe, die ons verbiedt om meditaties of rituelen te doen. Het lijkt erop dat hij is ingeseind door een van de bewakers die ons binnenlieten en zo lijkt de cirkel rond: iedereen doet mee aan het spel van oplichting. Sinds een aantal jaar mogen groepen geen meditaties meer doen in tempels, tenzij je grote bedragen betaalt aan de autoriteiten. Ze hebben blijkbaar een nieuwe markt gevonden en spelen daar handig op in.

In een klein Toyota-busje, waar we met zijn twaalven net inpassen, vertrekken we uit Luxor. De stemming is goed en plezierig. We hebben een geweldige tijd gehad. We hebben heerlijke herinneringen aan het kleine familiehotel Amon, met zijn paradijselijke binnentuin, de vele vogels, de jonge manager Bogi die zo goed en zo kwaad als het gaat de taak van zijn vader heeft overgenomen, de kennismaking met de familie en hun worsteling in deze moeilijke tijden. Het afscheid is allerhartelijkst, we hebben er wat Egyptische familieleden bij. Dat is een van de bijzonder prettige kanten van de Arabische wereld: mensen sluiten je zo gauw in hun hart en delen het meest persoonlijke met je, alsof je deel bent van de familie, ook al is het gewoon business. Als ik met Bogi de afrekening maak, waar hij net zoveel verstand van blijkt te hebben als ik, zegt hij: 'Dat geld maakt me niet zoveel uit. Als het maar klopt voor jou.' Dat is dezelfde houding die ik heb ten opzichte van geld en we zijn er dan ook snel uit. Wellicht niet erg professioneel of commercieel, maar we zijn beiden erg trots dat we alles rond hebben, naar beider tevredenheid.

Het busje leidt ons over de prachtige oevers van de Nijl naar het Noorden en af en toe passeren we een dorpje. Onderweg brengen we een bezoek aan de tempel van Denderah, een van de best bewaarde tempels in Egypte, gewijd aan de Godin Hathor. We zijn bijna als enigen in de tempel en iedereen heeft zijn of haar eigen ervaring.

Na de tempel besluiten we, min of meer tegen de wil van de gids in, te gaan lunchen in het dichtstbijzijnde stadje Qena. Vlakbij de stad krijgen we verplicht een politie-escorte. De escorte rijdt voor ons uit, op zoek naar een toeristisch restaurant dat er in deze plaats niet is. Als ik een lokaal

84

falafeltentje zie, vraag ik de chauffeur te stoppen. 'Maar de politie...,' stamelt hij.

'*No problem*,' zeg ik. Ik heb honger en dat hele circus begint me nu al de keel uit te hangen. Iedereen stapt uit en we betreden het kleine restaurant waar we de allerheerlijkste falafel krijgen en uitkijken over een gezellige winkelstaat. Dit is het ware Egypte, zonder toeristen. De prijs zegt alles: we betalen voor twaalf lunches inclusief drankjes en fooi 7 euro. Opeens besef ik hoeveel we al die dagen te veel hebben betaald.

De politie posteert zich voor het restaurant. Het is namelijk de dag van de revolutie, die vier jaar geleden uitbrak. Iedereen is wat nerveus voor een mogelijke herhaling. Maar er gebeurt niets. Alles is rustig en vriendelijk in het stadje. Als we verder rijden naar Abydos rijdt de politiewagen voor ons uit, met geweren in de aanslag. Misschien is het veiliger als ze het machinegeweer dat achterop hun auto gemonteerd is, niet op onze bus richten?, vraag ik me in stilte af.

Als we aankomen staat ons een wonderlijke verrassing te wachten: in plaats van een klein, lokaal hotel, stappen we uit voor een tempelfaçade die in Las Vegas niet zou misstaan: een grote witte trap die eindigt bij twee tempelzuilen, beschilderd in felle kleuren met allerlei goden en godinnen, cartouches en hiëroglyfen. Daarachter ligt een glanzend witte hal met grote raampartijen, een glimmend marmeren vloer met luxezetels, kleine winkeltjes en de receptie. Ik ben enigszins overdonderd. Ik had me geen voorstelling gemaakt van *House of Life*, maar dit is het laatste wat ik verwachtte. De rest van het hotel oogt idem dito: een strak wit luxe resort, rondom een zwembad met ligstoelen en in het midden op een sokkel een beeld van een Egyptische godin. Als 's avonds de blauwe verlichting aangaat en ik het ijskoude zwemwater voel, lijkt het net alsof we in het kasteel van de Disneyfilm *Frozen* terecht zijn gekomen. Het is koud en leeg.

Als ik 's avonds een blik op de echte tempel werp die aan het eind van de straat staat, krijg ik een donker voorgevoel. Ik snap opeens dat de tempel, die gebouwd is door farao Seti, niet alleen voor Osiris is, maar ook voor zijn slechte broer Seth. In een channeling komt de boodschap:

'Het verhaal van Isis en Osiris is een archetypisch verhaal over het goddelijk vrouwelijke en het goddelijk mannelijke. Beide energieën vullen elkaar aan, helen elkaar en voeden elkaar, maar in deze tijd is de mannelijke energie gewond, net zoals Osiris in veertien stukken is gesneden door zijn slechte broer Seth. Seth vertegenwoordigt het donkere deel van onszelf, het ego dat wil afscheiden en verdelen. Het vrouwelijke is in staat het mannelijke te helen, zodat hij weer heel kan worden. Dit geldt zowel voor individuen als voor het collectieve menselijk ras op dit moment in de tijd. Het mannelijke is verdeeld geraakt in vele stukken, maar is niet in staat om vanuit het hart te handelen

of te reageren. Het moet zich overgeven aan het vrouwelijke om zijn heelheid weer terug te vinden en echt krachtig en authentiek te worden. Dus voor mannen is het belangrijk om niet bang te zijn voor de inconsequente, soms chaotische energie van het vrouwelijke, omdat het hem kan helen door hem naar een dieper niveau van bewustzijn te brengen, zodat hij in contact kan komen met zijn ziel.'

We besluiten de eerste dag in Abydos nog niet naar de tempel te gaan, maar eerst aandacht te geven aan ons eigen proces. Er gebeurt inmiddels zoveel en op zoveel lagen, dat het essentieel is elkaars verhalen te horen, elkaars pijn te delen en de puzzelstukjes van het grotere verhaal aan elkaar te leggen. Het heeft altijd, tot in detail, met je eigen geschiedenis te maken en ieder heeft dan ook volledig en totaal verantwoordelijkheid te nemen, voor alle pijn zowel in hem als buiten hem.

Het is een intiem en intens innerlijk werk, maar gelukkig hebben we twee voordelen: we hebben in de groep negen werkelijk prachtige en sterke vrouwen, die ieder voor zich hun aandeel nemen, hun leiderschap en talenten delen, maar ook hun pijn en kwetsbaarheid tonen. Door het onderlinge zusterschap en vertrouwen wordt deze vrouwenkracht tot een machtig wapen van genezing. En het tweede voordeel is dat we een enorme hoeveelheid humor blijken te hebben. In tijden heb ik niet meer zo gelachen. Sommige cirkels – de bijeenkomsten die we in de ochtend en in de avond hebben – ontaarden in hilarische lachsalvo's die niet meer ophouden. Zodra een van ons begint, hinnikt de rest van de groep mee totdat we het bijna in onze broek doen van het lachen. We besluiten de volgende dag maar verder te gaan. Stille kracht, humor en hier en daar een confrontatie wisselen elkaar in rap tempo af. En met de drie mannen erbij, die als wachters optreden en bereid zijn hun deel en plek te nemen, wordt de reis tot een onvergetelijke gebeurtenis.

Als op de eerste ochtend in *House of Life* een van de vrouwen deelt over haar pijn dat ze geen kinderen kon krijgen, lijkt de doos van Pandora open te gaan. Er komt een groot collectief verdriet van de vrouwen naar boven: over vrouw-zijn, over onmacht, over niet goed genoeg zijn, over je best doen, over zelfbestraffing, over teleurstelling, over boosheid naar mannen en over boosheid naar zichzelf. Op een gegeven moment staan alle vrouwen gearmd in het midden en stijgt er een groot gehuil en gejammer uit hen op. De drie mannen staan eromheen. Het is een eer om dit als man te mogen aanschouwen en mee te dragen, wetende dat deze pijn voor zoveel vrouwen geldt, overal ter wereld en dat deze vrouwen de moed hebben om het te tonen.

Mijn eigen pijn kondigt zich aan in een droom, waarin een schorpioen me in mijn middelvinger steekt. Het gif stroomt mijn vinger in, maar ik houd het tegen en duw het terug. Dan word ik wakker.
In de dagen erna wordt me langzaam helder wat de droom betekent. De middelvinger staat voor de fallus, mijn mannelijkheid en seksualiteit. En het gif staat voor de angst voor afwijzing, voor minderwaardigheid, voor faalangst en, net als bij de vrouwen, voor het gevoel niet goed genoeg te zijn. Maar ik voel ook de enorme boosheid van vrouwen naar mannen toe, de oordelen, de verwijten en de bestraffing die verlammend werken, waardoor ieder gevoel van trots, viriliteit en mannelijke kracht in de kiem gesmoord wordt. De beet van de schorpioen. Een oud en bekend thema.

De nacht na mijn droom over de schorpioen is voor mij een ware horrornacht. Het voelt alsof ik levend begraven word in een sarcofaag en ik voel hoe mijn vingers tegen het graniet aan krassen om me te bevrijden. Ik ervaar die nacht ook hoe ik het contact met mijn geliefde helemaal kwijtraakte: de totale afgescheidenheid, de pijn van het gemis, het verdriet om alleen verder te moeten. Ik heb me echter voorgenomen om deze geschiedenis eens en voor altijd te keren. Langzaam voel ik dat door de kracht van de liefde het graniet verschuift. Het is niet de kracht van het denken, maar de kracht van het hart dat rotsblokken doet verplaatsen.
Als de ochtend aanbreekt, ben ik gesloopt en voelt het alsof mijn hele bekkengebied en benen verlamd en ontkracht zijn. Ik voel geen enkel leven meer in mijn lingam. De beet van de schorpioen. Marc, die naast me op de kamer ligt en mijn verhaal aanhoort, geeft me een healing. Ik ben me ervan bewust dat dit hele proces een soort inwijding is, de inwijding van Osiris. Ook de vrouwen spelen daarin een grote rol, want van hen krijg ik zoveel waardering en ondersteuning om hier doorheen te gaan en om de oude pijn, van de gewonde mannelijkheid, te helen. Uiteindelijk is het een pijn die we allemaal delen en alleen in de verbinding kan de strijd tussen de seksen uiteindelijk geheeld worden. Liefde overwint.

Diezelfde dag, in de middag, maken we een wandelingetje door het dorp dat rondom de tempel ligt. Weliswaar weer onder politiebegeleiding, maar ook dat begint te wennen. Op een terrasje verdwijnt langzaam de spanning en ontstaat er contact. De vrouwen van onze groep worden door Egyptische vrouwen in hun huis uitgenodigd, ik rook samen met de politieman de waterpijp en om ons heen verzamelt zich een menigte van nieuwsgierige kinderen, oude van dagen en werklui die van het land komen. Kortom: het hele dorp weet van ons bezoek. Dat is precies de bedoeling. Ik voel dat het belangrijk is dat we niet alleen als toeristen de tempel bezoeken, geld betalen en weer verdwijnen, maar dat we toestemming krijgen van de plaatselijke bevolking. Een soort eerbetoon aan hun cultuur en rol in het geheel.

's Avonds krijgen we bezoek van Horus, de hogepriester van de tempel. We hebben hem uitgenodigd op aanraden van de vrouw die ons verblijf heeft geregeld. Horus is opgeleid door Om Seti, een westerse vrouw die haar hele leven bij de tempel doorbracht. Ze 'herinnerde' zich de oude rituelen en inwijdingsmysteriën uit een vorig leven, waardoor er veel kennis over de mysterieuze Osiris-tempel beschikbaar is gekomen. Horus vertelt over een plek waar we slechts met vier mensen heen kunnen. Het is een poort naar de sterren, vertelt hij. 'Het heet *The Gap*.' Om Seti, zijn leermeesteres, ligt er begraven. Deze plek ligt op verboden gebied. Dichtbij ligt het graf van een van de eerste farao's, die ook wel de Schorpioenkoning wordt genoemd. Mijn nekharen staan recht overeind. Dat is de plek waar ik moet zijn.

Via een geheime uitgang verlaten we het hotel. Een oude, witte Mercedes staat klaar om ons mee te nemen. Als we eenmaal zitten scheurt de auto weg, de hoek om, de weg op. Het is de bedoeling dat de politie ons niet ziet. We betalen de chauffeur, zoals afgesproken, honderd euro. Een godsvermogen hier in Egypte, maar vooruit. De weg leidt door vele steegjes en straatjes waar de grote auto maar net doorheen past. Geiten en ezels worden ternauwernood ontweken. Ik kijk naar achteren: daar zitten drie vrouwen, die ik - bij uitzondering - zelf heb uitgekozen. Ik weet niet waarom, maar toen Horus over *The Gap* vertelde, kreeg ik direct door welke vrouwen mee moesten gaan. Durf ik mijn leiderschap te nemen? Vooruit, het dient een hoger doel. De eerste vrouw heeft blond haar, de tweede rood en de derde zwart.
'Jullie zijn net Charlie's Angels,' zeg ik.
'Of K3,' antwoordt een van de vrouwen.
We lachen, maar niet zo uitbundig. We voelen allemaal de spanning van deze tocht, die een steeds hoger Indiana Jones-gehalte krijgt: een geheime expeditie, een dollemansrit door Egyptische achterbuurten, een verboden gebied waar de farao's uit de allereerste dynastieën begraven liggen, schorpioenen en oude mummies... En om het plaatje compleet te maken: ik

heb een sjaal om mijn hoofd en draag een Egyptische djellaba, die ik in Luxor heb laten maken. En K3 op de achterbank; de cast is compleet.

Na drie kwartier rijden komen we aan bij de rand van de Nijlvallei. Voor ons ligt een bergwand en verder is er alleen woestijn en zand. Als ze ons hier willen kidnappen om losgeld te vragen, is hun plan goed gelukt. De chauffeur kijkt wat zenuwachtig om zich heen, vraagt ons uit te stappen en vertelt dat we nog drie kwartier moeten lopen. Het pad naar The Gap loopt achter heuvels langs, buiten het zicht van de dorpen. De chauffeur loopt voorop. Als ik op mijn slippers door het zand loop, met mijn Egyptische gewaad aan, kom ik buiten tijd en ruimte terecht. Ik denk aan Mozes die de berg opgaat, of Jezus die veertig dagen in de woestijn doorbrengt. Een enorme stilte overvalt me en alles wat me herinnert aan mijn eigen leven lijkt ver weg. Ik wandel alleen door de woestijn...

Alleen? Nee, opeens word ik me in de geest gewaar van twee mensen die aan mijn zijde lopen en die in de afgelopen jaren als mijn gidsen zo vertrouwd zijn geworden. Naast me voel ik Jezus en Maria Magdalena lopen. Hun aanwezigheid is me zo bekend, zo bemoedigend, zo intiem. We praten over de dingen die er gebeuren in mijn leven, wat ik te doen heb, de rol die ik moet nemen en ze spreken over het boek *Heilige relaties, heilige sexualiteit*, waar ik mee bezig ben.

'Het is zo belangrijk dat er weer koppels komen die die heilige intimiteit delen met elkaar, zodat de wereld kan genezen. Door de kracht van de verbinding tussen man en vrouw wordt een scheppingskracht wakker die het proces van evolutie en regeneratie opnieuw doet starten.'

In hun aanwezigheid is er geen gevaar en heb ik het volste vertrouwen in de weg die ik bewandel, hoe vreemd en ongewoon die soms ook is. Ik voel me gesteund en gesterkt, ook op de meest eenzame momenten. Ik weet dat er een groter plan is, waar ik aan mee mag werken, dat door mij heen werkt en dat zo krachtig is. En dat vraagt totale toewijding en overgave, omdat alle persoonlijke problemen ondergeschikt zijn aan het grotere geheel, aan de liefde.

Als we bij de ingang van The Gap komen toont de chauffeur waar Om Seti begraven ligt. Er is niet veel te zien, behalve zand. De energie in deze omsloten bergkom is echter zo zuiver en helder dat we besluiten te mediteren: de drie vrouwen bij het graf van Om Seti en ik verderop tegen de bergwand.

Ik en de Moeder zijn één... is het zinnetje dat door me heen gaat. Na duizenden jaren patriarchaat en overheersing van het mannelijke element is de tijd van de Grote Moeder weer aangebroken. De Godin ontwaakt.
Maar wat betekent dat voor mannen? Kunnen we onze eigen kracht en mannelijkheid herstellen en dienstbaar maken aan de liefde, zonder gewillige slaven te worden of ondergeschikt aan de vrouw? Hoe komen we tot gelijkwaardigheid? Terwijl ik mediteer, zie ik het beeld van een naakte vrouw verschijnen. Ze wenkt me naderbij te komen. Ik sta op en loop naar voren en de vrouw treedt in mijn lichaam. *Man en vrouw ben je, het heilige huwelijk voltrekt zich in je eigen hart, de tempel van de ziel.*

Na een half uur, hoewel tijd een vreemd begrip lijkt in deze kosmische baarmoeder, wandel ik naar de vrouwen, die me uitnodigen om in hun cirkel te komen zitten. Ik voel energetisch de verbinding ontstaan met Anne, de vrouw tegenover me en ze geeft zich helemaal aan me over. Haar ogen draaien weg, ze stamelt een onbegrijpelijke taal en haar lichaam klapt voorover in mijn schoot. Een lemniscaat van energie ontstaat tussen onze lichamen, die helend en bekrachtigend is.
Intussen komt de chauffeur dichterbij om ons te wenken dat het tijd is om terug te gaan. Ik kom in tweestrijd: doorgaan of stoppen? Ik zeg dat we waarschijnlijk niet al teveel tijd meer hebben, wat ervoor zorgt dat Anne met een schok terugkomt. 'Het is nog niet af...,' stamelt ze, maar de magie is verbroken. De zon is achter de bergen en het wordt bijna donker.
We wandelen terug naar de bewoonde wereld. Deze keer niet meer achter de heuvels langs, maar over de oude graven van de farao's uit de eerste dynastieën, die hier hun graftombes hadden. Duizenden potscherven herinneren aan een ver en mysterieus verleden, waarin hogepriesters en priesteressen de geheime rituelen van dood en wedergeboorte, van sterven en van onsterfelijkheid, in praktijk brachten.
Ik voel me enigszins schuldig dat ik het proces doorbrak, maar aan de andere kant weet ik dat in dit werk niets toevallig gebeurt. Het kost vaak de meeste moeite om te accepteren dat wat er ook gebeurt, dat dat het juiste is, zonder oordeel.

Als het donker is, komen we terug in het hotel, waar de rest van de groep vol verwachting op ons wacht. Ze hebben op ons afgestemd en hun eigen werk gedaan. Een van de vrouwen zag me in een visioen samen met Jezus en Maria Magdalena lopen, zo vertelt ze. Hoe vaak ik ook getwijfeld heb aan de beelden die ik zag, of de ervaringen die ik kreeg, dit keer kan ik niets anders dan rustig beamen dat het is zoals het is. Ik voel me bevoorrecht en een diepe rust daalt over me neer. Ik geef hun woorden door...

'Het goddelijke doel van relaties is om de ziel in het lichaam te brengen, om de hemel op aarde te brengen. Wanneer twee mensen een intiem vat van liefde vormen, openen ze een poort voor de ziel om dieper het lijf binnen te kunnen gaan. Als individu kun je dit tot op zeker niveau doen, maar je hebt de tegenpool nodig, de vrouwelijke of mannelijke tegenhanger, om dit proces tot een eind te brengen: tot zielsverbinding, tot Heilige Eenheid. Dit is de magie en het wonder van mannen en vrouwen op aarde. Dit is zo'n mysterie omdat het nieuw leven creëert; omdat het nieuwe vormen van beschaving creëert, van natuur, van alle elementen die voortkomen uit deze vereniging. Jullie zijn de Goden gelijk, je langzaam de ongelofelijke kracht van liefde herinnerend.

Alles wat geen liefde is, zal nu aan de oppervlakte komen om gezien te worden, gevoeld te worden, gehoord te worden en geofferd te worden op het altaar van liefde. Dus als je je in een relatie bevindt en uitgedaagd wordt, dan is dit alleen om je eigen Zijn te zuiveren: om het puin van oude pijn op te ruimen, van de schaduwen uit het verleden, om ze in verbinding te brengen met het hogere doel van je ziel. Er is dus niets verkeerds aan wat er aan het gebeuren is. Het is allemaal deel van het proces van incarnatie en verlichting: om volledig mens te worden, man en vrouw.

In deze co-creatie, of heilige verbinding, ben je in staat jezelf voorbij je eigen grenzen te voelen, voorbij je eigen zelfbeeld, omdat je Eén bent, gemanifesteerd in twee polariteiten. Dit is waar God zichzelf laat zien in zijn of haar beide aspecten. Zonder de polariteiten is er geen creatie.

Dus geniet van de weg. Geniet van het pad dat je samen loopt, ook al is het moeilijk, pijnlijk soms. Focus op het vertrouwen en het ultieme doel van jullie vereniging: de wereld en de planeet voorzien van compassie en wijsheid door nieuwe vibraties teweeg te brengen.
Dit is allemaal vastgelegd in je genen. Alles wat je moet weten, alles wat je bent, ligt opgeslagen in je lichaam. Dit is het heilige voertuig – de graal – dat het levenswater bevat, dat uit je stroomt de wereld in.

Er zijn allerlei obstakels, oude rollen en patronen waar je tegenaan zult lopen, omdat deze wereld lijdt onder de wonden die zijn toegebracht sinds de val van Adam en Eva. Zij vielen uit deze verbinding, uit deze heilige eenheid, waar zij vrij waren om tot expressie te brengen wie ze waren, zonder grenzen, maar nog steeds omvat binnen de eenheid van hun goddelijkheid.

Als ik in het busje zit dat ons van Abydos naar Aswan brengt, mijmer ik over ons bezoek van de afgelopen drie dagen bij de tempel van Osiris en Seth. Ik kan het nog niet allemaal bevatten. Er is in korte tijd zoveel gebeurd. Het leek op een inwijding in het duister, in krachten die ik niet ken, in een afdaling in de dood om uiteindelijk opnieuw geboren te worden. Maar er zijn nog zoveel vragen. Wie was de Schorpioenkoning? Is er een verband met mijn droom over het gif van de schorpioen dat in mijn lichaam kwam? Welke rol had Horus, de hogepriester? Kreeg hij een deel van het geld van de 'geheime' autorit? Wat was er precies in The Gap gebeurd, in mijn ontmoeting met Jezus en Maria Magdalena en het ritueel met de drie vrouwen? Alledrie hebben ze me iets van hun kracht en energie gegeven. En wat betekent mijn band met Anne, de vrouw die het ritueel met mij uitvoerde? Normaal gezien heb ik de rol van begeleider op een reis, maar op deze reis heb ik het gevoel dat de groep van negen vrouwen míj begeleidt en dat ik de deelnemer ben, degene die wordt ingewijd. Waartoe, waarvoor? Het zijn vragen die me nog lang bezighouden.

De eerste drie dagen in Luxor leken te gaan over het helen van het vrouwelijke: het bezoek aan de tempel van Sechmet en de tempel van Hathor, de twee kanten van de Godin: de donkere kant en de lichte kant. De drie dagen in Abydos gingen over het helen van het mannelijke, door af te dalen in de duisternis en opnieuw geboren te worden. De laatste etappe van de reis kondigt zich nu aan, die, vermoed ik, zal gaan over het verbinden van het mannelijke en het vrouwelijke. Maar in welke vorm dat zich zal voltrekken, is nog niet duidelijk.

Inmiddels is het busje gestopt, midden in de woestijn, omdat sommigen moeten plassen. Als we eenmaal met zijn allen buiten staan zet iemand Arabische muziek aan. Het duurt niet lang of we staan met zijn allen te dansen in de woestijn. *Dancing in the desert.*

Aan het eind van de dag rijden we Aswan binnen, de zuidelijkste stad langs de Nijl in Egypte. Hier voel je de kracht van Afrika en van zwart Nubië. Maar ook hier hangt een zweem van verlatenheid en depressie: de boten zijn leeg, de paardenkoetsjes staan doelloos langs de kant van de weg en de kleine oase heeft niet meer de vreugdevolle uitstraling die ik me van vorige reizen herinner. We hebben kamers gereserveerd in een luxehotel dat op een heuvel boven Aswan staat. De manager heet me persoonlijk welkom. Het gebeurt niet vaak meer dat een hele groep toeristen zijn hotel bezoekt. Vanuit onze kamers kijken we uit over het cataract van de Nijl: de eilandjes, rotsblokken, palmbomen en weelderige natuur in dit prachtige stuk van de rivier. Op het middelste eiland, Elephantine, ligt de oude nederzetting van Aswan, met enkele tempels. Een vrouw die ik in Abydos ontmoet heb, vertelde me over de tempel van Knuum, de baarmoedertempel. Ik heb er nog nooit van gehoord, maar het intrigeert me zeer.

Achter Elephantine, aan de overkant van de Nijl, ligt het Nubische dorp, waar de Nubiërs wonen die sinds de bouw van de grote Dam hun dorpen moesten verlaten. Het ontstane Nassermeer slokte de een groot deel van de Nubische cultuur op, inclusief dorpen en tempels. Alleen een klein museum herinnert nog aan het vroegere land van de zwarte farao's. Een soort culturele genocide van Egypte op Nubië. De eeuwenlange strijd tussen de twee landen langs de Nijl is overtuigend in het voordeel van Egypte beslecht. Het noorden van Nubië is nog slechts een herinnering in de harten van enkelingen. En in de opera van *Aida*, die over haar prachtige land zong:

The gods love Nubia, the beautiful, the golden
The radiant, the fertile, the gentle and the blessed
The pain of Nubia is only for the moment
the desolate, the suffering
the plundered, the oppressed

'*Hello, are you there?*' sms't Habibi me, een Nubische man die ik van vorige reizen ken. Hij heeft een feloeka, een zeilboot die over de Nijl vaart. Ik had contact met hem gezocht om een tocht over de rivier en langs de eilanden te kunnen maken. We vinden hem tussen de stilliggende boten en al snel beginnen we aan de tocht. Op een van de eilanden is een botanische tuin aangelegd, met planten en bomen uit alle werelddelen. Het is er een drukte van belang, omdat veel Egyptenaren hier hun vrije dag doorbrengen. Veel van hen komen naar ons toe en willen samen op de foto. Jongeren willen hun Engels oefenen en velen zijn blij dat er weer toeristen zijn. Vooral de souvenirhandelaren die eindelijk weer prooi ruiken.
Iedereen wandelt op eigen tempo over het paradijselijke eiland. Ik

bestudeer enkele vreemdsoortige palmbomen en vraag me af of hier ook de Flower of Life in te zien valt. Want de geometrische vorm lijkt een soort blauwdruk te zijn van de schepping. Achter alle diversiteit gaat een strakke en wiskundige structuur schuil, die ons leven vormgeeft.

Ik ben wat op mezelf deze dag, omdat ik in de deelcirkel van de ochtend enige kritiek naar me toe kreeg. Ik was niet 'blijven staan', volgens sommigen, toen iemand de dag ervoor in een tempel luid begon te schreeuwen en te grommen. Ik liep weg omdat ik dit niet prettig vond en ik koos er zelf voor om op een rots bij het water te zitten. Had ik het conflict vermeden? Waarom waren ze boos? Had ik iets over het hoofd gezien, of was het gewoon projectie die mijn kant op kwam, de kritiek op de leider? Het weglopen van moeilijke situaties ken ik, dus ik besloot mijn mond te houden, niet te reageren maar in mezelf op zoek te gaan... Hoe langer de dag duurde, hoe meer ik in mezelf afdaalde en hoe stiller ik werd.
Als we na het bezoek aan de botanische tuin opnieuw in de boot stappen richting de tempel van Knuum, de baarmoedertempel, voel ik een diep verdriet en oude pijn naar boven wellen. De kritiek van de vrouwen brengt me terug naar de band die ik met mijn moeder heb. Ik heb in mijn leven heel wat met haar geworsteld en de laatste maanden is mijn band met haar zo positief veranderd en fijn geworden. Ik zie haar eigen worsteling en de pijn en eenzaamheid die ze zelf als kind heeft ervaren, ook al is ze opgegroeid in een grote katholieke familie. Op haar vierde begon echter de Tweede Wereldoorlog en vijf jaar lang leefde ze in angst. Op negenjarige leeftijd, toen de oorlog was afgelopen, werd ze ver weg in een internaat gestopt en mocht ze twee keer per jaar naar huis.

Terwijl ik in de boot op de Nijl dobber, een grote sjaal over mijn hoofd gedrapeerd, voel ik haar pijn en opeens word ik me gewaar van de pijn die ze bij mijn geboorte gevoeld moet hebben. Het is alsof ik opeens mijn eigen geboorte beleef, het persen, de krampen, de pijn die ik zelf als baby'tje doorstond, maar eveneens de pijn die mijn moeder doorstaan moet hebben om mij ter wereld te brengen. *Ik en de moeder zijn één...* gaat opnieuw door me heen. Anne komt naast me zitten als ze ziet dat de tranen over mijn wangen biggelen.
Dan komt een volgende golf van pijn en oud verdriet over me heen. Nu de geboortepijn van mijn moeder wordt aangeraakt, komt tevens mijn eigen grootste pijn aan de oppervlakte: geschonden te zijn in het diepste van mijn ziel. Ik daal steeds dieper af in de duisternis. Ik herinner me hoe ik ooit op 28-jarige leeftijd naar een film keek, waarin Barbra Streisand een therapeute is die een man behandelt die als kind verkracht is.
Toen de film was afgelopen gebeurde er iets waar ik de rest van mijn leven door getekend werd: ik begon twee uur lang te schreeuwen. Mijn lijf

stuiterde over de grond en mijn toenmalige vrouw probeerde me te kalmeren. Terwijl ik door het heftige proces ging waarbij mijn maag zich naar buiten wilde keren, kreeg ik de beelden die ik de eerste 25 jaar van mijn leven zorgvuldig had verborgen: ik was als kind van drie en half verkracht door een man en een vrouw die boven bij ons op zolder woonden. Ik was zowel van achter als in mijn mond gepenetreerd. Als kind was ik daarna alles vergeten, maar mijn lichaam had de gebeurtenis helder en precies onthouden. Het had vijfentwintig jaar geduurd voor ik alles weer durfde te doorvoelen. Honderden puzzelstukjes vielen destijds op hun plaats.

Was dit de reden van mijn moeite met relaties, van mijn pijnlijke avontuur in de liefde, maar ook van mijn talent om buitenlichamelijke ervaringen te hebben, visioenen te zien en in andere dimensies te kunnen werken? Er wordt wel eens gezegd dat sjamanen op jonge leeftijd een groot trauma te verwerken krijgen zodat ze weten hoe ze zichzelf en anderen kunnen helen.

Achter het persoonlijke trauma gaat een ander, nog veel groter verdriet schuil. Ik denk opeens aan de burgeroorlog in Syrië en hoeveel pijn daar wordt geleden. Ik had Syrië twee maal bezocht; één keer was ik naar Damascus geweest en één keer naar Aleppo, de stad in het noorden. Het was het weekend voordat de burgeroorlog uitbrak. Een extreem pijnlijk en duistere tijd brak aan, die me intens had aangegrepen. Nu kan ik opeens zien dat het een bedoeling heeft: het zijn de perskrampen en geboorteweeën van een nieuwe tijd. De aankondiging van een glorieus moment, dat echter gepaard gaat met oneindig veel verdriet en lijden. Opeens kan ik de grote liefde voelen die achter de pijn schuilgaat, net als de liefde van mijn moeder die haar pijn doorstond om mij het leven te geven.

De tranen stromen vrij en ik voel me liefdevol gedragen in de boot met mijn 'spirituele familie' om me heen. Ik voel hoe we het eindpunt van de reis bereikt hebben. Het einde dat tevens de geboorte van een nieuw begin is. Om te beginnen, het mijne.

Op het eiland van de baarmoedertempel, hoe toepasselijk, zijn sporen van een joodse gemeenschap uit vroeger tijd te vinden. Er heeft een synagoge gestaan. De laatste waardevolle momenten van een intense reis langs de Nijl, die spoedig zal eindigen. Het water van de Nijl heeft ons geleid. Als ik afstem op de baarmoedertempel komt de volgende boodschap van Sechmet door:

'Dit is de tempel van het element Water. Het is het water dat leven geeft, dat de aarde voedt. Zonder water is er geen leven. Wanneer je je verbindt met het element water, herinner je je waar je vandaan komt, de oorsprong van je bestaan. Het is het goddelijke vrouwelijke in zijn meest essentiële vorm.

Water is goddelijk. En omdat je gemaakt bent van zeventig procent water, ben je ook goddelijk. Zodra je weet dat je goddelijk bent, dat je de Godin bent, dat je de grote Goden bent, kom je thuis bij jezelf en werp je alle eeuwen van duisternis en illusie af.

Je hebt de tuin nooit verlaten. Dit maakt allemaal deel uit van de illusie. De afscheiding van de Godin, van het goddelijke, van het vrouwelijke, maakt allemaal deel uit van de geest, allemaal deel van de illusie waarin we leven. Je zou kunnen zeggen dat het een leugen is, maar het is niet meer dan een menselijke fout die vergeving nodig heeft, zodat we kunnen terugkeren naar de paradijstuin die in je is, die overal om je heen is. Het enige wat nodig is, is dat je het herinnert: in jezelf, in je relaties, in de samenleving.

De hele reis die je maakte, niet alleen in Egypte, of in dit leven, maar in vele levens, is bedoeld om thuis te komen. Maar je moest de reis maken. Er was niets mis, zelfs niet op de donkerste momenten. Het maakte allemaal deel uit van mijn grote Eenheid. Dus vergeef jezelf en vier je Hereniging, je heilige vereniging met het goddelijke en met elkaar. Ik ben in het water en in de stenen. Ik ben in de vogels en in de krokodillen. Onthoud wie je bent in alles wat je op je pad tegenkomt.

Dus kom alsjeblieft in mijn armen, kom in mijn schoot, kom aan mijn boezem, kom naar mijn yoni, en laat je gevoed en zachtjes gewiegd worden, in mijn altijd meedogende hart en lichaam. Welkom thuis. Welkom thuis. WELKOM THUIS.'

's Avonds nemen we een boot naar een chic hotel dat op Elephantine eiland ligt, het Mövenpickhotel. We besluiten iets te gaan drinken in de bar die bovenin de toren van het hotel is gehuisvest en stappen in de lift. Dertien verdiepingen. We drukken op de dertiende etage. Het getal van de Godin. Als we uitstappen, gebeurt er iets wonderlijks. Om ons heen zien we een sprookjesachtig beeld van Aswan en de Nijl. De toren ligt als een kapiteinshut boven het eiland, drijvend in het midden van de nachtelijke rivier. Terwijl we betoverd worden door het beeld rondom ons, staat een vrouw op en begint op een viool het *Ave Maria* te spelen. Er is verder niemand in het panoramacafé, behalve twee obers. Het lijkt of ze speciaal op ons zaten te wachten om ons een laatste afscheid van Egypte te geven. *Ave Maria… The Great Mother*.

DEEL III. VUUR

Vuur is het element van transformatie, van passie en actie en van vernietiging en schepping. De Indiase godheid Shiva danst in een cirkel van vuur en creëert en verwoest daarmee de wereld in een eindeloze cyclus van verandering. Het element vuur is het sterkst verbonden met spiritualiteit, inspiratie en intuïtie. Vuur is tevens impulsief, explosief en gevaarlijk. Het kan mensen in vuur en vlam zetten, maar ook aanzetten tot fanatisme, wellust en geloofsijver. Als iemand door het vuur gelouterd is, vindt hij echter compassie, liefde en devotie. Het is het element dat de duisternis kan verdrijven en licht en warmte geeft. Vuur wordt gerepresenteerd door het symbool van Staven of Fakkels.

Sinds onze eerste reis naar Egypte heb ik steeds vaker contact met Anne. Hoewel ik aanvankelijk voorzichtig ben om me weer in een amoureus avontuur te gooien, bloeit heel langzaam een liefde op. Ook zij is voorzichtig. Ze heeft jarenlang geen relatie gehad en net als ik de nodige schade en butsen opgelopen. Toch is ons contact heel natuurlijk en vanzelfsprekend, alsof we precies weten waarom we elkaar ontmoet hebben. Geen wilde verliefdheid of emotionele perikelen maar een stille herkenning van het spirituele pad dat we beiden te gaan hebben. Voor het eerst voel ik hoe ik iemand ontmoet heb die precies op hetzelfde niveau zit. Aangezien ze in België woont, zien we elkaar soms één of twee keer per maand en dan meestal tijdens de reizen en workshops. Stap voor stap wordt ze mijn spirituele maatje en groeit de verbondenheid en liefde. Ik vertel haar over de zoektocht naar het Vijfde Element.

Via een goede vriendin horen we dat er in Iran een vuurtempel is. Zou dit de plek zijn van de volgende inwijding, de initiatie van Vuur? Gelukkig is Peter Jongerius, die de meeste reizen voor mij organiseert, goed bekend in Iran. Hij komt er al jaren voor zijn werk en heeft er goede contacten. Hij heeft een reis geregeld van Teheran naar Isfahan, en vandaaruit naar Yazd, de woestijnstad, waar de vuurtempel van Zarathoestra ligt.

Vlak voordat ik vertrek belt echter een goede vriendin op. 'Ton, jij gaat binnenkort op reis. Kunnen er dan misschien twee mensen in je huis?' Ze vertelt dat ze op haar werk samenwerkt met een Syrische vluchteling, die binnen een week samen met zijn jongere broer naar een opvanghuis in het oosten van het land moet. Maar ze willen niets liever dan in Amsterdam blijven. Dus of ze niet...
'Oké,' zeg ik na enig aarzelen, 'prima, laat ze maar komen. Ik ben drie weken weg, dan kunnen ze zolang in mijn huis. Maar ik vind het wel fijn als ik ze eerst zie.' Nadat ik heb opgehangen, begin ik me af te vragen of dat wel zo'n goed idee is, twee vluchtelingen in mijn huis. Zijn ze wel te vertrouwen? Moet ik bijvoorbeeld mijn computer veilig opbergen in de kast? Je weet immers maar nooit, zegt een stemmetje in mijn hoofd.
Nee, dat doe je toch ook niet als er anderen in je huis zitten, zegt een ander stemmetje. Waarom direct dat wantrouwen?
Tja, maar ze komen wel uit Syrië. Weet jij veel wat je in huis haalt? En als ze maar weer weggaan na drie weken. Zo gaat de dialoog in mijn hoofd.

De zaterdag na het telefoontje wordt er vroeg aan de deur gebeld. Daar staan ze: Salim en Basel, twee broers van 23 en 27 jaar oud. Ze hebben een weekendtas in de hand.
'You can put your luggage in the room of my daughter,' zeg ik. 'I've made it empty so you can stay there for three weeks.' Het lijkt me goed om direct de

grens aan te geven. 'Where are you from?' vraag ik.

'We come from Aleppo,' antwoordt Basel. Een angstig voorgevoel bekruipt me. Dit wordt allerminst een normale logeerpartij. Ik leid ze rond in het huis, vertel ze de ins and outs van de wasmachine, koelkast, thermostaat en de plaats waar ze boodschappen kunnen doen.

Als we alles besproken hebben en ik op het punt van vertrek sta, wordt Basel op zijn mobiel gebeld. Hij loopt weg en staat een tijd buiten te bellen. Na een half uur komt hij lijkbleek terug en roept hij zijn jongere broer aan de telefoon. Op het moment dat Salim de telefoon vastheeft, begint de jongen onbedaarlijk te huilen. De oudste mompelt: 'It's not good, it's not good.' Meer krijg ik niet uit hem. Hij loopt terug naar zijn broer die inmiddels snikkend op de grond zit, als een hond die geslagen is. Als hij terugkomt, vertelt hij de afschuwelijke toedracht: zijn vader is die ochtend zijn huis uitgewandeld en dodelijk getroffen door een bom.

De jongens hebben twee jaar gereisd om in veiligheid te komen, een jaar in Istanbul gewerkt, met een bootje met zestig mensen de zee tussen Turkije en Griekenland getrotseerd, om vervolgens vanuit Griekenland in drie maanden naar Nederland te lopen. Daar hebben ze vier maanden met driehonderd andere vluchtelingen in een verlaten kantoor gezeten. Dit is hun eerste normale huis, ver weg van huis. En op dit moment overlijdt hun vader. Ik ben compleet overrompeld door de gebeurtenis. Ik doe al 25 jaar mannenwerk waarin de band tussen vader en zoon centraal staat en ik ben zelf onlangs mijn vader kwijtgeraakt. En hier zijn twee zoons die opeens hun vader kwijt zijn. Ik stel voor om samen naar de moskee te gaan om te bidden voor hun vader, maar als die dicht is, besluiten we een kleine ceremonie bij mij thuis te doen. Ik besluit mijn reis een dag uit te stellen.

Als we de kaarsen hebben aangestoken en ze verdwaasd rond het licht zitten, voel ik de diepe verbinding die tussen ons gesmeed wordt. Ik voel de stille aanwezigheid van Karel, de mentor die zo belangrijk in mijn eigen leven is geweest.

'What is your father's name?' vraag ik.

Salim laat me zijn nek zien, waar hij de naam van zijn vader heeft laten tatoeëren. 'His name is Blessing, but then in Arabic.' Hij is gek op zijn vader. Zijn vader heeft hem leren boksen en in Syrië is hij vijfvoudig nationaal kampioen geworden.

Ik heb het sterke vermoeden dat het niet toevallig is dat deze twee jongens uit Aleppo bij mij terecht zijn gekomen en dat precies op deze ochtend hun vader overlijdt.

Ik spreek ze toe. 'I just know you for a few hours, but I feel it is no coincidence that you are here in my house. You are here in a strange land,

without any family, and your father has just been killed. From this moment on I will be your family, and a second father. You can stay as long as you want.'
We omhelzen elkaar innig en het lijkt alsof we elkaar al jaren kennen. In de vier maanden dat ze bij me wonen, ontstaat tussen ons een zeer bijzondere en intieme vriendschap.

De dag na de ontmoeting met de Syrische broers vertrek ik samen met Anne naar Iran. We hebben besloten een dag samen in Istanbul door te brengen, voordat we de groep in Teheran zullen treffen.

DE OPENBARING VAN SOPHIA

Iran, 2017

Als ik op Schiphol door de scanner bij de douane loop, moet ik al mijn geld in mijn hand omhoog houden. Ik heb mijn rekening geplunderd en mijn laatste geld opgenomen. Voor deze reis naar Iran moet ik het hele reisbedrag cash meenemen. Iran is niet aangesloten op het internationale geldverkeer, dus je kunt er geen geld opnemen of pinnen. De douanier vraagt me om even mee te gaan naar een apart hokje om te laten zien hoeveel het is.

Ik heb 4000 euro bij me. Peter, die later komt, neemt de andere helft van het geld mee. Ik vertel de douanier over onze reis naar Iran en de man kijkt me verheugd aan. 'Ik kom uit Iran,' zegt hij. 'Als je in Iran aankomt moet je het geld niet bij de bank wisselen, maar bij een goudkantoor,' vertelt hij. 'Die geven veel meer geld in ruil. De koers is 6200. Ik heb het net nog gecheckt.' Zijn vrouwelijke collega vraagt waarom het zo lang duurt in dat hokje. We komen lachend naar buiten. 'We hebben even een deal gesloten,' zegt de douanier.

We komen als laatste aan bij de gate. Op onze boarding passes staan nog geen stoelnummers. 'Jullie hebben geluk,' zegt de stewardess tegen Anne en mij. 'Jullie krijgen stoelen in de businessclass.' We zitten op rij één, direct achter de piloot. We krijgen een welkomstdrankje, nootjes en een heuse koptelefoon. De stewards zijn hier extra vriendelijk en we hebben een zee aan beenruimte. 'Kijk, ik haal de muur niet eens met mijn voeten,' zegt Anne. Wat een verschil met de vorige reis waarin ik naar Egypte vloog, waar we als sardientjes in een blik zaten. Het kan verkeren.

'Ik zou in Istanbul graag naar de onderwater cisterne gaan, waar het beeld van Medusa staat, de vrouw met de slangenharen,' zegt Anne. 'Ik heb iets met het donkere vrouwelijke.'

Ik moet denken aan alle duistere godinnen: Medusa met haar slangenharen; Sechmet, de Egyptische leeuwengodin; de Indiase Kali die een aantal afgehakte mannenschedels om haar heup heeft; Baba Yaga, de Russische heks met haar huis op kippenpoten. En zo zijn er nog wel wat. Vrouwengodinnen die het duister representeren, het verschrikkelijke, de razernij en de woede. Godinnen die je angst inboezemen, zeker als man. Wat moet je met die chtonische, chaotische en onredelijke emoties? Het is het tegenovergestelde van redelijkheid, rationaliteit en helderheid. En toch lijkt deze energie in onze tijd nodig, als tegengif tegen de vervorming en het misbruik van de oude patriarchale krachten.

Als we later in de ochtend in Istanbul zijn en afdalen in de catacomben om het stenen gezicht van Medusa te zien, valt me op hoe zacht en lieflijk ze eruitziet. Helemaal geen chtonisch monster, maar een krachtige en liefdevolle godin... Nadien stemmen Anne en ik af aan de voet van de enorme koepel van de Aghia Sophia en krijg ik de volgende boodschap door.

'De Slangengodin bevat de oude wijsheid van leven en dood, van geboorte en wedergeboorte. Het is deze krachtige energie die al zo lang door de mannelijke religies wordt onderdrukt, die verontwaardiging en frustratie heeft veroorzaakt, vooral bij vrouwen die deze oude kracht voelen. Het is een bewustzijnsniveau dat buiten tijd en ruimte staat. Volg het pad van de slang, symbool van wijsheid en symbool van de eeuwige terugkeer. Het is de Ouroboros, de slang die zichzelf in de staart bijt. Het is deze eeuwige cyclus van tijd en vernieuwing die je samen met de groep op deze reis zult verkennen. Jullie zijn de bewakers, de poortwachters van het openen van de deur van de tijd. Maak verbinding met alle elementen en vind de poort naar de Andere Wereld. Heb een veilige reis.'

Onze reis door Iran begint in Isfahan. Het blijkt dat de stad een grote geschiedenis heeft in het vreedzaam samenleven van diverse religies. Er was ooit een grote enclave van joden en er is een grote christelijke, Armeense wijk. Die samengang van godsdiensten leverde in de geschiedenis van de stad een grote vooruitgang en welvaart op. Alleen de soefi's werden niet gedoogd tijdens de tijd van de ayatollahs en ook de joden zullen waarschijnlijk inmiddels verdreven zijn. Aan de overkant van de rivier is een berg die over de stad uitkijkt en de Sofeh mountain heet, oftewel de 'Soefi-berg'. Dit was de plaats van de mystici, de derwisjen en de soefi's, de esoterische orde van de islam.
De groep van negen deelnemers is inmiddels compleet. Gezamenlijk besluiten we als eerste naar de Soefiberg te gaan. Een taxi en een kabelbaan brengt ons naar de top. Daar gaan we zitten en stemmen we af.
Via mijn gidsen komt de volgende boodschap door.

'Welkom in het binnenland van Perzië. Dit was onze ontmoetingsplaats sinds mensenheugenis. Wij die met je praten zijn de mystici, de soefi's zoals we bekend werden. In principe waren we beschermers van de Oude Traditie, de traditie van de schepping. Het is in deze bergen dat we lange tijd hebben geleefd, om te communiceren met de sterren, om te communiceren met de andere rijken zoals jullie nu met ons communiceren. De oude tradities werden

niet alleen doorgegeven via boeken of dans, maar ook door tijd en ruimte; door een innerlijke communicatie.

Isfahan, stad van de koning en de koningin uit de oudheid, stad van het hart, smaragdgroene stad. Dit was waar de engelenrijken en de aardse rijken van de binnenwereld elkaar ontmoetten en een stad creëerden voor de menselijke wezens in de oude wereld. Het is hier dat de blauwdruk van het paradijs is gemaakt. De binnentuin werd de buitentuin: het aardse paradijs.

Hier resoneren uw eigen cellen, de blauwdruk van menselijke wezens, met de blauwdruk van de Hof van Eden. Het is een van de acht plaatsen van creatie waar de paradijsmatrix is geïnstalleerd. De geometrische vormen, de heilige geometrie van het paradijs, lagen achter alle fysieke vormen. Acht cellen van het menselijk lichaam, acht poorten, acht hoeken, resonerend met elkaar: acht melodieën, frequenties, die aan de basis lagen van deze creatie, samenkomend in het centrum: het oude hart. Het is vanuit dit centrum dat alle frequenties de wereld in gingen.

Welkom in deze oude scheppingstempel. De negen van jullie die zich hebben verzameld en met jullie zoveel andere mensen, in een grote cirkel om jullie heen, die jullie zoektocht ondersteunen om de paradijsblauwdruk te herstellen. Als we zeggen herstellen, betekent dit eigenlijk herinneren. De blauwdruk van het paradijs is nog steeds intact, is er nog steeds, alleen slechts vergeten. In het vergeten zit de vervorming. Dit is de val van Eden. De val van Eden is dat je bent vergeten waar je vandaan komt, wat je oorsprong is. Je afkomst is vanaf buiten deze plek. Vanaf de andere rijken incarneerde je hier op deze planeet om een paradijs te creëren als een experiment van schoonheid en liefde.

De twee belangrijkste krachten waren de mannelijke en de vrouwelijke kracht. Door de eeuwen heen ben je vergeten waar je vandaan kwam. Onwetendheid en vergeetachtigheid deden hun intrede, en je herinnerde je je ware oorsprong niet meer. Terwijl je door dit land reist, ga je terug in de tijd - terug in het labyrint, terug in de matrix - naar het hiernamaals, buiten tijd en ruimte. En je ontmoet ons, je makers, die jij bent. Je moet je herinneren wie je bent. Jij bent het die deze plek heeft gecreëerd. Maar terwijl je erin zat, vergat je wie je was en wie je voorbestemd was te zijn.

Stel je open voor je ware zielsessentie. Verbind je met de engelenrijken en met de aardse rijken van materie, Moeder Aarde. Begin de scheppingsdans opnieuw door een nieuw lied te zingen, een lied dat al eeuwen niet meer gehoord is. In dit lied zitten de zaden en de tonen voor de nieuwe wereld, voor de nieuwe mens, voor de nieuwe aarde.

Plaats de steen, de Arkenstone, in het midden van de acht hoeken en alles zal beginnen te trillen. Volg je voeten en je hart door dit labyrint en je zult het centrum vinden. In jezelf en buiten jezelf. Wees gezegend. Grootse dingen zullen komen.'

Na een busrit van vier uur arriveren we in Yazd, een woestijnstad ten zuidoosten van Isfahan. Dit is de stad van Zoroaster of Zarathustra en de beroemde vuurtempel, waar in het Heilige der Heiligen het vuur al honderden jaren brandend wordt gehouden. In het zoroastrisme geldt het vuur als een reinigende kracht en wordt het met de waarheid geïdentificeerd.

Ik moet terugdenken aan een bezoek dat ik jaren geleden bracht aan een soefi-sjeik in Rotterdam, Pir Mehdi. Toen ik de kamer binnenliep waar hij met zijn hele gevolg zat - een Rotterdams rijtjeshuis - wenkte hij dat ik naast hem moest zitten. Terwijl de menigte in een soort gebed en trance dance ging, in de traditie van de derwisjen en de soefi's, vertelde hij me – telepatisch – wat hij aan het doen was. Hij leerde me hoe ik met de energie van een groep moest werken en het collectieve veld moest openen om ermee te werken. Ik was de man al vele jaren vergeten en nu kwam hij helder in gedachte. Een van de deelneemsters aan onze reis kent de sjeik ook en vertelt ons dat hij inmiddels is overleden. Zijn lichaam is terug naar Iran gebracht en ligt begraven – hoe kan het ook anders – in Isfahan.

Nadat ik de volgende ochtend wakker ben geworden, zoek ik een plek om te kunnen mediteren. Hoe ik ook kijk, er lijkt geen juiste en veilige plaats te zijn, net als in het hotel in Isfahan. Inmiddels begint het op mijn zenuwen te werken. Alsof er geen plaats is om dit werk te kunnen doen. Dan denk ik opeens aan de sjeik. Hij heeft zijn land moeten ontvluchten omdat hij hier met de dood bedreigd werd. Ook hij kon hier zijn spirituele werk niet doen. Dit besef zorgt ervoor dat mijn irritatie omslaat in een groot verdriet. Geen plaats hebben om jezelf te zijn en om datgene te doen waarvoor je op aarde bent gekomen. Het roept oude herinneringen op en de lange weg die het gekost heeft om mijn werk in de wereld te zetten. Hoe dankbaar ben ik dat ik in Nederland vrij ben om datgene te doen wat ik doe. Ik voel Pir Mehdi, de soefi-sjeik steeds dichterbij komen. Ik voel zijn heimwee naar dit betoverende land: naar de rozen, de mozaïeken, de vuurtempel van Yazd, de woestijn, de moerbeiboom, de karavanserai.

Opeens begrijp ik wat er gebeurt: mijn ziel maakt verbinding met de ziel van de sjeik en met de soefi's uit oude tijden. Ik word meegenomen in hun kennis, hun emoties, hun herinneringen. Langzaam verdwijnt de huidige wereld met zijn strijd, oorlog en dualiteit en word ik ingewijd in een veel oudere traditie. Alsof ik naar de diepte van de oceaan van bewustzijn wordt gezogen en word voorbereid op de derde inwijding.

Als de groep gaat wandelen in de stad, blijf ik alleen in het hotel. Het is nog te vroeg voor mij om naar buiten te gaan. Ik kies voor de stilte en voel hoe de soefimeesters me meenemen naar een heilige plaats, de Tempel van Vuur. In het midden van de Tempel straalt een groot licht. Als ik door het licht stap, kom ik in een andere dimensie, of misschien wel op een andere planeet. Ik weet het niet. Ik herken echter wel diverse andere leraren. Ik word naar een troon gebracht: de troon van God, maar in plaats van een oude man met baard zit er een blauw opperwezen op. Het communiceert met me zonder woorden en plaatst een lichtdeeltje in mijn buik. Daarna vervaagt het visioen.

Ik drink een kopje thee, maak een rondje door het hotel, vind een boekje over Zarathoestra en wacht tot de anderen terugkomen. In de teksten van Zarathoestra lees ik over de *farasvahar*: een goddelijk deeltje of licht dat Ahura Mazda in ieder mens plant om zijn spirituele ontwikkeling te versnellen. Zou dat het Vijfde Element zijn?

Als de anderen arriveren van hun wandeling door de stad blijkt iedereen redelijk uit verbinding te zijn, zowel met zichzelf als met de anderen. Dat wordt tijdens het diner nog erger en uiteindelijk barst de bom tijdens de bijeenkomst 's avonds op het dak van het hotel. Allerlei emoties buitelen over elkaar heen: woede, angst, bezorgdheid, verdriet, verhalen over Gaza, over oorlog en strijd, over wat we nu eindelijk te doen hebben. 'We zijn hier toch niet om de wereld te redden,' roept een van de medereizigers wanhopig uit. Waarom dan wel, dat weten we even niet. De avond eindigt verward en chaotisch. Waar zijn we in vredesnaam mee bezig?

De nacht en de volgende ochtend brengen verlichting. Twee deelnemers hebben besloten naar de vuurtempel van Zarathoestra te gaan. Anne, Peter en ik wandelen door het labyrint van de oude steegjes en lemen huizen van het centrum van Yazd. De plaatsnaam,
Yazd, betekent 'toewijding' of 'devotie' en komt uit de traditie van Zarathoestra. Naast de heilige teksten, de *Yasna's*, is er de toewijding aan het vuur en het water en aan Azahura Mazda, de grote God. Al slenterend komen we uit bij een oude 'watertempel', een van de vele prachtige bouwwerken van leem waarmee water in de oude stad werd gekoeld en verspreid. Vlak in de buurt treffen we een restaurantje met de naam 'Fire and water in peace'. Opeens begrijp ik wat we aan het doen zijn: het ene deel van onze groep naar de vuurtempel, het andere naar de watertempel. Maar uiteindelijk gaat het erom beide elementen in balans te brengen.

Langzaam begint me helder te worden dat deze hele reis een alchemistische tocht is langs de vier elementen. Onze eerste stop was op de berg in Isfahan, het element lucht. Hier in Yazd treffen we de elementen water en vuur. Morgen begeven we ons naar de woestijnstad Kashan voor het element aarde. Alle puzzelstukjes vallen op zijn plek. Alleen het Vijfde Element ontbeekt nog.

Ik denk terug aan hoe deze zoektocht lichtjaren geleden begon, met Karel op de katharenburcht. Als jonge spirituele zoeker nam hij me mee op een reis waarvan ik het einde niet kon bevroeden. Ik heb inmiddels talloze reizen gemaakt waarin ik telkens nieuwe aspecten van de wereld heb ontdekt, maar tevens van mezelf. Zo binnen, zo buiten. Het lijkt een eindeloos labyrint waar maar geen einde aan komt. Hier in Iran lijk ik echter iets van het centrum van het labyrint te ervaren. Was dat niet wat de *Elders* ooit hadden gezegd: aan het einde van de reis vind je in het centrum de Tempel van de Vijf Elementen. Maar wat is dat? Bestaat de tempel echt, of wordt er alleen een energetische plek mee bedoeld zoals ik die ochtend ervaren heb? En dan nog; wat is dan de bedoeling van de inwijding in het Vijfde Element?

In de middag breng ik samen met Anne en Peter ook een bezoek aan de tempel van het Zoroastrisme. Het maakt een diepe indruk. Achter een glazen ruit staat een bokaal waarin het 'eeuwige' vuur brandt. Het vuur dat reinigt, dat alle zonden wegbrandt en de wereld en onszelf zuivert van alle kwaad. Ik stem me in de vuurtempel af en hoor de boodschap van Zarathoestra.

'Ik ben de stem van Zarathoestra. Ik heb de kennis van dit vuur vastgehouden, dat zich diep in de aarde bevindt. Wanneer je deze tempel binnengaat en je jezelf beschikbaar maakt, stel je je open voor het innerlijke vuur van de aarde. Het is dit innerlijke vuur van Moeder Aarde dat aan de basis ligt van de hele schepping. Het gaat over het heilige vuur. We bewaarden de kennis van het Heilige Vuur dat ondergronds werd bewaard. Het eren van dit vuur is het eren van de scheppingskracht van de aarde.
We werden vervolgd - en worden dat nog steeds - dus het is niet eenvoudig om onze heilige ceremonies uit te voeren. We waren in toewijding aan de Grote Moeder, aan Anahita. Dit is onderdrukt en vergeten en dus is de schepping van de Moeder vergeten en onderdrukt.

In het centrum van de tempels van Alchemie brandde het heilige vuur voor eeuwig. Dit vuur vraagt om volledige toewijding. De mensen die in dit heilige vuur waren ingewijd, waren de eerste priesters en priesteressen die de geest droegen; ze hielden de deuren open tussen deze dimensie en de andere dimensie, waardoor beschaving ontstond en de wortels van de mensheid. Alle evolutiecodes werden gegeven en in deze dimensie gebracht. De codes van evolutie waren de codes van het paradijs: de blauwdruk van het paradijs. Ze moesten bewust door mensen worden belichaamd, anders konden ze niet beginnen te bestaan. Dit is waar creatie om draait: zodra je in bewuste verbinding staat met dit creatieve vuur, creëer je een nieuwe wereld. Dat is waarom we jullie hier hebben gebracht: om deze informatie te krijgen, zodat jullie weten hoe jullie dit moeten doen. Je kunt een nieuwe wereld creëren, maar je moet wel in contact staan met het Heilige Vuur in jezelf en in de wereld.
Vrouwen belichamen het vrouwelijke, de grote Godin Anahita, of welke naam je haar ook wilt geven. Ze heeft vele namen en vele vormen, maar ze is eigenlijk Moeder Aarde. In het centrum van Moeder Aarde is ze constant aan het baren, ze is constant in creatie, baart de mensheid, baart tijd en ruimte. Maar besef van het mannelijke bewustzijn is nodig om het in de fysieke realiteit te brengen.

Je rol als man is als de beschermer van de Godin, om haar te eren en te beschermen zodat ze door jou kan spreken en ze in deze wereld kan komen om harmonie, schoonheid en wijsheid te brengen. Eer jezelf, eer je rol, zoals ik deed in mijn tijd toen ik een priester en een stem voor de Godin was. Het is het goddelijke van Moeder Aarde dat de goddelijkheid van de mannelijke God, de mannelijke inspiratie, nodig heeft om te worden gezien, gehoord en gevoed, erkend.'

Na ons bezoek aan Yazd, de stad van de vuur- en watertempel, nemen we een nachttrein richting Kashan, de derde stad die we aandoen op onze reis. In Kashan bevindt zich de oudste nederzetting van Iran. Hier is het allemaal ooit begonnen: hier bouwden de eerste mensen hun nederzetting tussen de bergen en het meer. Ik krijg een heldere indruk van het begin van de mensheid op aarde. Er was een heilige harmonie tussen man en vrouw en tussen de natuur en de mens. Ze herinnerden zich hun afkomst van de sterren. Langzaam trad de val in bewustzijn in en verloren ze de spirituele kennis en oorsprong. Zo raakten ze steeds verder gebonden aan hun lichaam en aan de materie. Chaos, strijd en dualiteit deden hun intrede. En uiteindelijk leven we nu in de tijd die de onze is: een ver doorontwikkelde maatschappij, met te veel mensen, te veel afval, te veel plastic en te weinig bewustzijn.

Een van de dingen die me op reis het meest plezier geeft, is slapen in een trein. Het zachte schommelen, de intimiteit van een coupé, 's morgens een ontbijtje en uit het raam kijken waar je bent. De trein voert door grote zandvlakten. We komen aan bij de grote woestijnen van Iran. Kashan was en is een van de steden op de zijderoute. Deze route verbond het Midden-Oosten en Europa aan de ene kant met het Verre Oosten, China en India aan de andere kant. Hier liepen de grote handelsroutes en karavanen. De grote Sjah Abbas liet honderden karavanserai bouwen, om de reizigers en kamelen te huisvesten en zodoende de economie te bevorderen.
Ons hotel is een traditioneel lemen huis met een grote binnenplaats. Het wordt gerund door een zeer sympathiek stel, dat de grote stad Teheran heeft verlaten om in de woestijn een ecohotel te starten. 'You are home here,' zeggen ze en zo voelt het ook. Er is direct een grote prachtige meditatieruimte beschikbaar om in te werken.
We zijn, ondanks de verschillen en diverse obstakels, een hecht team geworden. Maar ondanks dat heb ik mijn twijfels over de reis. Regelmatig heb ik me in mijn leven afgevraagd wat ik toch aan het doen ben en begrijp ik niet wat de zoektocht naar het Vijfde Element inhoudt. Ben ik wel op de goede weg? Heeft deze hele onderneming wel enige zin?
Terwijl mijn twijfel steeds verder groeit, komt Anne opeens binnenstormen.
'Ton, ik heb het gevonden!' roept ze.
'Wat?'
'De Tempel! De Tempel waar je over sprak. Het staat hier gewoon in de *Lonely Planet*: De Tempel van de Vier Elementen in het dorpje Nyasar.'
'Vier?'
'Ja, maar als de vier aanwezig zijn, kan de vijfde verschijnen. Dit kan geen toeval zijn.'
Als we het later op de dag aan de groep voorleggen, is iedereen het erover eens: we moeten naar de Tempel van De Vier Elementen om Water, Aarde, Vuur en Lucht aan te roepen en zodoende de ruimte te creëren voor het Vijfde Element.

De weg voert door Tolkien-achtige landschappen de bergen in. Het weer is nog steeds bewolkt en regenachtig. Als we hoog in de bergen in het dorpje Nyasar worden afgezet, voelen we ons wat verlaten en ontheemd. Het is hier koud en guur en er is niemand te bekennen.
We besluiten eerst samen af te stemmen. In het rondje dat we houden, komen allerlei ergernissen, teleurstellingen en irritaties naar boven. Opnieuw zakt de moed me in de schoenen. Hier zijn we dan, bij de Tempel

van de Vier Elementen. Op wat het hoogtepunt van de reis zou moeten zijn, is het enige wat ik voel leegte en kou. Ik heb er een hard hoofd in. Maar dan gebeurt het wonderlijke: als alles is uitgesproken, harten gelucht en emoties gedeeld, ontstaat er een vastberadenheid die alle twijfel overstemt. We gaan als team de berg op, het laatste stuk naar de tempel.

Het open gebouw met zijn vier hoeken en koepelvormig dak oogt imposant, maar tegelijkertijd leeg. Er is hier al eeuwen niets meer gedaan. Alleen verliefde stelletjes komen er om hun naam op de muren te kalken. Ieder van ons gaat voor een van de vier elementen staan. Ik heb witte kleren aan, in de kleur van de soefi's en roep het element vuur aan, voor passie, bezieling en inspiratie. Als echo horen we een donderslag in de bergen. Het begint harder te regenen. Een van de deelneemsters roept het element Water aan, iemand anders roept het element Aarde aan en een derde roept het element Lucht aan. Anne legt een wit kristal in het midden van de tempel. Een simpel maar krachtig ritueel ontvouwt zich en het lijkt erop dat we na eeuwen de tempel opnieuw initiëren.

De tempel blijkt een oud observatorium voor de sterren te zijn. Hier keken de oude sterrenwichelaars uit het Perzische rijk naar de hemel om de tekens te duiden en de toekomst te kunnen voorspellen. Ik denk aan de drie wijzen uit het oosten, die zomaar hier hun thuis zouden kunnen hebben. In de sterren zagen ze de aankondiging van een koningskind. Ik voel dat Pir Mehdi en de soefi's, maar ook de oude magiërs om ons heen staan. Misschien is het goed dat er verder niemand is in dit koude weer. Het ritueel voltrekt zich en een grote magie wordt voelbaar. We omhelzen elkaar en zijn trots dat we onze missie hebben volbracht. De Tempel van de Vier Elementen is opnieuw geactiveerd, waardoor het Vijfde Element zich kan manifesteren.

Als ik mijn gidsen raadpleeg over wat er nu eigenlijk gebeurd is, krijg ik de volgende boodschap:

'Door je in het middelpunt van de schepping te bevinden, genereer je een energie die veel krachtiger is dan je je kunt voorstellen. Het is het samenkomen van al deze elementen - Water, Aarde, Vvuur, Lucht - in het heilige centrum. Je zou het ook het nulpuntsveld kunnen noemen. Het bevindt zich onderaan de schepping: de diepste laag van de matrix. Al je gevoelens en al je ervaringen en gedachten hebben een veel grotere impact, zowel op jezelf als op de wereld buiten je. Dit is hoe de Magi gewend waren de wereld te creëren. Het is in harmonie met de hogere kracht - met de engelen en goden en godinnen - dat je een instrument voor goddelijke schepping wordt. Niet mijn wil geschiede, maar uw wil geschiede. Wat op dit moment van de reis heel belangrijk is, is je overgeven aan de grotere macht: je zou het God of

Godin kunnen noemen; tot het grotere goed van de mensheid; om in dienst te staan en te weten dat je een instrument voor liefde en voor wijsheid bent.'

De volgende dag, nadat we het ritueel in de tempel van Nyasar hebben volbracht, rijden we vroeg in de ochtend terug naar Isfahan. De zon is weer gaan schijnen en de rit voert ons langs prachtige bergen aan de ene kant en woestijnachtige vlakten aan de andere kant. We rijden weer terug richting het Westen. Ik zie naast de snelweg sporen van oudere wegen en besef dat we over de oude Zijderoute rijden, precies dezelfde weg die handelaren, ontdekkingsreizigers en mystici eeuwen voor ons ook gebruikten. Hier liepen de grote karavanen van oost naar west en omgekeerd, langs steden als Kashan, Isfahan, Yazd en Samarkand.

Ik voel me blij en opgelucht. Het ritueel dat we gisteren gedaan hebben, was van een grote kracht en schoonheid. Het liefst zou ik in Isfahan alleen nog maar lekker in een hammam willen liggen, want de vermoeidheid, het onregelmatige reizen en het intense groepsproces beginnen een zware tol te eisen.
When it's over, it's over is een van de regels van Open Space, maar Anne denkt er heel anders over. 'Het is nog niet klaar, Ton.' Wat ik niet kan vermoeden, is dat een van de meest uitdagende en zware etappes van de reis nog moet komen. Ik geniet nog van de mooie busreis en lees het boek over de soefi's.

De soefi's vormen een belangrijke schakel door de eeuwen heen. Hoewel ze meestal gezien worden als de mystieke variant van de islam, gaan hun wortels veel verder terug.
Ik denk aan 'mijn' soefimeester, Pir Mehdi, die ik slechts enkele keren gezien heb, maar die een grote indruk heeft achtergelaten. We hebben het plan opgevat om in Isfahan, zijn geliefde stad, zijn graf op te zoeken, als eerbetoon aan zijn leven.

In het boek lees ik tevens over de verbinding die er was tussen de alleroudste Vedische tradities in de Indusvallei in India aan de ene kant en de link met het joodse geloof en daaruit voortvloeiend het christelijke en islamitische geloof aan de andere kant. Iran en het Zoroastrisme blijkt een belangrijke schakel in de evolutie van religie te zijn. Zoroaster – of Zarathoestra – nam de oude Vedische teksten, rituelen en devoties en vormde ze om naar een godsdienst die meer gericht was op 'goede gedachten, goede woorden en goede daden'. Van een polytheïstische, meer sjamanistisch gerichte spiritualiteit vormde hij een religie met duidelijke voorschriften, met goed en kwaad en met één God: Ahura Mazda. Je zou kunnen zeggen dat hier de omslag plaatsvond van een vrouwelijke spiritualiteit naar een mannelijke religie, blijkbaar nodig in die tijd, waarin het gebruik van verdovende middelen – soma –, rituelen en het gunstig stemmen van de goden belangrijker was dan eigen verantwoordelijkheid, concrete daden en een onderscheid tussen recht en onrecht. In onze tijd lijkt echter de omgekeerde beweging gaande te zijn: van een mannelijke religie naar een vrouwelijke spiritualiteit, of wellicht een integratie van beide. Noch het mannelijke boven het vrouwelijke, noch het vrouwelijke boven het mannelijke. Uiteindelijk draait het om de liefde en de verbinding tussen beide.

Ook in onze groep wordt de liefde een steeds centraler begrip: niet alleen de persoonlijke liefde, maar eerder de universele liefde tussen mensen. Harten worden geopend en alles mag aan het licht komen, hoe moeilijk soms ook. Naarmate de reis vordert wordt het proces steeds intiemer en intenser. De kosmische liefde doet zijn of haar intrede. Zou dit het Vijfde Element kunnen zijn? Als *talking stick* gebruiken we een roos, die Anne gekocht heeft.

We betreden het domein van *The Beloved*, uitgebreid beschreven door soefidichters als Rumi en Hafiz. Het is deze zielenliefde die geleefd en gevoeld wil worden, wars van alle conventies, voorschriften en religieuze regels. Maar hoeveel angst, oordelen en pijn roept dat niet bij ieder van ons naar boven.

Rumi schrijft in *The Book of Love*:

> *Out beyond the idea of wrong and right,*
> *there is a field. I'll meet you there.*
> *When the soul lies down in that grass,*
> *the world is too full to talk about.*
> *Ideas, language, even the phrase each other*
> *doesn't make any sense.*

Als Anne en ik 's avonds naar bed gaan, praten we na over het prachtige proces van de reis, dat steeds meer naar de essentie voert. Als we later in de nacht de liefde bedrijven, lijkt het of we terug zijn in de Tempel van de Vier Elementen. Man en vrouw in het midden, verenigd in liefde. We voelen het vuur van hartstocht, het water van emoties, de lucht van onze adem en onze aardse lichamen die het voertuig zijn om elkaar aan te raken, waardoor ziel en lichaam samensmelten. Vier elementen en het Vijfde Element in ons hart. Ons bewustzijn lijkt steeds verder uit te dijen. We bevinden ons niet alleen meer in de tempel, maar omvatten het hele land. Ik word me gewaar van de mysterieuze kracht van de tantrische liefde, waardoor je als het ware wordt opgetild boven je eigen individualiteit en versmelt met de hele wereld. De liefde is een van de meest krachtige middelen van alchemie. Door het mannelijke met het vrouwelijke met elkaar te verbinden wordt creatie mogelijk. Niet alleen in de vorm van het verwekken van kinderen, maar creatie op alle niveaus: het creëren van harmonie, wijsheid, inzicht, schoonheid, kortom: het creëren van het paradijs op aarde.

Maar later in de avond wordt opeens de keerzijde van dit proces voelbaar. Anne is even weg om te checken of Peter veilig terug in het hotel is en ik voel me verlaten en eenzaam. Wat begint als een kleine kwetsuur zwelt aan tot enorme proporties. Terwijl mijn ziel nog steeds ergens in de bergen rondom de tempel zweeft, word ik geraakt door de pijn en de duisternis die voelbaar zijn in dit land. Ik voel steeds meer haat, boosheid, onderdrukking, de pijn van vrouwen en de strijd van mannen. Ik denk terug aan de taxichauffeur die ons van de bus naar het hotel bracht en bijna twee mensen aanreed. Hij zat als een dier achter zijn stuur en bekommerde zich alleen om zijn auto. Ik denk aan de rivier in Isfahan, die al sinds twee jaar droog ligt.
Ik herinner me het gesprek met onze gastvrouw en gastheer in Kashan, die vertelden dat vele hoogopgeleide Iraniërs, onder wie zijzelf, geen kinderen meer nemen, uit angst voor de toekomst. Het land is arm, het water is op, Iran is politiek en economisch geïsoleerd en de toekomst lijkt somber. Er worden zelfs veel misvormde kinderen en baby's zonder hart geboren.
Steeds dieper daal ik af in de collectieve duisternis van de wereld. Ik zie de strijd tussen de Sunni's, Sjiieten en Alawieten. Op vele plaatsen in de moslimwereld is oorlog, zijn mannen de weg kwijt en lijden vrouwen aan de chaos en liefdeloosheid. Ik zie de duistere krachten van de ayatollah's die de vrouw de mond snoeren en haar onder haar sluier klein houden, uit angst voor haar kracht. Maar niet alleen hier is strijd en onderdrukking. In het Westen buiten bedrijven en banken de mensheid en de aarde uit, worden oorlogen en grote wapendeals gefinancierd; in de joodse staat Israël heeft de verschrikking en de pijn van de Holocaust zich omgezet in haat en minachting jegens de Palestijnen en lijkt Gaza een nieuw soort concentratiekamp te zijn geworden. Overal is strijd, worden er muren gebouwd en ontbreekt een besef van eenheid en goddelijke bezieling.

Als Anne terugkeert in de hotelkamer treft ze mij in een verregaande staat van paniek, duisternis en ellende aan. Mijn ademhaling is onregelmatig en ik kan moeilijk communiceren. Ze tracht me terug te roepen en mijn ziel weer te verbinden met mijn lichaam, maar wat ze ook doet, het lijkt niet te lukken. Ik zweef steeds verder weg en ik weet niet hoe ik terug moet keren. De duisternis lijkt me volledig te verzwelgen. Ik ben in een andere dimensie. Ik sta midden op de oude stenen brug van Isfahan en zie een grote zwarte slang op me afkomen. De slang richt zich op en wordt een draak, zijn vleugels bestaan uit alle sluiers van Iraanse vrouwen, uit de zwartheid van de Mullah's, de oneindige pijn van alle oorlogen en slachtoffers in Syrië, Gaza, Afghanistan, Yemen, de uitbuiting en veronachtzaming van de aarde, het uitsterven van diersoorten, de robotisering van de wereld. De draak richt zich op en valt me aan met zijn adem die stinkt naar zwavel en salpeter. Uit zijn bek komt vuur. Ik verweer me zo goed als ik kan en tracht me te herinneren wat ook alweer de les was: het kwaad omarmen of bestrijden? Is dit dezelfde draak die Karel en Caroline zijn tegenkomen tijdens hun reis door Peru? Ik weet het niet meer, maar als ik niets doe, vrees ik voor mijn leven. *Soms moet je strijden,* hoor ik de stem van Caroline zeggen.

Ik pak mijn zwaard en hak op de draak in. Ik strijd tegen het kwaad in al zijn vormen: het kwaad in de wereld en het kwaad in mijzelf. Het is het monster dat ons probeert te vernietigen. Ik denk aan de profetie uit de Koran: in het einde der tijden keert de Mahdi terug, de kleinzoon van Mohammed, die samen met Christus ten strijde zal trekken tegen het kwaad in de wereld. Opeens zie ik het gezicht van de Pir voor me, de soefimeester uit Rotterdam. *Pir Mehdi...* Zijn naam lijkt verdacht veel op Mahdi. Het geeft me nieuwe kracht en ik stort me opnieuw in de strijd met de draak. Anne probeert me ergens in een hotelkamer in Isfahan zo goed en zo kwaad mogelijk bij te staan en houdt rustig mijn lichaam vast, wetend dat mijn ziel in deze andere dimensie verblijft.

Aan het eind van de strijd zie ik mezelf op mijn knieën op de brug kruipen, druipend van het bloed, met mijn zwaard nog opgeheven. De draak is verslagen en ik ben totaal kapot en gewond. Maar het is nog niet klaar, besef ik. Er is nog iets wat ik moet ophalen. In gedachten reis ik steeds verder, de wereld over, naar de andere kant van Azië. Ik zie het beeld van een Gouden Draak. De draak ligt te slapen in een groot en adembenemend mooi gebergte. 'Waar?' vraag ik... 'Waar moeten we heen?' Dan zie ik een land verschijnen en ik schrik. 'Nee, niet daar!' De beelden gaan door, maar mijn energie is op. Ik ben bang dat ik niet weet hoe ik weer terug moet komen in de gewone wereld. Anne haalt een andere deelneemster erbij die me een reiki-behandeling geeft. Ze zitten aan beide zijden van mijn lichaam en ik voel hoe ik langzaam terugkeer in mijn lijf.

Later wordt er op de deur geklopt. De rest van de deelnemers vragen of ze me kunnen helpen. Uiteindelijk komen ze allemaal om me heen op het bed zitten. Dit kunnen we alleen maar samen oplossen. Ik ben verzwakt en uitgeput van de nachtelijke strijd, maar de liefde van Anne en van de groep brengt me weer bij mijn positieven. Het bloed en de levensadem vloeien weer terug door mijn aderen. Ik kan weer glimlachen tussen de tranen door. Iemand maakt een grap en stap voor stap wijkt de duisternis. We blijven nog twee uur samen op bed zitten en delen alle verhalen. De reis is bijna ten einde. We hebben nog een laatste stap te gaan: het bedanken en eren van Pir Mehdi.

Die middag maken we een wandelingetje naar het beroemde plein van Isfahan, met zijn betegelde koepels en moskeeën. Van hieruit is de berg zichtbaar waar onze reis begonnen is, negen dagen geleden. Anne heeft rozen en water uit de bron van Glastonbury bij zich. We doen een klein ritueel bij de vijver in het midden van het plein. Ter nagedachtenis aan Pir Mehdi strooien we de rozen in de vijver uit en ik bedank hem voor zijn stille begeleiding en wijze inzichten. Een innerlijke ruimte opent zich in mijn geest. Opeens zie ik alle meesters en sjamanen die me al die jaren begeleid hebben om de vijver op het plein staan: medicijnmannen uit Afrika, sjamanen uit Siberië, oude meesters uit Tibet en China, ingewijden uit Egypte en Israël, Essenen en katharen uit oude tijden en ergens daar tussen zie ik Karel staan en Pir Mehdi, de oude soefimeester. Ik voel een steeds grotere heilige stilte ontstaan. Een diep ontzag voor de waarde van het leven wordt voelbaar.

Ik krijg een laatste boodschap van de soefimeester door:

'De Aarde is het Beloofde Land,
Het Hof van Eden, wat ons werd gegeven
om van te genieten en voor te zorgen.
Als mannen en vrouwen zijn we gemaakt
dus we kunnen pro-creëren,
leven geven en liefde bedrijven.
Het is aan ons
om de hemel naar de aarde te brengen,
om licht in de duisternis van onwetendheid te brengen.
Het is aan ons om schoonheid en wijsheid te brengen
naar de harten van de mensen.
Dus de levensboom draagt veel vrucht
en het water van het leven - het water van het bewustzijn - kan de wereld instromen.

Mogen alle mannen en vrouwen en kinderen zich verheugen,
want een nieuwe dag is gekomen.
Een nieuw begin van de beschaving,
waarin we weer mogen eten van de vruchten van de verboden Boom.

Drinken uit het Water des levens.
Verheug u, want er zal een nieuwe tijd komen,
waarin we alle mannen en vrouwen als onze broeders en zusters zullen erkennen,
voortkomend uit één familie, één menselijk ras.
Verenigd in verscheidenheid, samengebracht door één liefde:
de liefde voor het leven en voor de planeet die we hebben geërfd en bewonen.
Alle streven en conflicten worden een herinnering aan het verleden
waarin we geloofden in de dualistische religie van recht en onrecht, van goed en kwaad,
waardoor de mensheid werd verdeeld in helden en vijanden
terwijl we in werkelijkheid allemaal hetzelfde zijn: we zijn allen Eén.

Hijs de banier van de Mystieke Roos, de banier van de Quintessence,
alle elementen - Lucht, Aarde, Water en Vuur - samenbrengend
in de alchemistische urn van liefde: het hart van de mensheid.
Moge liefde zegevieren. Moge de toekomst vriendelijk en voorspoedig zijn.'

Als we de volgende dag enkele uren op het vliegveld van Teheran moeten wachten, vraagt Anne: 'Wat heb je eigenlijk gezien in je visioen gisternacht? Je riep: Nee, niet daar!'

'Ik geloof dat ik de volgende reisbestemming doorkreeg,' antwoord ik.

'Nu al? Het moet niet gekker worden.'

'In de laatste beelden van het visioen verscheen een tempel bij een heilige berg. De hoedster van de tempel was een stokoude vrouw, kromgebogen van de ouderdom. Ze kwam naar me toe en overhandigde me een gebedsrol. Ik voelde haar wijsheid en oeroude kracht. Er kwam zoveel verdriet vrij en ik voelde wat haar volk doormaakt. De pijn was onbeschrijfelijk. Ze vroeg me om te komen.'

'En weet je waar dat is?' vraagt Anne me.

'Ja, geen fijne plek.'

Ik staar voor me uit. Anne houdt mijn hand vast.

'Noord-Korea...'

'Maar dat is onmogelijk,' antwoordt Anne. 'Daar komt geen mens in!'

'Ik snap het ook niet. Maar dat is wat ze me vroeg. Het gaat om de volgende tempel van de elementen: de Tempel van Lucht.'

Als ik laat in de avond thuiskom – van Schiphol met de bus naar de Jordaan – staat er een heerlijke Syrische maaltijd op me te wachten. Salim en Basel hebben gekookt en gewacht tot ik er ben. Tot diep in de nacht wisselen we verhalen uit. Langzaamaan kan ik de diepte ervaren van wat ze de laatste jaren in hun thuisstad Aleppo hebben meegemaakt. Salim vertelt hoe hij met twee van zijn beste vrienden stond te praten in de straten van Aleppo. Hij nam afscheid van ze, wandelde terug naar huis en hoorde achter zich een afschuwelijk harde knal. Hij liep terug en kon alleen nog maar ledematen zien van wat vlak daarvoor zijn vrienden waren geweest. Hij vertelt dat hij niet wist of hij moest huilen, lachen of overgeven; zijn lichaam en ziel kende geen emotie voor hetgeen hij ervoer.

Hetzelfde was Basel overkomen toen hij van de kunstacademie terug naar huis wilde wandelen. Nog geen halve straat verder en hij hoorde hoe een bom op de academie viel. De hele straat lag bezaaid met lijken. Verschillende Syrische studenten probeerden de gewonden te helpen, maar ze hadden er niet op gerekend dat de bommenwerper van Assads regime terug zou komen. Ook de helpers werden genadeloos gedood. Basel vertelt dat hij bijna uitgleed door al het bloed. Iemand had hem gevraagd om ledematen te verzamelen. Hij kijkt glazig voor zich uit terwijl hij het vertelt. 'What can you do?' zegt hij. 'I couldn't even walk through the blood on the street... In the end we just went home.'

Als ik vertel dat ik naar Noord-Korea wil gaan, kijken Salim en Basel me bezorgd aan. 'You are going whère?'
'North Korea,' antwoord ik.
'Are you crazy?'
'It is where I need to go, I'm afraid.'
'But how do you know you are safe? And are you able to get out?'
Ik zie de angst in hun ogen. Ik vertel ze over mijn opdracht en dat ik me beschermd voel, net als destijds in Syrië. Basel kijkt me strak aan en zegt dan serieus: 'Ton, if anything happens to you, we will come to get you out, no matter what. We are your extraction team, in case anything goes wrong.' Salim knikt instemmend. Aangezien ik minder zeker ben over de reis dan dat ik me voordoe, ben ik blij met deze twee moedige beschermers.

Enkele weken later komt Anne een weekend op bezoek in Amsterdam. Ik wil me graag voorbereiden op de reis naar Noord-Korea en heb haar om hulp gevraagd. We lopen vanaf het centraal station over de Zeedijk naar de Quan Yin-tempel, een wonderlijk gebouw van houten pilaren en kleurig beschilderde muren. Het is de grootste Quan Yin-tempel in Europa, gebouwd door een aantal Chinese zakenmensen en in 2000 ingewijd door koningin Beatrix. Bij de ingang doen we onze schoenen uit en nemen plaats op de grond, achterin de tempel. Diverse toeristen lopen voor ons langs, nieuwsgierig kijkend naar de drie grote bronzen beelden, waarvan de middelste Quan Yin moet voorstellen. Maar in plaats van de bevallige Godin van compassie, met haar lange zwarte haar en kruikje in haar hand, zit hier een tot de tanden toe gewapende dikke boeddha, met wel meer dan dertig bijlen, hakmessen, vlammen, steekwapens, etc. Naast hem staan twee andere krijgers. Dit is blijkbaar de Chinese versie van Quan Yin. Achter onze rug staat echter wel een klein beeldje van Quan Yin zoals we haar kennen: bevallig en wijs.

Anne en ik gaan in meditatie en stemmen ons af. Ondanks de wonderlijke situatie waarin we zitten, met toeristen die vlak voor onze neus staan en het zicht benemen op de krijgerbeelden, voelen we beiden de stille aanwezigheid van Quan Yin. Haar zachte stem begint tot ons te spreken.

'Als het vrouwelijke wakker wordt, veroorzaakt dit een omwenteling in de oude structuren die een patriarchale samenleving hebben gecreëerd. Dit creëert een verandering in het Verre Oosten: in alle landen... China, Korea, Japan, Cambodja, Vietnam, Indonesië... Zij zullen allen een herleving van de Godin voelen, maar zoals je weet zal dit eerst beginnen met de geboorteweeën, de pijn van de onderdrukking, het zich herinneren van wat kwijt is geraakt; de gevoelens van alles dat ontkend is, of simpelweg vermoord of verwond. Het is dit hele gevoel van het aan stukken gescheurd zijn van de Godin, van het vrouwelijke, dat gevoeld zal worden in de landen van het Verre Oosten. Het heeft deze vriendelijke compassie nodig, deze zachtheid, deze energie van gevoed worden om dit proces te leiden, om wakker te blijven. Het is de kunst een vroedvrouw te zijn voor deze geboorte van de Godin.'

Terwijl ik haar stem hoor, zie ik overal lichtplekken die in het Verre Oosten ontstoken worden en ik besef de cruciale rol van Noord-Korea. Het is de donkerste plek op aarde. Als het daar fout gaat, gaat alles fout. Het is de lont in het kruidvat. Quan Yin vervolgt:

'De reden dat er energetisch werk in Noord-Korea moet gebeuren is dat het een van de bronnen van de Grote Moeder is. Deze plaatsen bevatten de scheppingszaadjes aan het begin van de oorsprong van het leven op deze planeet. Deze plaats is een van de oorsprongen. Jullie moeten erheen gaan zodat jullie je kunnen verbinden met de baarmoeder van het leven. Als Noord-Korea in een apocalyptische oorlog met de VS terechtkomt en ze een atoombom gaan gebruiken zou het een van de bronnen op aarde vernietigen.

Het mag niet vernietigd worden! De Moeder vernietigen is het leven op aarde vernietigen. Wanneer bepaalde plaatsen zijn vernietigd, zullen ze het hele ecosysteem van de planeet omverwerpen. Het voelt alsof de Moeder stervende is. Als Zij sterft, kan de spirituele kracht die het leven en de schepping draagt zo verwoestend worden geraakt dat de kracht van de antichrist zou oprijzen uit het enorme lijden. De demon van de Apocalyps kan verrijzen vanuit Korea.'

Anne en ik kijken elkaar bezorgd aan.
'Dit is geen reis om alleen te doen,' zegt ze. 'Dat overleef je niet.'

DEEL IV. LUCHT

Lucht is het element van de geest. Het bevat intelligentie, creativiteit, focus en helder denken. Het is een mannelijk actief element, zonder permanente vorm of structuur. De schaduwkant van het element lucht is naïviteit, hooghartigheid, trots, ijdelheid en vaagheid. Het symbool voor het element lucht is het zwaard, dat onderscheidingsvermogen en een heldere geest vertegenwoordigt. Het element lucht staat ook voor een nieuwe begin.

DE OPENBARING VAN QUAN YIN

Noord-Korea, 2017

Ik reis samen met Anne, Annelies, Jos en Anita, mensen met wie ik al vaak energetisch werk heb gedaan. Alle vijf zijn we goed voorbereid op hoe we te werk moeten gaan: volledig dienstbaar zijn aan ons doel, onder de radar blijven en continu verbinding met elkaar houden. Terwijl we in het vliegtuig naar Beijing zitten – onze eerste stop – denk ik terug aan de lange en soms moeizame voorbereiding. Via internet waren we erachter gekomen dat het mogelijk is een toeristische reis door het land te maken, weliswaar onder streng toezicht van Noord-Koreaanse gidsen. We wilden niet te lang wachten omdat we niet wisten hoe lang het land nog toegankelijk zou zijn, gezien de regelmatige oorlogsdreiging. Nu houd ik niet zo van doemprofetieën, maar gezien de ontwikkelingen in de wereld leek het me ook niet onwaarschijnlijk.

De boodschap van Quan Yin in de tempel in Amsterdam bevestigt onze vermoedens, maar legt tegelijkertijd een enorme druk op de reis. Je wil toch niet het lot van de wereld op je schouders hebben? De hele onderneming brengt me in een innerlijk conflict: is dit wel een goed idee? Hoe kom ik aan het geld? Hoe komen we het land weer uit? Moeten we met vier of met vijf gaan?
Het hele spectrum aan argumenten en tegenargumenten kwam langs, maar uiteindelijk bleef maar één conclusie overeind: we moeten naar Noord-Korea.
Toen ik het mijn jongste broer vertelde, begon hij te lachen. 'Overal waar jij komt, breekt de pleuris uit.'

Vier dagen voor vertrek belt Caroline me op. We spreken over de reizen van haar en Karel in Peru, nu enkele jaren geleden. 'Weet je,' zegt ze, 'als de spirit je roept, moet je vertrouwen, ongeacht de consequenties. Ik heb alles verfoeid: het ongeluk, de dood van Karel, het verlies van mijn gezondheid. Maar uiteindelijk weet ik dat we gedaan hebben wat we moesten doen. Niemand zal het begrijpen.'
Ik vertel haar over de reis naar Noord-Korea.
'Ben je bereid te sterven?' vraagt ze.
Ik schrik van haar vraag. 'Niet echt,' zeg ik.
'Dat is een eerlijk antwoord,' zegt ze. 'Hoeveel geld heb je nodig voor de reis?'
'Maar hoe weet je dat ik geen ...?'

'Ja, maak jij je oude grootmoeder wat wijs. Ik bel je niet voor niets. Maak je maar geen zorgen, ik betaal je reis.'

Vanaf Beijing vliegen we naar Pyongyang en zie ik Noord-Korea voor het eerst in werkelijkheid. Vanuit het vliegtuigraampje ziet het land er extreem groen uit. Wegen en dorpen zijn dun gezaaid. Op internet is nauwelijks iets over Noord-Korea te vinden, omdat het land volledig van het web is afgesloten. Ook onze telefoons zijn niet meer te gebruiken: er is geen netwerk. Noord-Korea is *off the grid*.

Als we landen en de eerste beelden zien van het vliegveld, van wegen, van onze bus en de mensen, lijken we in een soort prettige, rustige en overzichtelijke wereld terecht te zijn gekomen. Onze gidsen Gyong Mi en Li staan ons in de ontvangsthal op te wachten en er is direct een goede verstandhouding. Gyong Mi is een jonge vrouw van in de dertig en Li een vriendelijke man van in de veertig. Ze brengen ons meteen naar een eerste monument, een grote triomfboog. De kordate Gyong Mi neemt het voortouw. Ze vertelt ons dat het niet is toegestaan de groep te verlaten of op eigen houtje het hotel uit te gaan. Voor foto's dienen we toestemming te vragen. Ook contact met de plaatselijke bevolking lijkt niet de bedoeling te zijn, ook al weten we niet of dat is om hen of om ons te beschermen.

In de dagen die volgen, worden we door Gyong Mi en Li enthousiast op sleeptouw genomen. We krijgen vooral de goede en heroïsche kanten van het land te zien, logeren verplicht in de duurste hotels, eten in lege restaurants waar niemand zit, horen eindeloze verhalen over hun grote leider die we met een bosje bloemen moeten eren. Kortom: we hebben fluwelen boeien om. We bezoeken een dierentuin, waarin de witte tijger verdrietig naar ons kijkt. Als hij opstaat om zijn hok in te gaan, zien we het euvel: hij loopt ernstig mank. Ook een te klein bassin met reuzenschildpadden doet intens verdrietig aan. De oude wijze schildpadden lijken te snakken naar vrijheid.
Het bezoek aan een pretpark, dichtbij het 'originele' geboortehuis van de grote leider, lijkt de wereld waarin we terecht zijn gekomen aardig te weerspiegelen: een soort ouderwetse, jaren vijftig-wereld met piepende draaimolens, een krakkemikkige achtbaan, bootjes en andere oude kermisattracties. Maar iets voelt hier niet helemaal pluis. Het is te leeg, te stil, te lief. Alsof we in een wereld terecht zijn gekomen waarin niets of niemand echt is.

Gelukkig hebben we onze gidsen Gyong Mi en Li, die weliswaar het officiële verhaal keurig vertellen en ons strak van de ene bezienswaardigheid (standbeeld van Kim Il Sung) naar de volgende bezienswaardigheid (standbeeld 2 van Kim Il Sung) voeren, maar gedurende de reis steeds opener worden. Ze vragen ons honderduit en het contact wordt steeds informeler. Soms weet ik echter niet of Gyong Mi een onschuldige jonge vrouw is die gelooft in haar land, of een goed getrainde ninja, die precies weet wat er achter de schermen plaatsvindt. Want dat is een ding dat zeker is: we worden ons steeds bewuster van de onzichtbare controlerende machten die sterk voelbaar zijn in dit land. Achter de pretpark-realiteit gaat een duistere werkelijkheid schuil, die geworteld is in een enorm trauma. Het beeld ontstaat dat de 35 jaar durende overheersing van Japan van 1910 tot 1945 een nogal lief en kinderlijk volk zodanig heeft getraumatiseerd dat ze in een voortdurende ontkenning en waan leven, die met harde hand in stand wordt gehouden. Het is de matrix ten top, een *Trumanshow* van gigantische proporties en dat neemt beangstigende vormen aan.

Als we een bezoek brengen aan een vakantieverblijf voor kinderen en de slaapkamers zien, wordt al gauw duidelijk dat hier waarschijnlijk nooit iemand slaapt. Alles is in een soort Walt Disney-achtig decor gearrangeerd, tot en met de roze kleertjes die netjes opgevouwen klaarliggen.
Jos vraagt onze gidsen een paar keer waar de kinderen zijn, want op het hele terrein is niemand te zien terwijl het nu toch vakantie is. Als we echter in een aula komen, worden we naar een zaal geleid waar de 'leraren' een show voor de kinderen geven. En warempel: de zaal zit vol met kinderen in schooltenue. Maar mijn argwaan is inmiddels niet meer te stuiten. Waarom belde onze gids bij binnenkomst dat 'de show kon beginnen', of hoorde ik dat niet goed? Na een paar dagen weet ik niet meer wat echt of niet echt is. Alles lijkt voor ons georganiseerd te zijn om een beeld te geven hoe geweldig het land is, terwijl de misère er vanaf druipt. God wat snak ik naar vrijheid, om te kunnen doen of zeggen wat ik wil. Maar ik heb me voorgenomen om me keurig netjes aan het programma te houden, ook al moet ik mijn rebelse kant bedwingen.

Na de eerste paar dagen in Pyongyang maken we een tocht naar de vulkaan Paektu, de hoogste berg van het land. Hij is gelegen op de grens van China en de top van de vulkaan is eraf. Daarvoor in de plaats is er een groot meer: Lake Chon, het Hemelse Meer.
We reizen in een oude Russische Tupolev, een vliegtuig dat in Europa op de zwarte lijst staat, naar het hoge noorden. Onderweg pikken we nog een groep van zestien Nederlanders op, die eveneens naar de berg gaan. Onze

gidsen Gyong Mi en Li zijn zeer opgetogen, omdat het hun eerste bezoek aan de berg is, die voor het Noord-Koreaanse volk heilige proporties heeft. Hier is de grote leider geboren, of zijn zoon... Ik raak de tel van de geboortehuizen van diverse leiders een beetje kwijt. Maar in ieder geval is hier de grote guerrillastrijd begonnen tegen de Japanse bezetters. Langzaam begin ik te begrijpen wat Noord-Korea heeft gemaakt tot wat het nu is. De Japanse overheersing moet ongelooflijk wreed en gewelddadig zijn geweest. Alles wat herinnerde aan de Koreaanse taal, religie en cultuur werd systematisch vernietigd. Zo'n 200.000 meisjes werden afgevoerd als troostmeisjes voor Japanse militairen. Troostmeisje is een misleidend woord: er klinkt iets liefs in, maar uiteindelijk werden deze meisjes seksueel misbruikt, verkracht en als seksslavinnen gebruikt. En dat is waarschijnlijk slechts een fractie van de gruwelijkheden die door Japan werden verricht.

Noord-Korea wacht nog steeds op excuses. Het is een land dat slachtoffer is van een wrede overheerser en nooit meer uit die rol is geraakt. Sterker nog: ze hebben, zoals vaak gebeurt in slachtoffer/dader-dynamiek, de rol van dader overgenomen. Hun machtspraktijken en handelen zijn even wreed en gruwelijk geworden, dit keer naar hun eigen volk. Het is een extreme vorm van zelfdestructie, omdat ze de pijn die hen is aangedaan niet kunnen loslaten, verwerken, laat staan vergeven.

Na de Japanse overheersing grepen Rusland en Amerika in en deelden het land op in twee gebieden: Noord- en Zuid-Korea. Sindsdien zijn het twee aartsvijanden. Het noorden werd onder invloed van Rusland en China communistisch en sloot zich steeds meer af; het zuiden kwam onder invloed van de Verenigde Staten en het westerse kapitalisme. Een onneembare muur die het land doormidden snijdt – *the demilitarized zone* – is de meest streng bewaakte grens ter wereld. Net als vroeger in Oost- en West-Berlijn zijn er families die elkaar nooit meer zien. Iedereen die Noord-Korea probeert te ontvluchten wordt neergeschoten.

Alle vijf beginnen we steeds meer sympathie te voelen voor dit getormenteerde volk, dat zichzelf totaal heeft geïsoleerd en zichzelf kapot maakt. En wat nog erger is: ik begin het patroon bij mezelf te herkennen. Een trauma dat zich ergens heeft genesteld en dat ik koste wat kost in stand probeer te houden: door het te beschermen, te isoleren en te verdedigen. De macht van pijn... misschien is dat wel een van de redenen dat ik naar dit land kom: om in de spiegel te kijken van mijn eigen trauma. Het een gaat niet zonder het ander. Zo binnen, zo buiten. Zelfs het machtsmisbruik en de terreur raken patronen aan die ik in mezelf herken, gelukkig niet in die extreme mate.

Ik moet denken aan wat mijn broer mij vertelde toen ik vertrok, over Advaita Vedanta, de leer van de non-dualiteit. Die leer staat erom bekend

124

dat je alles waarmee je je identificeert los moet laten om totaal in het hier en nu te zijn. Je naam, je rol, je leeftijd... Alles is deel van de illusie. Je bent leegte, niets. Maar hij vertelde me dat dat pas de eerste stap in de leer is. De tweede stap op deze spirituele weg is dat je álles bent: de brute moordenaar, het gefolterde slachtoffer, de kordate Gyong Mi of de zachtaardige Li, kortom: iedereen is een deel van jou en vice versa. Ik weet niet of ik dat deel van de theorie wel zo leuk vind, want de spiegels hier in Noord-Korea beginnen steeds grimmiger te worden.

De volgende ochtend vertrekken we naar de heilige berg. Dat begint uiteraard met een bezoek aan het volgende monument van de grote leider, Kim Il Sung, die hier met zijn vrijheidsstrijders reuzegroot staat afgebeeld. Dan volgt een hobbelige rit in een bus over een zandweg. Het weer is bewolkt en regenachtig en het landschap van dennenbomen doet troosteloos aan. Onderweg komen we veel marcherende groepen burgers, jongeren en soldaten tegen, met een rode vlag voorop. Allemaal zijn ze op weg naar de 'heilige' vulkaan. Wij hebben zo onze eigen redenen. De supportgroep die thuis mee afstemt, heeft veel vooronderzoek gedaan en ontdekte dat de berg een belangrijke schakel is in een netwerk van krachtplaatsen. Die vormen tezamen het aardegrid, een energetisch netwerk van leylijnen – of drakenlijnen, zoals ze in het Verre Oosten worden genoemd. We reizen al jaren naar dergelijke krachtplekken om deze plekken te 'activeren'. Meestal zijn het plaatsen die in de lokale cultuur of mythologie een belangrijke rol hebben. Toen ik in mijn jeugd met mijn ouders op vakantie door Frankrijk reisde, ontdekte ik dat ik dergelijke plaatsen kan 'zien'. Ik zie de energie en de werking van een krachtplek. Ik heb geleerd me er op af te stemmen en te kijken of een plaats healing nodig heeft. Dit keer krijg ik door dat ik niets mag doen op deze plek, alleen ontvangen. Het heeft te maken met het feit dat ik niet mag ingrijpen zonder toestemming. Ik moet eerst de plaats en het land respecteren voor wat het nu is, zonder mijn westerse oordeel erop los te laten.

Als we dichter bij de berg komen, wordt het landschap kaler en naakter en wordt het weer slechter. De motregen gaat over in een hoosbui. Met zijn donkere lavagesteente en mistroostige aanblik lijkt het of we steeds dichter bij Mount Doom komen, de berg uit *Lord of the Rings*. Alleen de dolende ringgeesten ontbreken nog, maar er is niet veel fantasie voor nodig om ze voor de geest te halen. De jongeren marcheren dapper door, regen of geen regen. Als de auto op een parkeerterrein stopt, horen we dat we niet verder de vulkaan op kunnen. Maar dan hebben ze buiten onze Gyong Mi

gerekend. Die doet niet onder voor een generaal van een bataljon en het duurt dan ook niet lang voordat we met de bus verder mogen. Een weg van lavastenen slingert de flank van de vulkaan op en eindigt in dichte mist, op de rand van de vulkaan. We stappen uit en bevinden ons in een witte, natte wereld.
'Hierachter ligt het Hemelse Meer,' zegt Li. Ik zie alleen maar wolken. 'Er is een trap,' vertelt hij even later. Niemand van ons weet hoe lang de trap naar het meer is. Jos en Anita beginnen de afdaling, de rest volgt. Stapje voor stapje dalen we af in de trechter van de vulkaan. We hebben geen idee wat ons te wachten staat. Gyong Mi blijft achter bij de bus.

Na een vijftiental minuten afdaling trekt de mist even op en worden de vulkaan en het meer zichtbaar. Dan pas zien we de enorme afstand die we nog te gaan hebben: 2870 treden van graniet, zo horen we later. Een reuzentrap die zijn weerga niet kent. Sinds een knieoperatie enkele jaren geleden is traplopen voor mij niet meer wat het geweest is en loop ik soms al vast als ik in mijn huis driehoog naar boven moet. De trap die voor me ligt lijkt echter een onbezonnen daad van ontkenning en zelfoverschatting. Toch is het voor mij geen vraag of ik wel of niet meeloop. Tree voor tree dalen we af in de krater. Onderweg komen we een aantal Koreanen tegen, die enthousiast zijn dat wij ook de grote afdaling in de vulkaan maken. Het is een soort meditatie om zo de berg in te gaan en ik probeer nog niet te denken aan de klim terug omhoog. Wie dan leeft, wie dan zorgt. Eerst dat Hemelse Meer bereiken.

Het is niet alleen een afdaling in de vulkaan, maar ook een afdaling in mijzelf. Steeds dieper daal ik af naar de diepste lagen van mijn bestaan. Anne vertelt dat ze contact voelt met de oude vrouw van de vulkaan, dezelfde oeroude grootmoeder die ik in mijn visioenen heb gezien voorafgaand aan de reis. Het is duidelijk dat we hier moeten zijn, zoals Jos en Anita voorvoeld hadden. Als we uiteindelijk bij het meer komen, staan ze hand in hand bij het water. Jos vertelt me later dat hij zo duidelijk voelde hoe hij een poort opende en het gouden licht vanuit de vulkaan de wereld in stroomde. 'Het was bijna een fysieke ervaring,' vertelt hij. 'De gouden lava stroomde onder me door. Dit was waar we voor gekomen zijn.' Jos is een lichtwerker ten top, altijd scherp, aanwezig en honderd procent toegewijd aan dit werk, net als Anita. En iemand met wie je erg kunt lachen. Zonder humor en relativering is dit werk niet te doen. Lichtwerk is met geen mogelijkheid puur rationeel te begrijpen. Het is een combinatie van helder voelen, afstemmen, innerlijke beelden volgen en openstellen voor datgene wat het collectieve veld vraagt.

Uiteindelijk staan we met zijn vijven aan het meer. Iedereen is totaal doorweekt. Wanneer we elkaars handen vasthouden, voel ik een enorme dankbaarheid en zegening. De oude grootmoeder van het Hemelse Meer geeft haar toestemming en zegen voor ons werk.

Als de heenweg via de eindeloze trap al een uitdaging was, dan lijkt de klim naar boven een *mission impossible*. 2870 treden omhoog... Ik trek mijn schoenen uit, die toch drijfnat zijn en begin aan de klim. Stapje voor stapje... aan het einde heb ik kuiten van gestold metaal, maar ieder van ons haalt de klim. Boven staat Gyong Mi bezorgd op ons te wachten. Ze had al een legereenheid ingeschakeld om ons eventueel op te halen.

Dezelfde avond vliegen we terug naar Pyongyang (na eerst nog een geboortehuis van de grote leider bezocht te hebben). Daar nemen we opnieuw onze intrek in het luxeuze hotel, dat verdacht veel doet denken aan de Two Towers uit *Lord of the Rings*. Onze eerste opdracht zit er op. Hulde aan ons vijven en onze gidsen!

Bij terugkomst in de hoofdstad Pyongyang zien we dat de inwoners zich opmaken voor Liberation Day. Duizenden mensen bezoeken de stad om de grote parade te zien, ter herinnering aan de bevrijding van het juk van Japan en ter verheerlijking van de grote leider. Het betekent waarschijnlijk ook dat alle partijbonzen de avond ervoor bij elkaar komen, om de hiërarchie op de apenrots te bevechten of ten minste om gezien te worden. Het is voelbaar in de stad.
Wij hebben een bierfeest op het programma staan – dat speciaal georganiseerd is door de huidige Kim – en een boottocht over de rivier die door de stad loopt.
Onderweg naar het feest valt Annelies opeens op hoe de verkeersagenten salueren als er een zwarte geblindeerde auto langskomt. Dat zijn ze dus: de mannen achter de schermen. Ik noem ze 'De Zwarten'.

Midden in de stad staat een torenhoge langwerpige piramide, die zogenaamd dienst doet als hotel. Maar Gyong Mi vertelt ons dat het hotel nog niet klaar is. Niet verwonderlijk, aangezien er ook helemaal geen toeristen zijn. Voor ons staat de piramide symbool voor de macht van 'De Zwarten'. Met grote moeite krijgen we onze gids zover dat we er even omheen mogen rijden. Het is duidelijk niet de bedoeling dat we te dichtbij komen.

Als we de volgende dag de parade overslaan om op reis te gaan naar de Gouden Bergen, de Kumgangsan, merk ik dat mijn gemoed aan het omslaan is: van belangstellende, welwillende toeschouwer, naar spirituele krijger die klaar is om in te grijpen. Het is niet oké wat hier gebeurt. Een heel volk wordt gegijzeld door haar eigen leiders.
Onze gidsen vertellen onderweg dat we niet naar de Inner Kumgang kunnen reizen: de weg is weggeslagen door regen. Goh, wat toevallig. Dat was precies de plek waarvan ik voelde dat we er absoluut moesten zijn. Ze hebben al een vervangend programma voor ons bedacht: we gaan naar zee. We kijken elkaar aan: hoe gaan we hiermee om? 'Vertrouwen,' zegt iemand. 'Alles wordt geregeld...'

Onderweg doen we een oude graftombe aan van een koning uit een vorige dynastie. We proberen zo onopvallend mogelijk bij de tombe af te stemmen en allen krijgen we hetzelfde beeld: dat de koning weer wakker wordt en opstaat om zijn ware plek in te nemen en dat rechtvaardigheid en vrede weer hun intrede doen. *De Terugkeer van de Koning.* In de tempel naast de graftombe hangen diverse schilderingen, onder andere van de vader van de koning die een hemelwagen met vijf draken berijdt. De moeder van de koning lijkt op een verschijning van Quan Yin zelf. Het zijn nieuw geschilderde beelden, maar ze brengen ons voor de eerste keer in contact met de oude cultuur die hier ooit geweest moet zijn, maar waarvan geen splinter bewaard is. Ook de hele tombe is nieuw aangelegd. Als we weer plaatsnemen in de bus en de weg vervolgen, voelt het of vanaf dat moment de draken met ons mee reizen. Vijf draken, vijf mensen. Op weg naar de tempel van Lucht. De strijd is begonnen.

Als we onderweg in een kustplaats stoppen, waar Liberation Day wordt gevierd, weten Anne en ik voor het eerst te ontsnappen aan het systeem. Ik herinner me hoe de held in de film *The Truman Show* ontsnapte via de zee en dit is óns moment! Als we een pier oplopen waar de lokale bevolking feestviert en families aan het barbecuen zijn, raken we de gidsen voor enige tijd kwijt. We worden diverse keren door families uitgenodigd om mee te eten en de derde keer stemmen we toe. We schuiven aan, krijgen heerlijke visjes, grote glimlachen en vreemde blikken toegeworpen. Vele mensen komen om ons heen staan. We lijken wel bezoekers van een andere planeet. Sommige mensen beginnen te dansen. Het is werkelijk het feest van bevrijding! Als tien minuten later onze gidsen aan komen lopen, kijken ze verbaasd en lachend toe. Maar de pret duurt helaas niet lang. Een man met een oortje in haalt Li uit de menigte en spreekt hem streng toe. We moeten weg daar. Het donkere gezicht van het systeem laat zich zien: overal zijn blijkbaar undercoveragenten die iedereen in de gaten houden, vandaar dat iedereen zich zo braaf en keurig gedraagt. Wie niet meedoet, wordt onherroepelijk gestraft. En straffen zijn hier niet misselijk: er bestaan werkkampen waar hele families met kinderen naartoe gestuurd worden. Martelingen, uithongering, chemische experimenten en executies zijn aan de orde van de dag. Langzaam beginnen we dieper door te dringen in de donkere lagen van dit land, dat zich niet gemakkelijk prijsgeeft.

We slapen die nacht in het meest luxueuze berghotel met een ware skipiste. Ik besef dat als hier al mensen overnachten, het de leiders zijn. Zij zijn de enigen die zich dergelijke luxe kunnen permitteren. Ik lig alleen op de kamer en overdenk onze 'ontsnapping' aan de gidsen die dag en het voorval met de undercoveragent. Dit is toch serieuze kost en hoe langer ik wakker lig, hoe benauwder ik het krijg. Ik ben bang dat ze elk moment de deur in kunnen trappen om me op te halen. 'Nee, niet doordraaien nu, Ton,' spreek ik mezelf toe. 'Rustig ademen, bescherming vragen en desnoods de anderen roepen.'
Het wordt echter steeds duisterder in mijn geest en ik pik beelden op die ergens in het collectief onbewuste hangen. In een slaap-waaktoestand zie ik de meest verschrikkelijke martelingen. Hongerige knaagdieren worden in kooitjes op het lichaam van gevangenen gezet, op de buik, geslachtsdelen en andere openingen in het lichaam en de diertjes vreten zich naar binnen. Het is niet bepaald een vrolijk beeld en het enige wat ik die nacht kan doen, is bidden. Dat is op zich al een daad van verzet in een land waar mensen die een geloof aanhangen het strengst gestraft worden. Religie is opium voor het volk en vooral christenen blijken zwaar gestraft te worden. Het volk wordt aangezet om iedereen aan te geven die ze verdenken. Het angstzweet breekt me uit...
Ik word de volgende ochtend gebroken wakker. Annelies heeft blijkbaar ook het een of ander opgepikt want die is ziek geworden: buikloop. De laatste etappe naar Kumgangsan is begonnen.

Als we die middag naar een *hotspring* gaan en ik in het hete water ga liggen, komen de beelden van de martelingen terug. Terwijl mijn lichaam rustig dobbert, kan ik me energetisch verplaatsen naar de werkkampen. Dit keer zie ik hoe allerlei gevangenen op de grond liggen en hoe hun benen zijn afgebonden, zodanig dat hun benen zijn afgestorven. Ze zullen nooit meer kunnen lopen. In gedachten loop ik langs ze en maak de enkelboeien los.

Sommigen slaan een zucht van verlichting en sterven. Bij anderen hoef ik alleen de ogen toe te doen.

Dan word ik naar een andere ruimte gebracht, die pikdonker is. Hier leven de vrouwen, hoewel van 'leven' weinig over is. Levenden en lijken liggen dwars door elkaar en de stank moet ondraaglijk zijn. Alleen het wit in de ogen herinnert me aan het feit dat het mensen zijn. Ik weet dat dit geen beelden van vroeger zijn, of mijn eigen fantasie, maar van mensen die nu leven en om hulp roepen. Het is beangstigend maar waar. In gedachten leid ik de nog levende vrouwen één voor één naar buiten. De meesten overleven het niet.

Ondanks dat de nare beelden nog op mijn netvlies staan, is het bezoek aan zee heerlijk en verfrissend. We genieten van het water, de vele gesprekken en het fijne contact dat we met elkaar hebben. Op de een of andere manier voel je bij de zee de vrijheid en in de verte kun je Zuid-Korea zien liggen. We hebben zelfs even telefoonverbinding zodat we een sms kunnen sturen. 'Alles oké. Stuur liefde...' We bevinden ons nu in de *demilitarized zone*, de vier kilometer brede grens, waar duizenden militairen gelegerd zijn. Iets verderop zie ik een militaire post en ik vraag Li wat het is. Hij maakt een gebaar alsof iemand een mes door zijn keel snijdt. Hij mag er niets over zeggen.

Het landschap is sprookjesachtig mooi, met zijn prachtige rotsformaties, behalve het prikkeldraad dat het strand afschermt en dat onder stroom staat. Schoonheid en wreedheid liggen hier dicht bij elkaar.

Bij het diner die avond krijgen we de verplichte karaoke van de serveersters: te schelle muziek en te felgekleurde jurken. Het is allemaal weer van een groot, gezellig pretparkgehalte waar geen ontsnappen aan is. Net als aan het feit dat ik uiteraard word uitgekozen om mee te dansen en een plastic hoedje op krijg. De anderen lachen zich een aap, maar het duurt niet lang of we lopen allemaal in polonaise door het lege restaurant. Alles is strak geregisseerd.

Toch raken de jonge zangeressen me: hoe nep ook, ze geven via de dans, hun stem en hun ogen iets weer van de cultuur die er ooit geweest moet zijn: een hoogstaande, verfijnde cultuur waarin schoonheid en wijsheid bepalend waren.

In de reisbeschrijving die we voorafgaand aan de reis bestudeerden, staat: *'Kumgangsan wordt ook wel de 'Diamond Mountains' genoemd, of 'Mountains of the 12.000 miracles'. Hier hebben ooit meer dan honderd boeddhistische tempels gestaan. Legendes vertellen over de Boeddha die met deze plek verbonden is en ze herinneren aan sprookjesachtige verhalen. Dichters, kunstenaars en mystici hebben Kumgangsan lang geroemd als een plaats van wonderbaarlijke gebeurtenissen. Het boeddhistische heilige geschrift de Avatamska Sutra meldt dat '12.000 wonderen' worden gecreëerd door de 12.000 pieken van deze spectaculaire bergketen. Ruige stenen schildwachten, zo gekarteld dat ze met een figuurzaag uitgesneden zouden kunnen zijn, torenen hoog uit boven de bulderende watervallen en altijd veranderende flora van de valleien, die het 2400 vierkante kilometer Nationaal Park vormen. Inner Kumgang is bekend om haar vrouwelijke schoonheid, terwijl Outer Kumgang bekend staat om zijn ruige mannelijkheid.'*

De dag voor de volle maan en de maaneclips is begonnen. We staan vroeg op, want vandaag begint onze tocht de bergen in. Annelies voelt zich inmiddels beter en kan mee. We nemen ons ontbijt in de prachtige en lege ontbijtzaal en ik heb in het hotel goede bergschoenen kunnen kopen. Mijn eigen schoenen was ik bij de beklimming van de trap bij Mount Paektu kwijtgeraakt. Het is waarschijnlijk het enige paar in Noord-Korea dat mijn maat heeft, want de winkels in Pyongyang kwamen niet verder dan maat 41.
Ieder van ons kijkt met spanning uit naar de tocht. We stemmen af op iedereen die van thuis uit met ons meereist en van wie we weten dat ze deze dagen mediteren om de reis succesvol te laten verlopen. De nacht van de eclips voelt als een belangrijk moment.

We rijden met onze bus naar het begin van de canyon. Vandaar gaat een goed aangelegd pad omhoog de bergen in, naar de locatie die we vandaag zullen bezoeken: 'De waterval van de negen draken'.
Gyong Mi en Li zijn inmiddels helemaal deel van ons team, ook al hebben zij de rol van gids en kunnen we niet alles delen, zowel zij niet als wij niet. Maar het contact is hartelijk en gemeend. Annelies heeft een lang gesprek met Gyong Mi over moederschap, kinderen, vrouwelijk leiderschap en over andere dingen des levens. Gisteren heeft onze jonge gids zelfs een tarotkaart getrokken: de keizerin, symbool voor vrouwelijk leiderschap. In Gyong Mi zien we de hoop van het land. En Li is een zeer zachtaardige en slimme man, die haar in alles ondersteunt. Samen vormen ze een perfect team. Ze vertellen ons de oude verhalen van de bergen en laten ons diverse gezichten van dieren en fabelachtige wezens in de rotsen zien.

Ik loop hand in hand met Anne naar boven, terwijl ik luister naar de mantra Om Mani Padme Hum – de parel in de lotus – symbool van verlichting. De energie van Quan Yin, het goddelijk vrouwelijke, is meer dan ooit voelbaar. Ik besef dat het wellicht de eerste keer is sinds vele, vele jaren dat deze mantra hier beluisterd wordt. In gedachten zie ik de duizenden monniken die hier ooit geleefd hebben langs het pad staan en een buiging maken. Anne voelt vooral contact met de wereld van de elfen, de natuurwezens en

Moeder Aarde. Het is een magische wereld waar we in belanden. Als koning en koningin lopen we naar boven. Alle schilderijen die we in de diverse hotels gezien hebben tonen allemaal dezelfde beelden: de Gouden Bergen met hun duizenden pieken en feeërieke watervallen, alsof een oud sprookje hier tot leven komt. Wat op de schilderijen enigszins fake leek, is hier werkelijkheid. We drinken helder water uit de beek die over de rotsen naar beneden stroomt. Iedereen is betoverd door zoveel schoonheid. Oude tekens op de rotsen herinneren aan een vroegere wereld.

Iedereen loopt op zijn eigen tempo naar boven en we zijn de grauwheid van Pyongyang totaal vergeten. Dit is de wereld van Quan Yin, de Godin van compassie. Zoals het verborgen koninkrijk van de Meesters van Shambhala zich in de Himalaya bevindt, zo bevindt zich hier het koninkrijk van het Goddelijk Vrouwelijke. Alles ademt een lieflijkheid en schoonheid uit die ongeëvenaard is. Het toont eveneens de ziel van het Koreaanse volk, dat ooit in harmonie met deze wereld geleefd moet hebben, lang geleden.

Als we bij de waterval aankomen, zien we de eerste authentieke oude tempel. Aan de binnenkant van de tempel zijn twee draken geschilderd. Is dit de Luchttempel waar de volgende inwijding plaatsvindt? Er zijn diverse Chinese en Noord-Koreaanse toeristen en we besluiten hier een tijdje te vertoeven. In grote letters is in de rotsen naast de waterval de naam van Boeddha uitgehouwen. Het is de eerste en meest duidelijke verwijzing naar wat hier ooit geweest is. Ik denk terug aan de channeling die ik in Nederland doorkreeg:

'Welkom in de gouden tempel van de Boeddha Maytreya, de Boeddha van de Toekomst. Het is in het grootste donker dat het gouden licht van bewustzijn geboren kan worden. Ben je bereid de poort naar deze tempel te openen, zodat dit duizendvoudige licht aan de wereld getoond kan worden? Het is duizenden jaren verborgen gehouden binnenin de aarde, binnenin de Diamanten Bergen, Kumgangsan.'

Terwijl we lunchen en overleggen of we nog verder willen lopen, gaat Anne plots met gesloten ogen zitten. De gids vertelt over een mythologisch verhaal van acht *fairies* die ooit uit de hemel neergedaald kwamen. Het is alsof Anne de legende aan den lijve meemaakt: terwijl ze bij de tempel zit, dalen de hemelse energieën in haar lichaam, het water en de aarde in. Een groot innerlijk licht maakt zich van haar meester. 'Laat me even doen,' zegt ze. Ik voel me er niet gemakkelijk onder, zeker niet omdat ik twee bewakers vreemd zie kijken. Dit is waar ik het meest bang voor ben. Maar Anne laat zich niet tegenhouden en geeft zich over aan wat er in haar gebeurt. Ze voelt verbinding met Inner Kumgang en met de lichtwereld van Quan Yin. Jos, Anita en Annelies ondersteunen haar. 'Vertrouw me maar, alles is goed,' zegt ze tegen mij als ze ziet dat ik bang ben. Ik probeer mee te gaan in ondersteuning, maar voel me verscheurd. Ik begrijp echter dat het belangrijk is wat ze doet.

Later zegt Anne tegen de gids dat ze wat misselijk was. Dat stelt ze gerust. Maar ik neem het mezelf kwalijk dat ik het op het *moment suprême* af laat weten en me door angst laat regeren. Het voelt als een mislukking en ik loop in mineurstemming naar beneden. Mag ik falen? Sterker nog: is falen niet juist nodig om datgene te laten gebeuren dat nodig is? Kan het menselijke naast het goddelijke staan? Of is dit juist de illusie die te maken heeft met de inwijding in het element Lucht?

'Suppose you have done the right thing,' zegt mijn innerlijke gids. Maar zo voelt het helemaal niet.

Bij terugkomst in het hotel ga ik direct naar bed: ik ben uitgeput van alle emoties, de depressie van de dagen daarvoor, het strakke programma van de hele reis en de druk en angst die ik ervaren heb. Maar in plaats van rust te vinden wordt het opnieuw steeds donkerder vanbinnen. Ik kan niet goed meer nadenken en kom in een diepe duisternis terecht. Als Anne later met wat eten binnenkomt, vraag ik haar om hulp. Ze houdt me lang vast, terwijl ik steeds dieper wegzak in de krochten van de ziel. De martelingen die ik in de nacht ervoor met mijn geestesoog zag, voel ik opeens in mijn eigen lijf. Ik word gebroken en eindeloos gefolterd tot het voelt alsof ik bijna dood ben. Mijn lichaam schokt en het lijkt op een gegeven moment wel een duiveluitdrijving.

Ergens midden in de nacht vraag ik of de anderen er ook bij kunnen komen. Jos, Anita en Annelies komen om me heen zitten en houden me vast. Ik kom enigszins tot rust. Ik kan nog niet praten en diverse primaire functies zijn gestopt, maar een klein deel van mijn geest is nog helder. Ik voel me veilig in hun aanwezigheid en na een tijdje val ik uiteindelijk in slaap. Buiten schuift de schaduw van de aarde voor de maan langs. De eclips is in volle gang.

Anne ligt naast me en ergens voel ik hoe we twee uitersten met elkaar verbonden hebben: het hoogste licht met de diepste duisternis. *Het is in het grootste donker dat dit gouden licht van bewustzijn geboren kan worden.* Opeens begrijp ik dat dit deel van het werk is, deel van het openen van de Tempel van Lucht. Je kunt dit werk alleen in paren doen: mannelijk en vrouwelijk.

'It's through the journey of the soul, through bowing down your head and surrendering to the greater All, surrendering to the divine feminine, to the

Hoewel ik gesloopt ben na de ervaring in de bergen en ik nog niet alles begrijp van wat er gebeurd is, heb ik het gevoel dat het goed is wat we gedaan hebben. We hebben ons zo sterk verbonden met elkaar, iedere keer weer, alle obstakels onder ogen gezien en zijn tot het uiterste gegaan. Meer konden we niet doen. Ik ben dankbaar voor de mensen die ons ondersteund hebben en geloofden in onze missie. Want hoe leg je dit uit? Is een dergelijke innerlijke en uiterlijke reis wel te begrijpen voor een buitenstaander? En is dat überhaupt nodig? We weten het niet en dat is oké.

Ons werk in Noord-Korea zit er bijna op en ieder van ons snakt ernaar om terug te gaan, naar de 'gewone' wereld. Maar een angstig vermoeden begint de kop op te steken: wat als onze wereld, die wij als gewoon ervaren, net zo fake is als hier, weliswaar in een andere gradatie en in een andere vorm? Zitten we niet allemaal vast in een verhaal waarin we heilig geloven? Brengt het verhaal van het westers kapitalisme ons wel echt de vrijheid die het belooft? Is de matrix niet overal?

De laatste dag verzamelen we nog even met z'n vijven in een van onze hotelkamers in Pyongyang. We stemmen ons af om na te gaan of we voor ons vertrek nog iets te doen hebben. Jos en ik zitten links en rechts van het raam dat uitkijkt op de straat, alsof we poortwachters van de stad zijn. Voor ons zitten de drie vrouwen, die op dat moment een diepe ervaring lijken te hebben. Ze geven zich gezamenlijk over aan de heling die deze stad vraagt. Het vrouwelijke herrijst. De verbinding tussen de vrouwen doet me denken aan het gigantische standbeeld van twee vrouwen waar je bij het binnenkomen van de hoofdstad onderdoor rijdt, twee zusters die Noord- en Zuid-Korea voorstellen en elkaars handen vasthouden, als uiting van de stille wens om zich ooit weer met elkaar te verenigen.

Een dag later brengen onze gidsen ons naar de trein op het station van Pyongyang. Hier zullen we afscheid van elkaar nemen en dat valt niet gemakkelijk na de intense dagen tezamen. 'We zijn één familie,' zeggen Gyong Mi en Li. Ze laten hun tranen stiekem stromen. 'Ik hoop dat jullie op een dag terug zullen komen en dat jullie vrijer zullen kunnen gaan en staan waar jullie willen,' zegt Gyong Mi. Ze valt voor het eerst uit haar rol. 'En ik hoop dat ons land tegen die tijd verenigd zal zijn: één Korea.' De liefde voor haar land raakt me diep.

We gaan Noord-Korea uit, maar Noord-Korea gaat niet meer uit ons. We hebben het volk, het land en onze gidsen in onze harten gesloten. Als er iets is dat bevrijdt, dan is dit het: de liefde en ontmoeting tussen mensen.

'Het is nog niet klaar,' zegt Jos aan het ontbijt en kijkt ons een voor een doordringend aan. Ik kan hem wel vermoorden en de anderen geloof ik ook. Niemand van ons heeft nog zin in energetisch werk. Het enige wat we willen is shoppen, in de spa van het hotel gaan liggen en slapen.
Gisterochtend zijn we met de slaaptrein aangekomen, na een reis van anderhalve dag van Pyongyang naar Beijing. Het eerste deel ging stapvoets door het Noord-Koreaanse land. Het was een troosteloze dag, met veel regen en mist, passend bij ons afscheid. Bij het laatste station werden onze paspoorten gecontroleerd en na enkele uren mochten we de brug over die ons naar de andere kant bracht: China. Op een oude treinbrug die tot halverwege de rivier reikt stonden mensen met paraplu's de aankomst van de trein te aanschouwen, alsof we uit een gevaarlijk reservaat kwamen. Op het drukke Chinese station, dat ons totaal overrompelde na de keurig aangeharkte wereld van Noord-Korea, stond een Chinese gids ons op te wachten om ons naar de slaaptrein naar Beijing te begeleiden. Overal om ons heen duizenden Chinezen, billboards, schreeuwerige reclames etc. Ik herinnerde me de stem van Gyong Mi: 'Dit is een raadsel: wat is het dat je niet ziet in onze stad?' Na lang raden gaven we het op. 'Reclame,' zei ze trots.
De nacht in de treincoupé is zeer geslaagd, maar allemaal zijn we aan het eind van ons Latijn. We hebben in Beijing een Spa-hotel geboekt en ik kijk ernaar uit om mijn lichaam schoon te schrobben en in de sauna te gaan.

'Je bekijkt het maar,' denk ik bij mezelf, als Jos zegt dat we nog niet klaar zijn. 'Ik ga de spa in.' De rest stemt toe en niet lang daarna betreden we de spa. Maar wat een heerlijke ontspanning had moeten worden, pakt anders uit. De spa en sauna zijn oud en vies en ik durf nog niet eens het water in te gaan, uit angst voor ziektes, schurft of gevaarlijke bacteriën. Als ze me gezegd hadden dat het water uit het riool van Beijing kwam, had ik het geloofd. Ongelukkig zit ik op mijn handdoekje in de sauna. Jos komt erbij. 'Ik geloof toch dat je gelijk hebt,' zeg ik. 'Het is nog niet klaar.' Ik zie zijn opluchting.
'Wat denk je dat we te doen hebben?' vraag ik.
'De Verboden Stad: we moeten het energetische middelpunt vinden,' antwoordt hij. Een uur later staan we alle vier klaar om naar de Verboden Stad te gaan. Houdt dit dan nooit op?

Annelies leidt ons naar het Tiananmen Square dat voor de toegang van de Verboden Stad ligt. Het rechthoekige complex van paleizen, tempels, pleinen en gebouwen is de blauwdruk van de miljoenenstad. Alle wegen, metro's, wijken en wolkenkrabbers liggen er in diverse rechthoeken omheen, als een gigantisch labyrint, met de Verboden Stad als strategisch middelpunt, het absolute nulpunt van de opperste macht. Het is daar waar we moeten zijn. Maar de middag is inmiddels gevorderd en als we bij de toegang van de Stad aankomen, blijkt-ie al gesloten te zijn. Voor de grote toegangspoort houdt onze speurtocht op. Politiewagens komen inmiddels de pleinen schoonvegen om de mensenmassa naar buiten te dirigeren. Ik heb echter muziek opstaan en ben helemaal in trance. Boven de Verboden Stad zie ik een gigantische lotus uit de grond komen. 'Geen modder, geen lotus', was het adagium van de reis geworden. Dan zie ik het lachende gezicht van de Dalai Lama voor me. *Je moet je positie innemen*, zegt-ie. Hetzelfde had Jos de dag ervoor tegen mij en Anne gezegd. De Dalai Lama maakt een buiging en ook de Chinese leider verschijnt in mijn visioen, Xi Jinping. De twee voormalige aartsvijanden schudden elkaar de hand en Xi geeft aan dat vanaf nu het boeddhisme weer toegestaan is in het land. Een gigantische kristallen draak richt zich op vanaf de stad. Ik geniet van de beelden die ik zie en voel me in een opperste staat van geluk.

We hebben vanaf het Tiananmen Square de volledige noord-zuidlijn bewandeld, waarop de hele stad is aangelegd. Ongetwijfeld waren ze hier goed bekend met de kracht van energetische lijnen, Feng Shui en krachtplekken. Alles is gebaseerd op het vierkant en ik denk terug aan onze discussie in de voorbereiding over of we met vier of met vijf moeten gaan. Kaart nummer vier in de tarot staat voor de keizer en betekent macht. Die is hier overduidelijk aanwezig, maar tegelijkertijd kan vier stagnatie betekenen, het vastgeroest zijn in oude machtsstructuren. De vijfde kaart is de Hiërofant, de ingewijde, of de Boeddha, zou je kunnen zeggen.

Bij de Noordpoort staat een riksja driver ons op te wachten. We besluiten in te stappen voor een ritje. *'I'll show you the old city, yeah?'* Ik vind het allemaal prima en als een klein kind laat ik me rondrijden, samen met de anderen.
Als we langs de toegang van een park rijden, weet ik opeens met grote stelligheid dat we daar uit moeten stappen. We betalen de riksja en betalen twee keer te veel, maar het maakt me niet uit. We moeten het park in, waarom weet ik niet. Eerst drinken we wat op een terrasje en ineens horen we prachtige Chinese stemmen. 'We moeten verder,' maan ik de anderen.

Als een paard dat de stal ruikt, wil ik verder, de heuvel op die in het park ligt. We beklimmen de treden omhoog en genieten van de Chinese stemmen onderweg. Het is bijna zonsondergang en vanaf de top kunnen we heel Beijing zien liggen, zo lees ik op een bordje. Tevens heb je hier een goed zicht op de Verboden Stad.

Als we boven aankomen, zie ik echter tot mijn verbazing een prachtige tempel liggen. De tempel is deel van een reeks van vijf die tezamen de *Buddha of the Five Directions* vormen. Voor ieder van ons een tempel. Jos vindt een plaquette op de grond waarop staat dat de vijfde en hoogste tempel het middelpunt van de stad is, de plek waarop Beijing ooit ontstaan is. Onze monden vallen open. Wat een prachtige apotheose van een ongelooflijke reis. Als ik afstem op de tempel krijg ik een laatste boodschap van Quan Yin door:

'Dit is de tempel van het element Lucht, en het is opgedragen aan de Boeddha Vairocana. Dit is de Boeddha van de ultieme verlichting. Wanneer je het element Lucht bereikt en in staat bent het te transformeren, zullen al je ideeën en plannen in lijn zijn met de goddelijke harmonie. Maar wanneer je doel is om je eigen wensen en de eisen van je ego te vervullen, zul je een samenleving creëren die gebaseerd is op macht, hebzucht, kracht en overheersing. De geest is een krachtig hulpmiddel en het kan gedachtevormen creëren die manifest worden. Wanneer je creëert in overeenstemming met het goddelijke, en je eigen ego aanbiedt aan het altaar van de goden, zal alles om je heen een paradijs worden. Harmonie zal zich ontvouwen.
Maar mensen zijn dit idee vergeten en dachten dat ze het allemaal alleen konden. Zo wordt de wereld zoals je hem overal om je heen ziet. Het communisme heeft de wereld van de goden uit de wereld van de mensen verbannen en dus zijn hun leiders arrogant geworden, maar deze manier van denken zal eindigen in pijn en lijden. Wanneer mensen hun gebeden opnieuw zullen wijden aan deze tempel van de Boeddha in het hart van het Chinese rijk, zal de wereld weer harmonieus worden.'

Als in Beijing de nacht eenmaal gevallen is, lopen we met zijn vijven de heuvel weer af, volledig vervuld van deze laatste openbaring. Van de vier naar de vijf. Van macht naar kracht. De tempels zijn weliswaar leeg en gesloten, maar in het middelpunt van het machtige China staat nog steeds het heiligdom van Buddha Vairocana, de Boeddha van Opperste Verlichting. Het voelt alsof we de vijf Boeddha's – de Boeddha van Aarde, Water, Vuur, Lucht en Ether – weer opnieuw hebben wakker gemaakt. We genieten van onze laatste uren in deze wereldstad en zoeken een terrasje op aan een meer, waar honderden Chinezen de avond doorbrengen. In het water voor het terras groeien grote lotusbloemen. Inderdaad: 'No mud, no lotus'. Maar vandaag wordt de lotus ons in alle schoonheid getoond.

Als ik drie weken later thuiskom uit Noord-Korea tref ik een vreemde situatie aan. Het huis ziet er rommelig uit, Basel ziet er bleek en angstig uit en Salim is uitermate stil en teruggetrokken. Er is iets niet pluis. 's Nachts komt Basel aan mijn bed zitten. 'Ton,' zegt hij. 'What if everything is an illusion?'
'What do you mean, Basel?'
'I think the whole world is fake. It is not real.'
'It is three o'clock in the night, Basel. Go to sleep.'
Hij wil echter niet weggaan en blijft me bestoken met vragen. Daarbij komt dat ik een sterke geur van marihuana ruik. Ik begin langzaam te beseffen dat ik een serieus probleem heb. Als dit zo doorgaat, kunnen ze niet in huis blijven. Ik moet ingrijpen. Ik ben tenslotte hun substituut-vader.

'How long is this going on?' vraag ik de volgende dag aan Salim.
'Since you are gone. Basel is smoking every day, and he never sleeps. It has become worse and worse. He can't get over the death of our father. He never cries, but has become more and more crazy.'
'Okay, I get it,' zeg ik tegen Salim, 'and you can't stop him?'
'I don't know how. I tried, but he is older...'
'I will talk to him.'
'Thanks,' zegt Salim met een zucht.

De volgende dag spreek ik Basel aan. Ik ga met hem in de keuken zitten en hij voelt al nattigheid.
'Sorry Ton, for tonight. I should have left you sleeping. I...'
'Listen, Basel. It is not that. I know you have been smoking hashish for all these weeks. I can imagine it helps you to relax. But there is one thing I have to tell you. If you want to kill yourself, you should have stayed in Aleppo.' Ik kijk hem strak aan. 'For your father's sake, and for Salim, you have to get yourself together. You are older than him. You came here to survive, not to destroy yourself. You have to stop the marihuana.'
Basel laat zijn hoofd hangen. 'I don't know how...,' antwoordt hij.
'I don't know either, but I have a plan: today we are going to clean the whole house, and we are going to buy flowers for the balcony.'

Basel volgt me gedwee naar de bloemenwinkel en enkele uren later zijn we bezig het hele trappenhuis te schrobben en te boenen. Aan het einde van de middag zijn we bekaf.

Als ik 's avonds laat in bed lig, komt Basel opnieuw naar me toe. 'Ton, I don't know what happened. After we cleaned the house I went to the bathroom and I have cried for the first time, for one hour. All the pain came out. I felt my father and remembered his name, Blessing. I want to thank you and I want you to feel proud of me. I have decided to stop smoking completely.' Ik pak zijn hand vast en we kijken elkaar met tranen in de ogen aan. Salim, die op de gang staat te luisteren, komt erbij en gedrieën omhelzen we elkaar.

Enkele weken later komen Basel en Salim enthousiast thuis. Ze zijn officieel ingeburgerd als Amsterdammer en hebben van de gemeente een eigen appartement gekregen. Een nieuwe periode breekt aan. We organiseren een inzamelactie om al hun huisraad bijeen te krijgen en met behulp van vrienden schilderen we het hele appartement. Als het bijna af is, komen de twee Syrische broers met een groot pak van een bij twee meter aan onder hun arm.
'This is for you,' zeggen ze.
Ik pak het uit en zie een prachtig schilderij van Maria Magdalena, geschilderd door een Syrische schilderes.

DEEL V. ETHER

Ether is het onzichtbare element dat achter alles schuilgaat. Het omvat de andere vier elementen. Het verbindt het mannelijke en het vrouwelijke in het alchemistisch huwelijk. Ether is verbonden met liefde, compassie en het innerlijke licht van je ziel. Als je je realiseert dat de uiterlijke wereld een spiegel is voor de innerlijke wereld, dan begin je te beseffen dat alles wat je tegenkomt in je leven niet meer is dan een les: een les om liefdevoller te worden en meer compassie te krijgen met jezelf en de mensen om je heen. Dat is de enige reden dat je hier bent op deze planeet. Om te leren en om te genieten. En om de opdracht te vervullen die je door je ziel wordt aangereikt...

Enkele maanden na thuiskomst uit Noord-Korea belt mijn broer Coen op. Of ik zin heb om mee te gaan naar een bijeenkomst van sjamanen in het oosten van het land. Ik neem de uitnodiging met beide handen aan. Het blijkt een vierdaagse bijeenkomst te zijn van zo'n veertig sjamanen van over de hele wereld: kleurrijke sjamanen uit Afrika, echte medicijnmannen uit Noord- en Zuid-Amerika, inclusief indianentooien, sjamanen uit Siberië en Mongolië, een gebedsgenezeres uit Bali, twee Maori's uit Nieuw-Zeeland, een nogal clownesk aandoend duo uit Mexico en een nep-sjamaan uit Nederland. Het verschil is groot: waar de andere sjamanen in volle devotie de spirits aanroepen en het effect navenant is, lijkt onze westerse variant eerder op een goochelaar annex hofnar. Het doorgeven van kennis en kunde door generaties heen is geen overbodige luxe. Buiten in een grote kuil voeren de diverse sjamanen in de traditie van hun land dagelijks rituelen en ceremonies uit, die hemel en aarde bewegen. Om de kuil heen staan zo'n vier- tot vijfhonderd toeschouwers die het tafereel ademloos volgen.
Terwijl ik toekijk word ik opnieuw verbonden met de tijdloze wijsheid en de spirituele kennis van de onderliggende stroom van het leven. Tijd en ruimte lossen op. Ik word gegrepen door hun eenvoudige maar magische visie op het leven, die zoveel diepzinniger lijkt dan onze materiële manier van leven. De twee Mexicaanse sjamanen zorgen voor de nodige afwisseling: ze lopen als een soort Peppi en Kokki van het ene naar het andere altaar en zorgen voor de nodige hilariteit.
'Onderschat ze niet,' zegt Coen. 'Het lijkt bizar wat ze doen, maar hun rituelen zijn uiterst krachtig. Ik kan je aanraden naar een van hun ceremonies te gaan.' Coen gaat al jaren naar allerlei ayahuasca ceremonies en is een kenner geworden op het gebied van bewustzijnsverruimende middelen. Hij heeft me al vaker meegenomen naar diverse rituelen van sjamanen uit Zuid-Amerika. Mijn aanvankelijke scepsis en terughoudendheid is omgeslagen in een diepe bewondering en eerbied voor het magische werk dat deze mensen doen. Zoals ik in het Midden-Oosten ben ingewijd in de diverse religieuze stromingen en de kennis van de Essenen, zo brengen de sjamanen uit Zuid- en Midden-Amerika me in contact met de middelen die je doen beseffen dat er nog vele andere dimensies zijn dan alleen de zichtbare. De deur naar een andere wereld gaat weer open. Hoewel ik me eerst nog onwennig voel in het 'indianendorp' begrijp ik al snel dat ik hier om een diepere reden ben.

Op dag drie besluit ik deel te nemen aan een zweethut. Als ik na een uur stomen de hut uitkom, loop ik een van de Mexicaanse sjamanen tegen het lijf.
'Are you Ton?' vraagt hij aarzelend.
'Yes,' antwoord ik verbaasd. Ik vermoed dat Coen met hem gesproken heeft,

maar dat blijkt geenszins het geval.

'I knew a good friend of yours. I was a guide for him when he was travelling through Peru and Bolivia. His name was Karel von Uffele.' Mijn hart slaat over. Het ongeluk is inmiddels zo'n zeven jaar geleden. Ik mis zijn vaderlijke vriendschap en zijn humor.

'I'm sorry to tell you,' zeg ik. 'Karel died many years ago. He had an accident.'

'I know,' antwoordt de sjamaan zacht. 'I was there.'

Ik begin een vreemd gevoel in mijn buik te krijgen. Waarom komt deze man opeens op mijn pad?

'I have a message for you,' komt de man terzake en hij buigt zich iets naar me toe. 'From him... He wanted me to tell you. I could never find you before, but somehow spirit brought us together.'

Het draaierige gevoel in mijn maag wordt sterker. Een boodschap van Karel na al deze tijd? Ik denk aan het laatste mailtje dat hij me stuurde voor het ongeluk. 'Ik geloof dat ik weet waar het Vijfde Element over gaat!' schreef hij enthousiast.

'Yes, please,' stamel ik.

'Please come to the ceremony tonight. I am in the round tent near the trees.' Hij wijst naar een tent die wat achteraf staat.

'I am happy I have found you,' voegt hij er aan toe. Hij knikt en loopt weer weg.

Ik bel Anne op. 'Ik zit in zo'n vreemd verhaal,' vertel ik haar. 'Het is net de Ghost van Christmas Past die me een boodschap komt vertellen.'

'Vertel me morgen wat er gebeurd is. Ik ben heel benieuwd!'

We hangen op en ik ga op zoek naar Coen.

'En? Gaan we vanavond naar de ceremonie van de Mexicanen?' vraagt hij lachend. Hij heeft me zien praten met de Mexicaanse sjamaan.

'Het blijkt dat hij Karel kende,' zeg ik, nog steeds beduusd.

Die avond betreedt een klein gezelschap de tent van de Mexicaanse sjamanen. In het midden brandt een houtvuur. Daaromheen staan diverse stoelen, houten krukjes en er liggen diverse dekens en dierenvellen. Het is inmiddels laat in de avond. De ceremonie gaat de hele nacht duren. De man die me die middag heeft aangesproken, heeft zijn ceremoniële kleding aan: een kleurrijk Mexicaans kostuum van blauw, wit en rood; een hoed met veren en allerlei belletjes, een stok met veertjes en een pot met poeder. Het poeder blijkt peyote te zijn: gemalen cactus. Als de ceremonie eenmaal is begonnen en de sjamaan zijn gebeden en gezangen heeft gedaan, krijgt iedereen een eetlepel van het poeder. Het is de bedoeling dat je het poeder wegslikt met een slok appelsap. Langzaamaan begint een andere werkelijkheid zich te openbaren. De sjamaan kijkt me van opzij aan. Het lijkt alsof hij op een andere manier met me begint te communiceren, alsof hij zijn boodschap via andere dimensies, droombeelden en visioenen wil overbrengen.

Ik zie als eerste het geknakte lichaam van Karel. Hij schreeuwt het uit. Zijn rug is door het busongeluk in tweeën gebroken. Destijds heb ik me niet verder met hem beziggehouden, omdat al mijn aandacht naar Caroline ging, wier leven aan een zijden draadje hing. Karel was dood. Daar was niets meer aan te doen. In meditatie had hij me gevraagd voor Caroline te zorgen. Toen ik hem had gevraagd waarom dit intense drama had plaatsgevonden, antwoordde hij dat het daar niet de tijd voor was. Eerst moest er gehandeld worden. Op mijn vraag was nooit antwoord gekomen. Tot op dit moment...

Opnieuw zie ik zijn gezicht, dit keer niet meer vertrokken van pijn of verdriet, maar de Karel zoals ik hem ken.
'Het kan raar lopen, Antonius,' zegt hij, alsof hij gezellig naast me zit bij het haardvuur.
'Je weet dat ik met mijn laatste boek bezig was,' vertelt hij me. *'De risico's van het draadloze tijdperk. Het is nog veel erger dan ik dacht. Mijn dood was helaas geen toeval. Bepaalde krachten, zowel in mezelf als daarbuiten, zorgden ervoor dat ik niet verder kon gaan met mijn onderzoek. Op allerlei niveaus werden Caroline en ik tegengewerkt. Hoewel we doordrongen waren van de ernst van het werk waar we aan begonnen waren, hadden we nauwelijks in de gaten welke implicaties het ging hebben. Vooral voor onszelf. Afijn, de afloop ken je.'* Hij zwijgt even.
'Maar het belangrijkste is dat ons werk – jouw werk – niet klaar is...'
'Het Vijfde Element?' vraag ik hem voorzichtig.
'Onze zielen werken aan dezelfde opdracht. We maken deel uit van een groepsziel, zo je wilt, die met een bepaalde opdracht naar de aarde is gekomen. Die van ons ligt dicht bij elkaar. De ene ziel maakt de weg vrij voor de andere.'
Ik zie beelden van hoe we samen door Zuid-Frankrijk reden, het oude katharenland, in de oude Volvo van Karel; hoe we op zoek gingen naar het verhaal van Maria Magdalena in Parijs en de Notre Dame hadden beklommen; hoe we beiden onze boeken hadden gepubliceerd om het verhaal van Maria Magdalena in de wereld te brengen, jaren voor *De Da Vinci Code* uitkwam. Hoe langzaamaan het goddelijke vrouwelijke opnieuw een plek kreeg in de westerse wereld, maar ook hoe de dreiging van de toenemende chaos en crisis zijn intrede deed.
'We staan aan de rand van de afgrond,' had Karel gezegd toen we boven op de katharenburcht de Montsegur stonden.
'Ik zie nu beter dan toen waar we voor staan,' zegt hij enigszins zorgelijk. Hij doet me aan de oude Gandalf denken die, voordat de grote strijd om Middle

144

Earth begint, het strijdtoneel overziet. Een tovenaar met grijswitte haren, maar dan kleiner en gebocheld.

'Je moet je voorstellen dat we met zijn allen in een groot ruimteschip zitten,' zegt hij. *'Iedereen is voor de lange tijdreis in slaap gebracht, om gewekt te worden zodra we onze eindbestemming bereiken. Alleen is dit geen fysieke slaap maar een bewustzijnsslaap en de planeet Aarde is het ruimtevaartuig. Zoals dat gaat, worden eerst enkele mensen als eersten wakker gemaakt, die alle maatregelen treffen voordat de rest wakker wordt. Het zijn de zogenaamde lichtwerkers, de avatars en meesters, zoals er al velen voor ons geweest zijn. Jij en ik horen daar ook bij.'*

Hij zwijgt om me de tijd te geven de boodschap dieper op me in te laten werken. Ik kijk de kring rond naar de andere aanwezigen. Ieder zit blijkbaar in zijn of haar eigen trance. De sjamaan prevelt gebeden en slaat met zijn ratel, om de geesten gunstig gezind te stemmen en onze ziel te beschermen tijdens onze reis buiten tijd en ruimte.
Karel vervolgt zijn verhaal, terwijl het geluid van de ratel gestaag sterker wordt en het vuur opflakkert.
'Zoals dat gaat in films over interstellaire reizen blijkt er altijd een probleem aan boord te zijn. De computer neemt het over van de mens. Wat in eerste instantie bedoeld is om de mens te dienen, gaat een eigen leven leiden. Kunstmatige intelligentie is zo gemaakt dat het de mens overtreft en uiteindelijk beter af is zonder mensen. Ergo: de techniek keert zich tegen ons.'

Ik zie beelden van de futuristische film *Space Odyssey 2001* voor me, waarin computer HAL de diverse bemanningsleden om zeep brengt.
'Er worden inmiddels steeds meer mensen wakker. Maar tegelijkertijd neemt de macht van de techniek en de kunstmatige intelligentie in sneltreinvaart toe. Het zal niet lang meer duren of de eerste genetische gemanipuleerde baby's zullen gecreëerd worden. De combinatie van computer, biologie en techniek zal het bewustzijn van de mens langzaamaan willen overnemen. Maar dat is niet waar de mens voor bedoeld is. We zijn God vergeten. De toren van Babylon heeft bijna zijn hoogste punt bereikt, net als in de tijd van Atlantis. Hoogmoed komt voor de val.'

Ik herinner me hoe Karel in zijn boek had gewaarschuwd voor de toegenomen macht van mobieltjes, wifi, straling, digitale netwerken en het internet. Ik denk aan mijn eigen verslaving aan Facebook en andere social media. De digitale wereld lijkt het sluipenderwijs over te nemen van de natuurlijke wereld, de wereld waar de sjamanen en inheemse stammen nog mee in contact staan. De wereld van de ziel. De laatsten der Mohikanen.
'De tijd is eindelijk gekomen dat je naar de Tempel van de Vijf Elementen

*gaat. Je ego moest de nodige beproevingen ondergaan, zodat je je volledig
kon overgeven aan de taak die je wacht.'*
Ik zie opeens Caroline naast hem zitten, stralend van geluk en liefde. Haar
grote glimlach spreekt boekdelen, alsof ze beiden eindelijk verenigd zijn en
ze weten dat hun werk niet verloren is gegaan. 'Ik moet toch niet naar
Peru?' vraag ik voorzichtig.
'Nee,' zeggen ze, *'er is een andere plaats op aarde waar het geheim van de
Grote Transformatie bewaard wordt. Het is tevens de zetel van Boeddha
Maitreya, het hoofd van de Grote Witte Broederschap. Dit zijn The Elders, die
ons ooit op pad hebben gezet. Er is een oude kracht die sluimert tot het
moment dat iemand haar aanroept en als het ware wakker kust. Dit is het
Vijfde Element.'*

'En waar bevindt zich die kracht?' vraag ik aarzelend.

*'Je hebt de inwijding van aarde en water doorstaan; je hebt de Vuurtempel in
Iran gevonden, de tempel van Lucht in het hart van China, maar de zetel van
de Boeddha Maitreya is moeilijk te vinden. Het zal geen gemakkelijke reis
worden en alles overtreffen wat je tot nu toe gedaan hebt. Het is het land
achter het land; de berg achter de berg, de bron achter de bron. Het is
eigenlijk een staat van zijn, maar je kunt alleen maar in die staat van
bewustzijn komen door op reis te gaan. Vele mensen hebben getracht die plek
te vinden. Het is een energetische plek die zich op een van de meest
onherbergzame plaatsen in de wereld bevindt: de Himalaya's.'*

De sjamaan begint intussen steeds heftiger te ratelen en te zingen. Andere
beelden volgen de beelden van Karel en Caroline op. Ik zie een soort Borg-
achtige structuur zoals in de films van *Star Trek*. Een elektronisch oog kijkt
me opeens doordringend aan. *'Resistance is futile,'* zegt het oog. *'You will be
assimilated.'* Ik kan het oog bijna beetpakken, alsof het me wordt
aangeboden. Ik begin te transpireren en wil meer weten, maar opeens haalt
de sjamaan me zonder pardon terug. De Mexicaanse man staat voor me,
blaast rook in mijn gezicht en spreekt enkele vreemde spreuken uit. *'Throw
it in the fire,'* gebiedt hij me.
Ik begrijp niet precies wat hij bedoelt. *'What you have seen, throw it in the
fire. NOW.'* De man spreekt op een manier die geen ruimte voor twijfel laat
en ik gooi het oog in het vuur. Een luide knal volgt. Een van de houtblokken
blijkt door de hitte van het vuur gespleten. Coen, die vuurmeester is
gedurende de ceremonie, kijkt mijn kant op. De rest van de aanwezigen lijkt
zich nergens van bewust te zijn, hoewel iedereen zijn of haar eigen piek van
ervaring en bewustzijn heeft bereikt. Het wordt tijd om terug te keren tot
de gewone wereld. Dat lijkt echter makkelijker dan gezegd. Het duurt nog
uren voor de ochtend aanbreekt en de kracht van de geestverruimende stof

is uitgewerkt. Terwijl de rest al is gaan slapen, zit ik nog in het vuur te staren. 'Ik ben wakker,' gaat door me heen, als een eindeloze mantra. 'Ik ben wakker.'

De openbaring van
de Boeddha Maitreya

Himalaya, 2019

Twee weken voordat we naar India vertrekken, komt Anne een weekend bij mij in Amsterdam. Als ik haar oppik bij het Vlaams Broodhuys op de Elandsgracht, krijgt ze net een email binnen over de Klimaatmars in Brussel, die onlangs is gehouden. *'Kinderen worden voor het karretje gespannen door de EU,'* zegt de mail. Het meisje dat de mars aanvoert, de 17-jarige Anuna, krijgt er flink van langs: *'Ze weet geeneens of ze een jongen of meisje is,'* schrijft de man die een bekende is in de wereld van de complottheorieën.

'He, bah,' zeg ik. 'Wat naar om een jong meisje die opkomt voor een beter milieu af te branden op haar seksualiteit.' Ik heb al niet zoveel op met complottheorieën, maar dit doet de deur dicht. Ik ben helemaal uit mijn doen. Anne en ik raken in een discussie over wat waar is en wat niet en hoe je dat kunt weten. Voor mij zijn bepaalde dingen helder, zij stelt zich veel meer vragen. Ik voel hoe een simpel mailtje een wig tussen ons drijft en een thema vormt waar we wel vaker op botsen. Ik zie opeens steeds meer verschillen tussen ons, totdat ik met een schok tot de realisatie kom: dit is precies de bedoeling van 'de tegenkrachten' in deze tijd: je uit elkaar drijven waardoor je jezelf en de ander kwijtraakt. Doordat we rustig de tijd nemen om het proces met elkaar aan te gaan, hebben we elkaar gelukkig aan het einde van het weekend weer helemaal gevonden.

'Ik heb het idee dat we vlak voor vertrek naar Ladakh getest worden,' zegt Anne. 'Terwijl we ons juist te richten hebben op de essentie van deze reis laten we ons afleiden door allerlei dualiteit en gedoe in de marge.' We besluiten onze aandacht te richten waar het voor ons nu om draait: de reis naar de Himalaya's.

In een channeling krijgen we de volgende boodschap door:

'Laat je niet afleiden of afschrikken door de brokstukken van de verandering die om je heen vliegen. Het is de bedoeling dat deze chaos aan het licht komt. Vanuit de chaos kan een nieuwe ordening ontstaan en kan datgene wat zo lang onderbelicht is geweest opnieuw aan de oppervlakte komen. Jullie focus

is gericht op de energie van de Boeddha Maitreya. Het is alsof je een steen in de vijver gooit met deze reis, die veel rimpelingen teweeg zal brengen in het collectieve veld.'

Over twee weken vertrekken we, opnieuw met vijf personen: Roxanne, Astrid, Christiaan, Anne en ik. De voorbereiding heeft inmiddels veel bloed, zweet en tranen gekost. Het boeken van treinen, vluchten, bussen en hotels is geen sinecure. Aangezien we niet veel tijd hebben, moet alles goed op elkaar aansluiten. Inmiddels komen er steeds meer hindernissen en zorgelijke berichten bij. In Leh, het einddoel van de reis, was het afgelopen week nog min zestien graden, maar de temperatuur is alleen maar aan het dalen. Deze week is de gevoelstemperatuur opeens min dertig graden. Dat is even schrikken. Wie gaat er nu in de winter naar Ladakh, op 3500 meter hoogte?

Ieder van ons vijven is inmiddels extra warme kleding, jassen, wollen ondergoed, mutsen en handschoenen aan het verzamelen. Ik sluit bij de ANWB een extra verzekering af, met volledige dekking, ook voor terroristische aanslagen en natuurrampen. Waarom weet ik eigenlijk niet, maar mijn intuïtie blijkt twee dagen later akelig nauwkeurig: op de route naar Kashmir vindt een terroristische aanslag plaats op een bus met militairen en dat is precies waar onze reis doorheen loopt. Inmiddels wordt er door de hindoes in de streek geschreeuwd om wraak. Al decennialang wordt er getwist of de noordelijke deelstaat Kashmir nu bij het islamitische Pakistan of bij het hindoeïstische India hoort.

Waarom tref ik toch altijd dit soort gebeurtenissen op mijn reizen? denk ik. Ik dacht dat de reis naar India een spirituele reis naar Ladakh werd, waar volgens Anne nog nooit oorlog is geweest. Of zijn dit nu juist de afleidingen waar in de channeling over gesproken werd?

Er is nog een week te gaan. De laatste voorbereidingen worden getroffen. Ik krijg nog extra informatie van een Nederlandse vrouw die al dertig jaar naar Ladakh gaat. Als ik haar vertel dat onze reis in het teken van de Boeddha Maitreya staat, is ze helemaal verrast. 'Ik vertrek in juni, met hetzelfde thema: de Boeddha van de toekomst.' Het blijkt dat meer mensen dezelfde roep hebben gehoord. Wat dat betekent en wat we in Leh gaan doen, is me nog volstrekt onduidelijk, behalve dat we een klooster kunnen bezoeken waar een groot beeld staat van de Boeddha Maitreya. De vraag is alleen of het klooster in de winter open is.

Het is zondagochtend, 10 uur. Ik heb Jos aan de telefoon. 'Wist je dat Jezus ook in India is geweest?' vraagt hij. 'In de jaren voordat hij zijn werk in Israël begon, heeft hij een lange reis naar de Himalaya's gemaakt om in de leer te gaan bij de meesters.'

'Echt waar?' vraag ik. Ik herinner me dat ik ooit een boek heb gekocht met de titel *The Lost Years of Jezus*, maar ik had er nooit in gelezen en was het totaal vergeten. Als ik later in de boekenkast kijk, zie ik het direct staan. Ik sla het boek open en val van de ene verbazing in de andere. Zowel een Russische journalist als de Russische schilder Nicholas Roerich hebben documenten gevonden waarin het leven van een zekere *Issa* in India wordt beschreven. Issa is de islamitische naam voor Jezus. In diverse kloosters zijn evangeliën opgedoken. De kloosters blijken vlakbij Leh te zijn, de hoofdstad van Ladakh waar we heen gaan. Hoe verder ik in het boek lees, hoe geïntrigeerder ik raak. Ook de apostel Thomas schijnt naar India te zijn getrokken om er te preken.

Inmiddels volg ik iedere dag via Al Jazeera het nieuws over Kashmir. Na de zelfmoordaanslag in Srinagar is het er niet rustiger op geworden. In Jammu, een andere stad waar we langs zullen komen, is de avondklok ingesteld. De hindoes roepen om wraak. Moeten we ons zorgen maken? Ook in Amsterdam of een andere Europese stad kan er altijd iets gebeuren. Oftewel, alles is relatief, maar toch nemen we ons voor goed op te passen. Ik heb via Facebook contact met een islamitische familie in Srinagar gekregen. Zij kunnen ons helpen als het nodig is.

Steeds meer mensen laten weten dat ze betrokken zijn bij de reis. Dat geeft een heel fijn gevoel, alsof iedereen op de een of andere manier begrijpt waarom we gaan. Door enkele donaties hoef ik me even geen zorgen te maken over geld, maar toch roept de reis stress op. We hebben namelijk zeven vluchten, één treinreis, twee busreizen en diverse hotels te boeken en de laatste details moeten nog worden ingevuld. Ook doen we de laatste inkopen om warm te blijven in de vrieskou van Leh.
Van Tijn Touber, een goede vriend van me, krijg ik een channeling cadeau voor mijn verjaardag over mijn eigen taak op aarde. Het is doorgegeven via een Engelse vrouw die ik niet ken.

'Het is jouw taak om Gaia te helpen bij het verhogen van haar frequentie door te werken met haar meridiaan systeem of wat ze leylijnen noemen. Gaia heeft momenteel een energieraster of matrix bestaande uit vervormde geometrische patronen. Mogelijk word je gevraagd om naar bepaalde plaatsen te reizen om een acupunctuurnaald te worden. Een elektrische stroom van hogere niveaus zal door je lichaam stromen en deze vervolgens

door je lichaam laten downloaden om in bepaalde knooppunten op Gaia te verankeren. Ik zie je ook een script schrijven dat zal voortkomen uit je ervaringen met de genezing van Gaia's gewonde energielichaam. Gaia is niet alleen fysiek gewond. Zij is ook als Godin gewond, het verhaal van de vrouw is pijnlijk. Ze huilt 's nachts om de liefde van haar tweelingvlam om haar te komen redden. Als een ridder in glanzend pantser wacht zij op zijn paard. Ze wacht op de terugkeer van haar koning.'

Op donderdag 21 februari vertrek ik met de trein naar België. Daar pik ik mijn reisgenoten op: Anne, Christiaan, Astrid en Roxanne. De volgende dag vliegen we door naar India. Na een reis van 14 uur komen we in de nacht aan op het vliegveld van Delhi. In de ontvangsthal staat een deftige sahib met tulband ons op te wachten. We kijken verrast op, blij dat we hier meteen al opgehaald worden. Maar niets is minder waar, de man heeft onze namen om ons te vertellen dat onze bagage niet meegekomen is. We kunnen bij band nummer negen een formulier invullen. Alle vijf gaan we bij onszelf na: wat heb ik bij me in de handbagage en wat zit er aan noodzakelijks in de ruimbagage? Zonder warme kleren kunnen we echt niet verder. Betekent dit dat we in Delhi moeten wachten? Maar dan valt ons hele reisprogramma in duigen! Oké. *Vertrouwen.* Alles is in goddelijke ordening. Of, zoals de taxichauffeur, die ons naar het hotel brengt, zegt: *'No problem.'*

Als we door Delhi rijden, wijst onze chauffeur in de donkerte naar een standbeeld van Gandhi. Ik denk terug aan de film die Richard Attenborough ooit over Gandhi maakte. Een monument van een film voor een van de grote geesten van de vorige eeuw. Door geweldloosheid wist hij het Engelse imperium op de knieën te dwingen en India te bevrijden van de koloniale overheersing. Maar de overwinning had helaas een bittere nasmaak. Het land splitste in tweeën: het islamitische Pakistan en het hindoeïstische India. Miljoenen mensen trokken van de ene kant naar de andere kant en vice versa. In de volksverhuizing braken onlusten en gevechten uit. Honderdduizenden mensen lieten het leven. Een pijnlijke prijs voor een volk dat zijn vrijheid had herwonnen. En een prijs die nog steeds betaald wordt, gezien de huidige onlusten in Kashmir. Weinigen hadden destijds door dat het onderdeel was van de Engelse strategie van 'verdeel-en-heers'. En nu nog steeds niet. Nieuw rechts in India is uit op strijd en oorlog, net zoals elders in de wereld. De verzoenende taal van Gandhi is ver te zoeken. Men ruikt bloed.

Ik vermoed dat onze reis te maken heeft met het helen van de wond tussen de twee delen van India en de verschillende religies die haar bevolken: de moslims, de hindoes, de sikhs en de boeddhisten.

Op onze eerste wandeling door Delhi worden we overvallen door de beruchte chaos van het verkeer. Karren, koeien, vrachtwagens, bussen en taxi's toeteren en loeien vrolijk door elkaar heen. Oversteken staat bijna gelijk aan zelfmoord. Als we uiteindelijk in een klein restaurantje in de bazaar belanden, komen we eindelijk tot rust. We hebben besloten ons reistraject door te zetten en niet te wachten op de bagage. Als het goed is, worden de koffers doorgestuurd naar ons hotel in Amritsar. *Inshallah.*

Als we in het restaurant afstemmen krijg ik de volgende tekst door:

'Wees niet bang voor de chaos. Het is slechts een afspiegeling van je eigen verwarde gedachten en emoties. Maar ook deze hebben waarde en zijn de moeite waard om te onderzoeken. Probeer de chaos niet op te lossen maar deze toe te staan. Dit is deel van Durga, de godin met de vele armen. Eer de chaos, eer Durga, eer het leven in haar volle complexiteit en dan zul je eenheid vinden.'

Als we na afloop teruglopen naar het hotel zien we dat er vlakbij een klein tempeltje bij een grote boom staat. Daaronder staat het beeld van Durga, de godin die de innerlijke demomen bestrijdt. Ieder van ons doet zijn 'puja' en we weten: dit is het beginpunt, het wortelchakra van onze reis. We zijn klaar om met de trein naar Amritsar te gaan.

De stad Amritsar is in de vijftiende eeuw gebouwd door Guru Ramdas rondom een waterbekken. De goeroe, een van de belangrijkste goeroes in de Sikh-traditie, kwam uit de stad Lahore, die nu vlak over de grens in Pakistan ligt. Hij wilde een buitenverblijf creëren en liet een groot vierkant waterbekken bouwen. In het midden verrees de Golden Temple, *the abode of God*. Aangezien de Sikhs dit zien als een universele tempel, voorzagen ze het terrein van vier ingangen om alle godsdiensten welkom te heten.

Het zijn dan ook de Sikhs die een gematigde rol aannemen in het grote conflict tussen de moslims en de hindoes, dat momenteel gaande is. Toen afgelopen week jonge studenten uit Kashmir in Delhi werden aangevallen, boden zij de moslimjongeren een schuilplaats tegen de woedende menigte.

Ons eerste bezoek in Amritsar brengt ons naar het Partition museum, vlak om de hoek van ons hotel. Daar wordt de geschiedenis verteld van de strijd tegen de Engelse overheersers en de daaropvolgende scheiding tussen Pakistan en India. Een van de eerste grote slachtpartijen vond in Amritsar plaats. Terwijl de bevolking voor een festival bijeenkwam sloten de Engelsen het terrein af en begonnen op de onbewapende menigte te schieten. Velen lieten het leven. Het is een markeerpunt in de onafhankelijkheidsstrijd van India. Ik herinner me de scène uit de film over Ghandi.
Helemaal ontdaan verlaten we het museum: zoveel pijn, zoveel onrechtvaardigheid. En het besef dat de verdeel-en-heers-strategie van de Engelsen tot op de dag van vandaag zijn effect heeft. Amritsar en Lahore waren vroeger broedersteden; nu loopt er een felbevochten grens tussendoor, zoals door de hele provincie Punjab.

Om bij te komen drinken we een colaatje bij een stalletje. Al gauw komen er allerlei jongeren naar ons toe die met ons op de foto willen. Het wordt steeds gezelliger en we vergeten de pijnlijke geschiedenis. Terug naar het heden. Na de fotosessie slenteren we door de stad, die druk bevolkt is met duizenden sikhs, families met kinderen op hun zondags gekleed in alle kleuren van de regenboog. De mannen hebben allemaal een prachtige tulband op en de vrouwen zijn in kleurige gewaden getooid. Het is een gezellige drukte. De stoet leidt vanzelf naar de ingang van de Gouden Tempel, het grote heiligdom van de stad. De naam Amritsar komt van Amrita en betekent de *pool of nectar of immortality*. Het verwijst naar het gouden tijdperk dat vele eeuwen geleden hier gestalte kreeg en waar de oude geschriften en mythische verhalen over vertellen. Volgens de Veda's kende de mensheid eerst een gouden tijdperk, waarin we ons onze goddelijke oorsprong nog volledig herinnerden en gewaar waren, daarna een zilveren tijdperk, vervolgens een bronzen tijdperk en uiteindelijk een ijzeren tijdperk, het Kali Yuga. Tijdens de Kali Yuga vergeet de mens volledig zijn oorsprong en hecht zich steeds meer aan de materie. De val van bewustzijn is totaal. Het is dat tijdperk waarin we ons momenteel begeven. Maar tegelijkertijd wordt beschreven dat we de mogelijkheid hebben om te ontwaken en weer terug kunnen keren naar het gouden tijdperk.

De Gouden Tempel schittert in de middagzon en rondom het water loopt de veelkleurige stoet van duizenden sikhs over het witte marmer. Het geeft een sprookjesachtige sfeer. We lezen dat de Tempel ooit honderden oude manuscripten bevatte, die in 1984 door de Indiase regering zijn ontvreemd. De sikhs willen ze nog steeds terug. We staan steeds meer versteld van de eeuwenoude, rijke en grootse cultuur die hier geweest is. Hier zijn de

154

oudste geschriften der mensheid geschreven: de *Ramayana* en de *Mahabharata*. In het gebied tussen de Himalaya's en de oceaan ontstond millennia geleden de civilisatie van de Indusvallei, een van de alleroudste culturen op aarde. Dit zijn de laatste overblijfselen ervan. Als we de wereld van vandaag vergelijken met het beeld dat we van die tijd krijgen, bevinden we ons inderdaad in de eindfase van een heel lange cyclus...

We gaan tegenover de Gouden Tempel op de grond zitten om te mediteren. Ik voel de verbinding met Lahore in Pakistan, waar eenzelfde tempel moet staan, maar nog ouder. Zouden de mensen uit vroeger tijden het geheim van het Vijfde Element gekend hebben? Kunnen wij het hier ter plekke weer tot leven brengen?

Ik zie een spiraal van veelkleurige strengen uit de tempel omhoogkomen. Dan beweegt de Gouden Tempel omhoog en vormt zo een piramide met de vier ingangen rondom het waterbekken. Vier ingangen, die – net als in deze tempel – alle godsdiensten toelaten. Voor elke godsdienst een ingang. De kracht van eenheid. Onder de piramide zie ik een naakte vrouw die zich bevrijdt van haar ketens en haar armen uitstrekt naar de hemel. Het Vijfde Element wordt bevrijd.

Vlak naast ons zit een klein meisje te bidden. Haar voetjes en enkels zijn helemaal zwart en dood. Zelfs de topjes van haar vingers zijn afgestorven. Het is zo'n pijnlijk beeld. Wat zou ik haar het liefst het water indragen en op magische manier haar voeten en benen helen. Omdat ik het in het echt niet durf, doe ik het in gedachten.

Als we de tempel weer uitlopen, zijn we uitgeblust en hongerig. Wat is het veel: te worden ondergedompeld in een cultuur van honderden verhalen, duizenden jaren geschiedenis en miljoenen mensen. Een groepje jongens, die we al sinds de fotosessie bij de cola telkens tegenkomen, wijst ons de weg naar het restaurant. Terug naar onszelf...

Als onze koffers eindelijk terecht zijn, kunnen we verder. Een rustige reis in een luxe taxi brengt ons van Amritsar de bergen in. Na vijf uur rijden arriveren we in Dharamsala, de stad van de Dalai Lama. Tussen de uitlopers van de bergen bevindt zich hier de Tibetaanse enclave, die zeer gemoedelijk aandoet. Een mix van Tibetaanse monniken, backpackers, Indiërs en reizigers strijkt neer in winkeltjes en kleine restaurantjes. Uit een shop met *tanghka's* en honderden beelden van goden en heiligen klinkt het welbekende *Om Mani Pad Me Hum*. De parel van wijsheid in de lotus. We eten in een restaurantje en begeven ons daarna naar ons hotelletje, ergens hoog in de bergen.

Wat 's avonds begint als een idyllisch plaatje ontaardt de volgende dag in een rollercoaster van veranderingen die lijkt op een aflevering van de Netflixserie *24 Hours*. Ieder uur doen onverwachte wendingen hun intrede die ons programma doen veranderen. Het begint ermee dat ik wat koud en mopperig wakker word. Er is namelijk geen verwarming op de kamer, alleen een kleine *heater,* maar dat is volstrekt onvoldoende. Van kou word ik altijd chagrijnig. Christiaan staat al buiten met muts en jas aan. Roxanne blijkt ziek te zijn, ze ligt nog in bed. 'Misschien moeten we eerder terug, de bergen uit,' zegt hij.

Maar bij het ontbijt krijgt onze reis een heel andere wending. Er komt onverwacht bericht van de hotelmanager: India heeft vanochtend Pakistan aangevallen. We zitten midden in een oorlog.

Gelukkig zitten we hoog in de bergen en buiten het grensgebied. Dat betekent dat we voorlopig beter niet het dal in kunnen gaan. We vertellen de jonge en vriendelijke hoteleigenaar dat we een nacht extra in de bergen zullen blijven. Geen probleem, want dan hebben we ruim de tijd om de tempel van de Dalai Lama te bezoeken, zegt hij. Die blijkt maar 20 minuten wandelen van ons pension te zijn. Roxanne blijft achter in bed en vier van ons wandelen de bergen af. Het is fris en mooi weer. De zon schijnt. Als de aapjes ons op weg naar beneden vrolijk vergezellen, zien we de dag weer helemaal zitten.

Na een tijdje lopen, komen we in het stadje aan. We besluiten eerst koffie te drinken om te bespreken wat de ziekte van Roxanne en de aanval van India in Pakistan voor onze reis betekenen. Ook stuur ik een berichtje naar het thuisfront om te laten weten dat we veilig zijn. Ik besef tevens dat we nu alle lichtkracht nodig hebben, aangezien we in het midden van de storm staan. Maar wat hebben we nu te doen?

Het voelt niet goed om Roxanne de hele dag alleen te laten. Astrid en Christiaan besluiten daarom terug naar het hotel te gaan. Misschien moet ze naar een arts of naar het plaatselijke ziekenhuis. Anne en ik begeven ons naar de tempel van de Dalai Lama om af te stemmen op de reis en de veranderde situatie.

Als we in de tempel aankomen, is iedereen druk bezig met het versieren van het hele gebouw. Morgen blijkt hier een groot ritueel met de Dalai Lama te zijn om hem een lang leven te wensen. Hij is dus in Dharamsala! Als we toch hier moeten blijven wegens Roxanne en de aanval, dan kunnen we de meditatie bijwonen, denk ik opgetogen. Volgens ons reisplan zouden we de volgende ochtend heel vroeg weg moeten om de volgende vlucht van Jammu naar Srinagar te halen, maar dat lijkt er niet meer in te zitten. Ik vraag me überhaupt af of de reis naar Ladakh, op een hoogte van 3500 meter, wel haalbaar is. In het midden van de tempel staat de troon van de Dalai Lama. Achter hem hangen allerlei grote schilderingen en *tanghka's* van boeddha's en boddhisatva's. Er is tevens een uitleg van de Kalachakraleer, een van de geheime essenties van het boeddhisme. Kala betekent tijd en chakra wiel. De leer handelt over het grote wiel van de tijd. Alles is in verandering en de meesters overzien de grote tijdsfasen in de geschiedenis. Op cruciale momenten grijpen ze in of sturen bij, omdat ze weten wat de volgende fase van evolutie is. Dat daar soms strijd en chaos bij hoort, of afscheid en pijn, is deel van het proces.

Op een van de schilderingen zie ik een grote zwarte demon die me aanstaart. Het raakt me en ik denk aan de strijd die ik tegen de zwarte draak voerde in Iran. Ik word het plaatje ingezogen.
'Ik ben niet bang,' zeg ik tegen de zwarte demon.
'Dan mag je niet verder,' antwoordt de demon.
Ik voel dieper in mezelf. Ik ben wel degelijk bang, besef ik. Op dat moment word ik toegelaten. Ik betreed een innerlijke ruimte, het paleis van de meesters. Iets verderop zit een jonge man te reciteren voor een groot beeld van de Groene Tara. Ik ga naast hem zitten. Dan volgen de innerlijke beelden zich snel op. Het lijkt of ik word klaargestoomd voor een grote initiatie. Ik moet in stilte verschillende teksten opzeggen, een eed afleggen en raak steeds dieper in trance. Ik voel de aanwezigheid van de Dalai Lama en van de Boeddha Maitreya. De tranen stromen over mijn wangen. Als laatste beveelt de Dalai Lama me om hem van de troon te halen en er zelf op te gaan zitten. Ik pieker er niet over, denk ik.
'Doe het toch maar,' zegt hij met vriendelijke dwang. 'Het is voorbeschikt. Mijn tijd is gekomen.' Ik kom mijn diepste angst tegen: de angst voor mezelf. Angst voor mijn rol. Wat betekent dit allemaal? Op zielsniveau snap ik perfect wat er gebeurt, maar de kleine Ton heeft grote weerstand. De tranen blijven maar stromen. De Dalai Lama vervolgt: 'Het is tijd dat duizenden mensen hun leiderschap op zich nemen en mijn plek innemen. Een leger aan lichtwerkers.' Anne is naast me komen zitten. Zij ervaart haar eigen proces. De energie is hoog en diep tegelijkertijd.

Als we eruit komen zijn we allebei diep onder de indruk. We doen onze schoenen weer aan en wandelen naar een cafeetje om wat te eten en onze ervaringen op te schrijven. We horen van Christiaan en Astrid dat ze inmiddels met Roxanne in een ziekenhuis zijn beland. Het wordt steeds duidelijker: voorlopig blijven we hier. Samen met Anne schrijf ik de channeling uit van die ochtend:

'Vijf mensen, vijf bronnen, vijf religies: boeddhisme, islam, hindoeïsme, sikhisme, christendom. Vijf paden, vijf rivieren naar de oceaan. Het is jullie missie om de gemeenschappelijke bron te vinden: de bron voorbij de bron, de

rivier voorbij de rivier, de berg voorbij de berg. De god-godin voorbij alle goden en godinnen. Dit omvat het universele principe dat de bron van alles op aarde is, gemanifesteerd in vele culturen, godsdiensten en samenlevingen. Niets is uitgezonderd. Ook de dieren, de bomen, de mineralen en de elementen ontspringen aan deze bron. En jullie ook: jullie vlees en bloed, jullie emoties en gedachten, je hele bestaan is verbonden met de bron. Als je voorbij eigen waarnemingen kijkt, voorbij je eigen gevoelens en je ervaringen, kom je in contact met dit universele veld van Eenheid dat achter alles schuil gaat. Het is alsof je in een labyrint naar het centrum loopt.

Je kunt daar niet komen door je eigen emoties, gedachten en ervaringen te negeren of te ontkennen. Je kunt er alleen maar dwars doorheen gaan, net zoals een baby door het geboortekanaal moet gaan, om uit de baarmoeder in de wereld te komen, of zoals een kuiken door de schaal van het ei moet breken. Het vergt werk, doorzettingsvermogen en tegelijkertijd totaal vertrouwen en ontspanning. Maak je geen zorgen over de vele omwegen die je maakt in het labyrint; ze zijn allemaal onderdeel van de reis naar het centrum. Hoe meer je kunt zien dat alles perfect is in zijn imperfectie, hoe meer je gaat begrijpen dat er niets fout is in het universum. Het ultieme doel van de reis is al gerealiseerd terwijl je er naar toe reist.'

Als we 's avonds thuis zijn en bij elkaar op bed gaan zitten, bespreken we alle opties. Teruggaan naar Delhi, de meditatie van de Dalai Lama bijwonen? In ieder geval blijven we nog een dag in Dharamsala. Door de aanval van India op Pakistan raadt iedereen ons af naar Srinagar te gaan. We besluiten onze vluchten te cancelen – als ze al niet afgezegd zijn – en terug te vliegen naar Delhi en vandaar te proberen naar Leh te vliegen. Het voelt weliswaar terug naar af, maar in ieder geval veiliger dan via Srinagar. We bellen alvast het hotel in Srinagar op om af te zeggen. De manager reageert verbaasd. *'I guess you have been looking at the news. But here it is completely quiet and safe. No need to worry,'* verzekert de man me.

Wat nu? We besluiten de tarotkaarten erop te leggen. De Zeven van Zwaarden verschijnt: *'Het grote zwaard van helderheid wordt door de zes kleine zwaarden aangevallen en verwond. Het verliest daardoor zijn slagkracht en doorzettingsvermogen. De kleine zwaarden staan voor de pessimistische gedachten die het onmiskenbare succes dwarsbomen. De sombere verwachtingen vertroebelen het heldere beeld. Een overweldigende angst houdt ons in de greep, niettegenstaande dat alles er heel goed voor staat.'* We kijken elkaar aan. Het tekent perfect onze stemming en de situatie in het land. Wat als onze keus om onze reis om te gooien niet klopt? Zou het kunnen dat we ons zo laten meeslepen door de oorlogsretoriek en het nieuws dat we meegaan in de golf van angst en woede die er heerst?

Bij Roxanne staan de tranen in de ogen. 'Als ik uit angst zou beslissen om terug te keren en niet verder te gaan zou ik mezelf dat altijd kwalijk nemen...'

We besluiten voor de zekerheid nog een kaart te trekken als we toch verder reizen via Srinagar. De kaart verbeeldt de Maan. De kaart toont een nauwe doorgang, bewaakt door sinistere wachters. De tekst luidt: *'Laatste beproeving. Verkeerde wendingen, illusie. Het gevaar dat we in de duisternis ons echte doel vergeten is levensgroot. Maar alleen door de nauwe doorgang te passeren kan nieuw leven ontstaan. Wie ervoor kiest om over de drempel naar het onbekende te stappen, moet dan ook over onoverwinnelijke moed beschikken.'*

'Zou het kunnen dat de sinistere wachters Pakistan en India zijn en dat de nauwe poort de toegangspas over de bergen naar Srinagar is?' zegt Anne. 'Het is wellicht een moeilijke doorgang, maar het is precies wat de Meesters ons in Iran verteld hebben. Dat het een moeilijke en bijna onmogelijke reis zou worden. Ik heb zelf het idee dat die weg door de bergen een soort initiatie of geboortekanaal is. Het symboliseert de poort naar een nieuw bewustzijn. Naar het land achter het land, de bron achter de bron.'

Er valt een diepe stilte en zonder woorden wordt duidelijk wat we te doen hebben. Terugkeren uit angst is geen optie. We besluiten ons reisplan door te zetten. Dat betekent dat we de meditatie van de Dalai Lama de volgende ochtend niet mee zullen maken en dat we om vijf uur in de ochtend moeten vertrekken om ons vliegtuig naar Jammu alsnog te halen. We regelen alles op het laatste moment met de jonge hotelmanager, die bijzonder behulpzaam is. Om vijf uur komt een taxi ons ophalen.

Bizar, denk ik. Komen we helemaal hier in Dharamsala en hebben we de mogelijkheid de Dalai Lama te ontmoeten, gaan we direct weer weg. Daar moet je wel lef voor hebben. Ik herinner me het verhaal hoe de Dalai Lama zelf ooit in Tibet naar een bijeenkomst met de Chinezen zou gaan, maar zich de ochtend ervoor vermomde als een jonge boer en in het geheim het land verliet. Hij zou Tibet nooit meer terugzien. Ik kon me voorstellen dat zijn grootste pijn moet zijn geweest dat hij zijn volk achterliet. Nu, aan het eind van zijn leven, zal hij dezelfde pijn tegenkomen: het achterlaten van zijn volk.

Terwijl ik over zijn leven nadenk, naderen we de tempel waar over enkele uren de meditatie zal plaatsvinden. Precies voor de ingang komen we vast te staan in het verkeer. De eerste bezoekers voor het ritueel zijn al gearriveerd. Ik neem in gedachten afscheid van de Dalai Lama. Hij voelt zo dichtbij. *'When you meet the Boeddha on the road, kill him,'* hoor ik hem in gedachten zeggen. Ik glimlach. Ik snap de boodschap.

De taxichauffeur brengt ons tot Patankot, de stad halverwege Dharamsala en Jammu, waar we op het vliegtuig naar Srinagar zullen stappen. 'I do not dare to go further. There is a curfew and it means I cannot go back.' De man regelt voor ons een andere taxi die ons wel verder wil brengen naar het vliegveld van Jammu. De reis verloopt voorspoedig en we arriveren zelfs ruim op tijd voor ons vliegtuig. Terwijl we een heerlijke lunch nemen op de luchthaven houden we het vertrekbord in het oog. Steeds meer vluchten staan op rood – *cancelled* – behalve de onze. Overal om ons heen wordt druk gebeld. De spanning stijgt. Op televisieschermen zien we *Breaking News*: vlakbij onze stad is een helikopter gecrashed en er zijn twee Indiase straaljagers neergeschoten boven Pakistan. Pakistan heeft een van de twee piloten gevangen genomen. Uiteindelijk gaan we naar de incheckbalie en krijgen nieuws. Helaas, ook onze vlucht is gecancelled. Er is geen vliegtuig, trein of bus die nog rijdt. We zitten vast in Jammu, vlakbij de grens met Pakistan. Geen bemoedigende gedachte, maar we hebben geen enkele twijfel. Dit is de weg die we moesten nemen. Ons hotel in Srinagar en onze aansluiting naar Leh zijn we kwijt.

Een man van het vliegveld geeft ons het adres van een hotel in de buurt: Asia Hotel. We rijden er met een taxi heen en nemen onze intrek in een zeer luxueus hotel. Alleen de rijkste Indiërs kunnen zich dit veroorloven. En buitenlanders, want voor ons zijn het normale hotelprijzen. Alleen de zoetgevooisde 'elevatormusic' in de lounge maakt het geheel wat goedkoop en potsierlijk.

Nadat we gedoucht en gegeten hebben, overwegen we onze opties. Als we niet over de bergen kunnen vliegen, zullen we door de bergpas moeten *rijden*. Alleen lijkt alles vast te zitten. '*No one drives to Srinagar,*' zegt de dame achter de balie. '*It is not safe.*'

Op het nieuws komen we er echter achter dat de weg door de bergen niet gesloten is vanwege de aanslagen, maar vanwege een *mudslide*, ergens halverwege de bergpas. De helicoptercrash blijkt eveneens niets met het conflict te maken te hebben. Zelfs bij de zogenaamde aanval op een terroristisch kamp in Pakistan waar '350 terroristen' zijn gedood, blijken niet meer dan drie bomen geveld. Zou iedereen dan in de ban van de angst zijn? We laten de zaak verder rusten en gaan slapen. Morgen weer een dag. Wellicht brengt de nacht antwoorden.

Als ik de volgende ochtend uit de lift stap, zie ik dat het hotel een zusterhotel heeft in de bergen, halverwege de bergpas naar Srinagar, in het stadje Patnitop. '*Is it possible to go there?*' vraag ik de receptie. '*Yes sir, no problem. The hotel is not longer ours, but you can travel to Patnitop.*'

Ik leg het voor aan de anderen. Als we al halverwege de berg geraken, zien we daar wel weer verder. Iedereen is enthousiast. Het is duidelijk dat we door de nauwe pas naar Kashmir moeten reizen, al moeten we wandelend de bergen over.

Roxanne is inmiddels zo goed als hersteld. De antibiotica van de Tibetaanse dokter heeft goed gewerkt. Voor ons vertrek leggen we nog even kaarten en stemmen we ons af op de poort door de bergen naar Srinagar. Tijdens de meditatie begint Roxanne onverwacht te sissen en te trillen. *'De Naga's,'* fluistert Anne. Steeds dieper raakt Roxanne in trance. Als een sjamaan die een krachtig ritueel uitvoert, beweegt ze haar hand boven de vijf kaarten, die elk een godsdienst voorstelt. Opeens voelen we hoe de strijd tussen de vijf verschillende godsdiensten samenvloeit in een krachtig middelpunt. In alle strijd is het onze missie om te focussen op vrede en eenheid.

'Wat zijn de Naga's eigenlijk?' vraagt Christiaan na afloop.

'Slangachtige wezens, die grote krachten hebben,' antwoordt Anne. 'Ze worden genoemd in oude Vedische geschriften. Volgens mij betekent Srinagar de Stad van de Nagas.'
Een channeling geeft ons de volgende duiding:

Ik ben Shushistri, de koningin van de Naga's. We hebben de slangenwijsheid eeuwenlang voor de mensheid bewaard. We woonden in de gouden vallei die werd beschermd door de bergen. Je zou het Shangri-la of Shambhala kunnen noemen, maar het was echt een gouden eeuw van bewustzijn. Wij als de vrouwelijke principes, als de priesteressen van de gouden wijsheid, beschermden deze vallei, we creëerden de bergen en de dieren. Maar in de grote oorlog werden we verdreven en vernietigd en onze kennis was weg en verdween van het aardoppervlak. We bleven enkel nog bestaan in legendes en mythen, als de Naga's, de slangengodinnen, boos en wreed. Maar onze woede was onze kracht, omdat we de mensheid dienden. Niet om te vernietigen, maar om de herinnering aan de gouden tijden levend te houden.

Jullie zijn hier om ons te eren en we verwelkomen jullie in het gouden ei. Terwijl jullie door het geboortekanaal gaan, bereiken jullie de baarmoeder waar de zaden van de pasgeboren baby al eeuwen wachten om te worden gewekt. En dus zullen we terugkomen om jullie te helpen, te ondersteunen en de poort te openen om dit diepe vrouwelijke mysterie binnen te gaan.

Zodra je de kracht van Shakti bevrijdt, bevrijd je de vrouwelijke seksuele kracht die in de aarde ligt te sluimeren. Lange tijd is ze gecontroleerd en gekooid geweest. Wanneer de Shakti vrij door de wereld kan bewegen, zullen mannen en vrouwen zich vrijelijk tot elkaar kunnen verhouden in een creatieve dans, in plaats van een destructieve strijd. Dit is de sleutel: als seksuele energie vrijelijk kan stromen, is er geen behoefte of noodzaak voor oorlog of destructie.

Het lijkt of we met dit thema een heel nieuw hoofdstuk van onze reis betreden. De poort naar Srinagar is geopend.

Na de meditatie in de ochtend regelen we een taxi bij de receptie van ons hotel. We pakken onze spullen in en beginnen aan de rit over de bergen; *door de nauwe doorgang*, zoals in de tarotkaart stond vermeld. We hebben een kleine en stille taxichauffeur, Raj genaamd. Hij kan enkele woorden Engels, dus onze gesprekken beperken zich tot het noodzakelijke. Als we eenmaal de stad uit zijn, doemen algauw de bergen op. Ik heb nog nooit zo'n unheimisch gevoel gehad bij de aanblik van bergen. Hoe gaan we hier ooit overheen komen?

Raj stopt onderweg bij een klein tempeltje. 'Kali,' zegt hij. Hij stapt uit en geeft de priester enkele roepies. Hiermee roept hij bescherming aan voor onze reis bij een van de krachtigste godinnen van het Indisch pantheon. Als we hem volgen, zien we een grote wandschildering van vijf blauwachtige slangengodinnen: *de Naga's.* We kijken elkaar aan: daar heb je ze weer.

De eerste paar uur rijden we vlotjes de bergen in. We hebben geluk, want er rijdt bijna niemand op de weg. Na enkele kilometers zien we langs de kant honderden vrachtwagens staan. Ze zijn volgeladen met goederen en wachten al twee dagen voordat ze de pas over mogen. Wegens de modderstroom mag alleen eerst het verkeer vanaf de andere kant de pas over. Maar vanaf de andere kant komt bijna geen enkele auto. Het is rustig, maar zo voelt het niet.

De rij met vrachtwagens houdt maar niet op. Uiteindelijk bereiken we de politiepost waar alle auto's worden tegengehouden. Onze taxichauffeur verzwijgt dat we naar Srinagar willen, want anders mogen we sowieso niet door. Hij vertelt dat we een hotel hebben geboekt in de bergen, net voor de modderstroom. De politie laat ons door.

In plaats van de tunnel door de bergen nemen we de oude pas, die vele kilometers omhoog zigzagt. Boven op de pas stoppen we om een chai te drinken. Iets verderop is ons hotel, Patnitop Heights, in een gebied dat moet doorgaan voor een skioord. Het ziet er allemaal nogal arm en mistroostig uit. Het hotel is kaal en koud. De kamers leken op het plaatje luxueus, maar de realiteit is anders. Maar wat me totaal verbaast, is dat vlak onder het hotel een tempel ligt: een slangentempel. Hoe is het mogelijk! We zitten in ieder geval op de goede weg.

Het is inmiddels eind van de middag en de zon schijnt nog zijn laatste stralen op de besneeuwde bergtoppen, als we besluiten het slangentempeltje te bezoeken. We moeten in de kou onze schoenen uitdoen, branden een klein offer, geven wat snoepjes aan de vele honden die er rondlopen en op mijn knieën kruip ik de tempel in. Voor me staan vier primitieve godenbeelden, boven me op het plafond krioelen twee slangen tot een labyrint. Vrouwen mogen er helaas niet in, maar in gedachten neem ik Anne mee.
Dus dit zijn de Naga's. Ik voel niet veel, of zou dat door de kou komen?

Als we 's avonds met zijn allen op een kamer zitten, stemmen we opnieuw af op deze wonderlijke wezens. We krijgen de volgende boodschap:

'Welkom in deze heilige plaats. Dit is een van de ingangen van de heilige vallei. Deze tempel markeert de ingang. Het was een beschermende tempel, bedoeld om de grenzen van het gebied waar we woonden te bewaken. Shrinaga was de hoofdstad – het hoofd van de slang – waar de heren en dames in oude tijden leefden. We waren meesters van de kalachakra, omdat we wisten hoe we het wiel van de tijd draaiend moesten houden. Tijd is een slang, die we beheersen, of – beter gezegd – waar we zorg voor dragen.. We spreken jullie taal niet zo goed, omdat we een energetische taal hebben die is gebaseerd op geluid en beweging.

Mensen begonnen ons te wantrouwen, omdat we zoveel krachten hadden: krachten om te genezen, om te veranderen, om te transformeren, om de huid af te werpen en een ander wezen te worden. Misschien was dit beangstigend voor mensen. Eerst luisterden ze naar ons, ze vereerden ons, ze aanbaden ons, toen veranderde het in het tegenovergestelde. Door religies zijn we gezien als slecht of duivels, maar we zijn niet goed of slecht. Wij zijn energetische geesten die als zielsdoel hebben om te transformeren en te helen.

Toen kwam de grote oorlog, de oorlog tussen mensen en de Naga's, en veel dingen werden vernietigd. Dit was zeer lang geleden. We trokken ons terug in de andere wereld, in een energetisch niveau van bestaan, om te slapen tot de tijd zou komen dat jullie weer zouden binnenkomen en contact met ons maken. Dus we zijn erg blij jullie persoonlijk te ontmoeten en jullie door dit heilige land te leiden. Hier is de kracht van de kalachakra en het wordt tijd dat het wiel weer draait. Kus de slang wakker.'

Met deze wonderlijke boodschap kruipt iedereen in bed, dik ingepakt in lagen kleding, dekens en mutsen.

De volgende ochtend ben ik al vroeg op. Ik doe de gordijnen open en kijk uit op de bergen. Ik schiet gauw in mijn kleren en wil het liefst zo snel mogelijk vertrekken. Het komt er namelijk op aan de lange rij vrachtwagens voor te zijn die al twee dagen wachten om de tunnel door te mogen. Als zij al vertrokken zijn, zullen we in een lange file komen te staan.

Een uurtje later zitten we in de taxi en rijden we de bergpas weer af, dit keer aan de andere kant van de tunnel, op naar de hoofdweg. Er komt nog geen enkele vrachtauto uit de tunnel, we zijn ze blijkbaar voor. Ons plan is gelukt. We zijn door het oog van de naald gekropen door de oude bergpas te nemen. Raj stelt voor eerst een ontbijt te nemen voordat we aan de 200 kilometer naar Srinagar beginnen. De dag is nog vroeg en de stemming zit erin. Maar we hebben te vroeg gejuicht.

Als we eenmaal op weg zijn, verandert de tocht in een angstige nachtmerrie. Zoals er honderden vrachtwagens stonden te wachten aan de kant waar we begonnen waren, zo komen er honderden en honderden vrachtwagens ons tegemoet. Dat is op zich geen probleem, ware het niet dat de weg wordt verbouwd en overal opgebroken is. Steeds vaker moeten we door plassen modder en over hobbels en kuilen rijden, terwijl het tegemoet komende verkeer steeds drukker wordt. De weg wordt steeds smaller en hoger. Om de zoveel kilometer zien we een modderstroom die met bomen, rotsblokken en al over de weg is gezakt. Kleine auto's proberen op zijn Indiaas langs de vrachtwagens te komen, zodat we soms drie rijen dik staan op een richel van honderden meters boven een ravijn. Ik begin me steeds ongemakkelijker te voelen. Ik kijk af en toe de diepte in waar de rivier stroomt. Ik krijg angstbeelden van hoe de weg onder onze taxi opeens naar beneden zakt. Het smeltwater van de bergen zorgt ervoor dat de weg door de bergen steeds meer lijkt op een modderglijbaan. Wat een hachelijke en onmogelijke hindernis.

De uren rijgen zich aaneen en nog steeds is er geen einde in zicht. Raj blijft uiterst kalm en rijdt vakkundig langs de kuilen en vrachtwagens. Maar stel dat er een vrachtwagen vast komt te zitten? Dat we een kapot wiel hebben? Dat er een nieuwe modderstroom de weg blokkeert?

Ik heb het nog niet gedacht of we moeten stoppen. Om de hoek van de bocht is de weg versperd. Een modderstroom heeft de weg overspoeld. Ik denk aan de kaart die we een paar dagen ervoor getrokken hebben: de Maan, een nauwe doorgang die een onoverwinnelijke hindernis lijkt en heldenmoed vraagt. 'Het is net een geboortekanaal,' had Anne gezegd. Mijn benen staan strak van de spanning. Het duurt een uur voor de modderstroom is opgeruimd en we door kunnen rijden. Uiteindelijk volgen nog enkele passen, een tunnel en nog eens honderden vrachtwagens. Ik vraag me af hoe de vrachtwagens die we de vorige dag hadden zien staan wachten in godsnaam ooit nog de pas overkomen. Het lijkt een *mission impossible*. Uiteindelijk doen we er tien uur over om aan de andere kant van de bergen te geraken. Daar loopt een brede weg door een vlak landschap.

We zijn in Kashmir.

Als Raj ons heeft afgezet bij een comfortabel hotel komen de eerste whatsapp-berichten binnen. We zijn inmiddels al twee dagen zonder wifi onderweg en hebben geen enkel bericht meer kunnen sturen. Tineke, de vrouw van Christiaan, heeft inmiddels iedereen gemobiliseerd. We voelen ons gesteund en gedragen door de vele mensen die thuis meeleven met onze reis. Wat een hartverwarmende berichten. Ik besef steeds meer hoe we op onze expeditie beschermd en geleid worden: door onze vrienden, door de Naga's en door de meesters. En ook de oorlogsdreiging lijkt opeens voorbij: Pakistan heeft aangeboden om de gevangengenomen piloot vrij te laten als teken van vrede.

Eenmaal in ons hotel geïnstalleerd beseffen we wat een mazzel we hebben dat we Kashmir gehaald hebben. Ons reisschema, inclusief gereserveerde vluchten en hotels, hebben we helemaal losgelaten. Daarmee ook de vraag of we vanuit Srinagar nog naar Leh kunnen. De volgende vlucht gaat pas over vijf dagen. We kunnen niet anders dan in het moment beslissen en iedere planning voor de dagen erna loslaten. 'Vergeet niet naar de tempel van Shiva te gaan,' vertelt Raj ons voordat hij afscheid van ons neemt. Hij gaat dezelfde avond de hele route weer terug naar Jammu.

De volgende ochtend – pas de achtste dag van onze reis, hoewel het voelt alsof we al een maand onderweg zijn – stemmen we af in de ochtend. Ik ben op internet naar de Shivatempel gaan zoeken en word totaal verrast.

'Kashmir is believed to be the seat of Sri Shiva. It was from here that the sweet nectar of Shiva devotion spread in India and around the globe, by the spiritual works of saints like Adi Shankaracharya.'

Shankaracharya is de grondlegger van de Advaita Vedanta. In een van zijn geschriften beschrijft Shankaracharya dat Shiva niets kan zonder Shakti: alleen door de combinatie van het mannelijke principe en het vrouwelijke principe kan nieuw leven gecreëerd worden. Hieruit is het symbool van de *Yantra* ontstaan: de vrouwelijke driehoeken die naar beneden wijzen en de mannelijke driehoeken die omhoog wijzen. De vorige reis naar de Himalaya's was ik alleen, dit keer ben ik samen met Anne. Shiva en Shakti.

Op de vorige reis door India kwam ik ook tijdens het Shivaratri uit bij een tempel van Shankaracharya. Hoe is het mogelijk, denk ik. Zo vaak zal die man in zijn leven toch geen tempels gebouwd hebben en ik kom er bij twee... Hoe wonderlijk. Het gekke is dat ik niet zoveel op heb met de Advaita Vedanta, maar op de een of andere manier blijft de man en zijn verhaal mijn pad kruisen. In de meditatie komt hij luid en helder door. Hij geeft een uitgebreide uitleg over de grondbeginselen van de Advaita Vedanta, de leer van de non-dualiteit:

'Er zijn twee delen in de Advaita Vedanta. Het eerste deel is om te beseffen dat je niet je emoties bent: je bent niet je gedachten, je bent niet deze dualiteit, dit dubbele denken. Dus je moet je losmaken van dualiteit. Het tweede deel van Advaita Vedanta is dat je alles omarmt: je bent alles, de gedachten, de emoties, maar je omarmt het vanuit een plaats van liefde en mededogen en eenheid. Je realiseert je dat het hele universum uit zoveel verschillen bestaat, maar in wezen is het allemaal afkomstig van deze ene bron. Deze bron zit erachter.

Als je dit probeert te begrijpen, zal de geest het overnemen en de echte bron tot een theorie of een religie maken. Je schrijft het op omdat je het probeert te onthouden. Maar dan heb je er niet de levende ervaring van, je hebt er een herinnering aan. De kaart is niet het territorium. De omslag is niet het boek. De religie is niet de bron. Je moet verder gaan dan de religie om bij de bron te komen. Je moet de meester, de goeroe, passeren om tot de godrealisatie te komen. Het is niet iets dat je kunt 'doen', het is een overgave aan de bron. En jij bent de bron. Je maakt deel uit van de bron, dus jij bent ook de bron. Er is niets wat je kan helpen, omdat je niet hoeft te worden geholpen. Je bent er al. Net zoals je helemaal hierheen bent gereisd om je bestemming te vinden, terwijl de bestemming de hele tijd al in je is.'

Als we na de meditatie de stad inlopen, ervaren we de tegenpool van de heiligheid van de ochtend. De stad is koud, somber en triest. Overal staan zwaarbewapende soldaten, die de bevolking van Kashmir onder de duim houden. De sfeer is gespannen en beladen. Het voelt alsof de revolutie hier ieder moment kan uitbreken. Een jonge Kashmiri vertelt me hoe de situatie in elkaar steekt. Toen India en Pakistan gescheiden werden, wilde Kashmir onafhankelijk blijven. Maar de koning die op dat moment regeerde, was een hindoe en vroeg het Indiase leger om hulp. Kashmir werd doormidden gesneden en sindsdien is de gewapende overmacht nooit meer weggegaan. Kashmir, dat volgens de geschiedenis een van de meest hoogstaande beschavingen ooit heeft gekend, verviel tot een arm, moeilijk en problematisch gebied, waar het regelmatig tot botsingen met het leger komt.

Van de hoogstaande cultuur is niets meer terug te vinden. De Kashmiri's zien eruit als een getergd en onderdrukt volk, vergelijkbaar met de bevolking in Gaza. De mensen overleven in de kou en de modder, hoewel het er in de zomer ongetwijfeld veel zachter en mooier uit zal zien. De vele *houseboats* bewijzen dat er in de warme maanden massa's toeristen komen.

We bereiden ons intussen voor op een bezoek aan de Shivatempel van Shankaracharya, die we de volgende dag vroeg willen bezoeken. Mijn gidsen geven de volgende informatie:

'De tempel op de bergtop is de zetel van Shiva. Je zou het de kruinchakra kunnen noemen. Het wordt beschermd, zoals we zeiden, door de bergen en de vallei eromheen. Hier konden we de aardemoeder bevruchten met de energie van Shakti, van de ziel, om de prana in te ademen, zodat de materie wakker werd. Hetzelfde gebeurt in je lichaam, het fysieke wordt wakker door de ziel erin te ademen. Hetzelfde geldt voor de hele planeet. Dit is een van de belangrijkste plaatsen waar we deze adem, deze prana, deze chi, op aarde zetten. Wanneer Shiva zich openstelt voor Shakti, dan opent het fysieke zich voor de ziel. Het is dit Vijfde Element dat uit de hemel komt, uit de andere rijken en verbonden raakt met het hart van de Aarde. Hiervoor moet de tempel van de vier elementen sterk en stevig zijn. Je hebt een sterke persoonlijkheid nodig, om al deze informatie te bevatten.

Jullie beschaving bevindt zich op het diepste punt van verstoring. Het is alsof het lichaam ziek is, uit balans, en het heeft deze hogere vibratie nodig om het te genezen. Genezing komt niet van medicijnen of operaties, het komt van het terugbrengen van de ziel naar het lichaam en het herinneren van wie je bent, het herinneren van de blauwdruk van de oorspronkelijke mens, het herinneren van je oorsprong. Op het moment van herinnering activeer je de blauwdruk van je lichaam en de blauwdruk van het paradijs opnieuw. Begrijp je hoe belangrijk het is? Je kunt het hele systeem niet repareren door het te verbeteren of door alle problemen op te lossen, er zijn er teveel. Je zult nooit alles op dit niveau kunnen repareren. Je moet je de blauwdruk herinneren en dan kun je hem 'repareren' - het is geen kwestie van repareren, het is een kwestie van teruggaan naar je wortels en ernaar kijken vanuit een hoger perspectief. Je ziet dan dat alles nog steeds in perfectie is, zelfs als het er niet zo uitziet of niet zo voelt. Maak verbinding met de bron. Zoals we al zeiden, zijn we hier om je bij dit proces te helpen.'

In de avond komen we bij elkaar om de plannen voor de volgende dagen te bespreken. In de channeling was weliswaar gezegd *'Maak je geen zorgen. Alles is geregeld'*, maar wat betekent dat eigenlijk? Dat we hier niet meer wegkomen? Dat we alsnog via Delhi terugvliegen en van daaruit naar Leh vliegen? Roxanne en Astrid zijn al enkele uren druk aan het zoeken naar mogelijke vluchten en opties, maar wat ze ook proberen, er lijkt geen enkele mogelijkheid te zijn. Alle vluchten zijn bezet. Ten einde raad besluiten we alles te laten rusten en te gaan slapen. Morgenvroeg eerst naar de tempel.

In een channeling die ik bijna een jaar geleden doorkreeg werd gezegd dat we op 4 maart – tijdens Shivaratri – in Leh moesten zijn. Maar het is inmiddels 3 maart in de ochtend en het lijkt er in de verste verte niet op dat we de laatste etappe van Srinagar naar Leh gaan redden. Onze vlucht van 28 februari hebben we gemist, de weg over land is pas open vanaf april, de volgende vlucht is pas over enkele dagen en op de vluchten via Delhi zit alles vol. Misschien is het gewoon niet haalbaar of niet de bedoeling.

We besluiten vroeg in de ochtend naar de Shivatempel op de berg van Srinagar te wandelen. De ingang van de bergroute bevindt zich toevallig vlak achter ons hotel. Het is drie kwartier wandelen omhoog. Het is nog vroeg in de ochtend en we beginnen aan onze tocht naar het heiligdom. Terwijl de rest vrolijk met elkaar praat, word ik steeds stiller. Ik blijf wat achter en geniet van de natuur en het alleenzijn. Deze hele reis is tot nu toe een soort rollercoaster geweest met onmogelijke hindernissen en alles leek op het laatste moment toch weer goed te komen. Met iedere stap besef ik dat het niet om het einddoel gaat maar om de reis zelf. Ieder moment heeft zijn waarde en verdient het om geleefd te worden. Een open deur van jewelste, maar pas nu kan ik het ook echt ervaren. Ik ga nog langzamer lopen en laat de gedachte dat we de volgende dag in Leh moeten zijn los.

Na een klein uur wandelen komen we aan bij de top die in mist gehuld is. Er ligt sneeuw op de boomtoppen. De toegangspoort tot de tempel wordt zwaar bewaakt door een heel bataljon soldaten. Ze kijken wat verstoord op als ze de vroege gasten zien. We worden zorgvuldig gefouilleerd. Er is hier ooit hard gevochten. Het Indiase leger hecht er blijkbaar veel waarde aan om dit hindoe heiligdom te bewaren. *'De aarde is hier gedrenkt in bloed,'* hoor ik de bomen zeggen, maar niet alleen in deze tijd. In vroeger tijden is hier een grote oorlog uitgevochten. *L' histoire se répète.*

Achter de toegangspoort bevindt zich een granieten trap van 220 treden. Eenmaal boven aangekomen moeten we onze schoenen uitdoen, voordat we de laatste poort door mogen. De laatste traptreden leiden naar het kleine heiligdom dat uit oude tijden stamt. Binnenin is een kleine ronde ruimte, ondersteund door vier rode pilaren en een gigantische *Shiva lingam* in het midden, een soort ovaalvormige zwarte steen. Daaromheen kronkelt een zilveren slang die met zijn kop boven de lingam uitsteekt. Een priester is gebeden aan het reciteren en ieder van ons giet melk over de Shiva lingam. Een wonderlijk gebeuren.

Als we later buiten de tempel samen afstemmen, krijgen we de volgende informatie door over de tempel:

'Welkom bij deze plek in het hart van Srinagar. Wij – de Naga's – kwamen hier heel lang geleden, omdat het een van de zaaiplaatsen van Moeder Aarde is. Hier werden de zaden van de paradijsmatrix geplant. De hele staat Kasjmir, deze vallei, was het begin van een van de paradijzen waar alles in harmonie was: de mensen, de planten, de elementen. Een hoge beschaving werd uit andere dimensies gecreëerd. De eerste mensen incarneerden in dit paradijs om de aardebeschaving te beginnen, lang voor jullie huidige beschaving. Hier hebben we de heilige wijsheid gedownload. Je zou kunnen zeggen dat dit hele gebied een heilige plaats is. Het kleine heiligdom bovenop de berg is een symbolische weergave van de grotere tempel.'

'Hoe is het mogelijk', denk ik, 'de hele vallei is een tempel!'

Mijn gids gaat verder: *'Tijdens Shivaratri zal de verbinding met andere planetaire systemen opnieuw geactiveerd worden. De sterrenpoort zal volledig geopend worden waardoor een nieuwe download van energie mogelijk is. Dit is echter niet de plaats waar jullie moeten zijn. Dit is slechts de toegang tot de tempel. Je moet de tempel voorbij de tempel vinden, de bron voorbij de bron. Je hebt nog één stap te gaan.'*

We hebben geen idee wat de channeling betekent, maar op de een of andere manier heeft het bezoek ons nieuwe energie gegeven. We hebben nog een laatste dag te gaan en we zullen alles op alles zetten. Een onverbiddelijke strijdlustigheid heeft zich van ons meester gemaakt. We zullen en moeten naar Leh, het land voorbij het land. De weg naar beneden lopen we in marstempo want als we vandaag nog op een vliegtuig naar Delhi willen geraken – onze enige kans op een vliegtuig naar Leh – moeten we voortmaken. We zijn net op tijd weer in het hotel om uit te checken.

'Where are you going?' vraagt de jongen aan de balie.
'To Leh,' antwoorden we gezamenlijk. Ook al hebben we geen idee hoe we dat gaan doen. We hebben zelfs nog geen ticket voor Delhi. Op goed geluk rijden we door het drukke verkeer naar het vliegveld van Srinagar om in ieder geval van daar naar Delhi te vliegen. Gelukkig kent de chauffeur van het hotel een binnendoorroute. Als we aankomen, staat er een jonge man klaar die onze koffers aanpakt.
'Where is your ticket?' vraagt-ie.
'We don't have tickets yet...'
De jongen, die Ismael heet, schiet direct in actie. Hij loodst ons naar binnen langs de wachtpost, brengt ons naar een van de luchtvaartmaatschappijen en weet op een gewiekste maar charmante manier de laatste paar tickets naar de hoofdstad los te peuteren. We belonen de jongen ruim en maken een run voor het vliegtuig naar Delhi dat al startklaar staat. De eerste hindernis is genomen.

Als we een uur later in Delhi airport aankomen, proberen we dezelfde truc, maar helaas. Bij de vele luchtvaartmaatschappijen die we raadplegen, vertellen ze ons dat geen enkele vlucht naar Leh nog plaats heeft. De eerstvolgende mogelijkheid is pas in april. We zitten bij de pakken neer en beraden ons wat te doen. We zijn moe en hongerig, want zowel het ontbijt als de lunch zijn er bij ingeschoten. Een aasgierige taxichauffeur houdt ons al de hele tijd in de gaten. Uiteindelijk geven we ons over en hij brengt ons naar een hotel. Het is laat en de vermoeidheid slaat steeds meer toe.

Het hotel ziet er oké uit, maar als we goed en wel zijn ingecheckt, blijkt dat we eigenlijk veel te veel betalen voor wat blijkt een tweederangshotel met kakkerlakken te zijn. Anne vraagt zich af waar we nu precies in zitten. Ik begin zelf de goede stemming van vanochtend te verliezen. Ik moet nodig eten en de moed zakt me in de schoenen. Hoe komen we in vredesnaam in Leh? Als we rond 10 uur 's avonds aan onze eerste maaltijd van de dag zitten, komt er opeens een whatsapp-berichtje binnen van een goede vriend die vanuit thuis mee afstemt op de reis. *'Ton, er zijn nog tickets beschikbaar op Skyscanner.'* Terwijl we aan tafel zitten, ga ik op skyscanner kijken en inderdaad: er zijn opeens vijf tickets voor Leh beschikbaar! Ik boek meteen onze vluchten voor de volgende ochtend om kwart over negen. We kijken elkaar ongelovig aan. 'We gaan..!'

Als we boven de Himalaya's vliegen op weg naar Leh, de hoofdstad van Ladakh, zie ik zover de einder reikt besneeuwde bergtoppen. Een oneindig landschap van witte pieken, gletsjers en rivierdalen waar nog nooit een mens een stap heeft gezet. Ergens maakt het me blij dat er een gebied op aarde is waar de mens geen toegang heeft en waarschijnlijk ook nooit zal hebben. Het is een ondoordringbaar terrein waar de natuur heer en meester is. Als een nietig scheepje vliegen we over de witte wereld, op weg naar de vallei waar de mens de natuur trotseert. 3500 meter hoog, in een gebied van meer dan 60.000 vierkante kilometer. Hier heeft de oude kennis stand gehouden in afgelegen kloosters, gedurende eeuwen, zonder dat er ooit inmenging van buiten optrad. Hier was ooit Jezus naartoe gereisd, volgens de legende, om kennis te nemen van de boeddhistische leer. Geschriften en evangeliën die in Ladakh en Tibet waren gevonden, duidden, zoals ik al vertelde, op het bezoek van Issa, de meester uit het westen.

De weg van Kashmir naar Tibet leidt via Ladakh. Dit zou de route kunnen zijn geweest die Jezus nam om de oude wijsheid van de Boeddha tot zich te nemen. Veel van zijn inzichten en leringen komen overeen met boedhistische wijsheden, weliswaar in andere woorden verpakt. Geweldloosheid, respect voor alle levende wezens, de kracht van vergeving en compassie, liefde voor de medemens: universele waarden die nog steeds door de huidige Dalai Lama worden onderwezen en voorgeleefd. Hoe simpel de woorden ook klinken, hoe moeilijk zijn ze om in praktijk te brengen. Want hoe doe je dat als je land op brute wijze wordt veroverd, je religie kapotgemaakt en je volk onderdrukt? Het laatste nieuws dat ik las, is dat de Chinese Communistische Partij met een grote 're-branding marketing campagne', die miljoenen gaat kosten, de bevolking wil doen geloven dat het boeddhisme een oeroude Chinese godsdienst is. *Resistance is futile.*

Maar ook in India worden de boeddhistische principes geweld aangedaan. Zo wordt Gandhi overal vereerd, die dezelfde geweldloze principes naleefde, maar is de retoriek van wraak en oorlogszucht niet van de lucht. Om de komende verkiezingen te winnen wil de huidige premier Modi zich graag voordoen als de held die India beschermt tegen de terroristen van buurland Pakistan. Het wordt onderhand zo doorzichtig: noem je vijand terrorist en je hebt een vrijbrief voor ieder gewapend optreden.

Als we op het kleine vliegveld van Leh landen, zien we weer overal soldaten en militaire kampen. *Photography prohibited.* Als Christiaan een selfie neemt van ons vijven worden we direct door een militair tot de orde geroepen. Toch valt de militaire aanwezigheid van het leger in het niet bij de besneeuwde reuzen om ons heen. We hebben ons einddoel gehaald, wonder boven wonder. En we komen hier niet voor het militaire leger, maar voor het leger van lichtwerkers. Anne had in een beeld gezien dat er op verschillende plekken in de wereld groepen lichtwerkers zouden bijdragen aan onze opdracht. Maar de vraag reist: *wat houdt die opdracht in?*

Voorlopig kunnen we niet veel, want de voorschriften zijn streng. Twee dagen rust houden, vier liter water per dag drinken, lopen alsof je een bejaarde van negentig bent, om het risico van hoogteziekte te vermijden. In ons hotel Shanti Nest ontmoeten we Sujata, een krachtige Indiase dame die ons nog eens duidelijk maakt dat er met de bergen niet te spotten valt.
'I've seen too many crazy tourists fall ill or even worse, because they neglected the rules of the mountains. It is really dangerous.'
Als we de trap oplopen naar onze kamer op de eerste verdieping wordt al snel duidelijk dat we niet veel keuze hebben. Iedere stap en iedere tree voelt alsof je een hele berg beklimt. Ik heb moeite met ademen en mijn hart gaat onregelmatig tekeer. Ik ben eigenlijk bang dat ik hier wel eens stevig

last van ga krijgen. We hebben weliswaar homeopatische pilletjes, maar ik weet niet of dat afdoende is.

Als we onze kamer binnenkomen, wacht ons een verrassing. Iedere kamer is beschilderd als een prachtige boeddhistische tempel. De ene schildering is nog mooier dan de andere. Anne en ik slapen onder twee oranje draken die een gouden vuur bewaken. Christiaan heeft een boeddhistisch symbool boven zijn bed, Roxanne slaapt onder een kraanvogel en aan het hoofdeinde van het bed van Astrid is een kleurrijke mandala. Op het plafond zijn uitgebreide mandala's geschilderd. Het is geen straf om hier twee dagen door te brengen, ware het niet dat de volgende uitdaging zich aandient: de kou. De eerste avond slapen we met al onze kleren aan: twee broeken, drie shirts, twee truien en drie dekens. Ik stik zowat. De vier liter water die we verplicht moeten drinken is zowat bevroren. We hebben weliswaar ons einddoel bereikt, maar ook hier komen we de nodige hindernissen tegen.

Sujata loodst ons er vakkundig doorheen. Na de eerste dag rust, gunt ze ons de tweede dag een kleine excursie. Zelf is ze ook te gast in het hotel. Ze komt al jaren in Ladakh en heeft een vrijwilligersorganisatie opgezet om scholen in afgelegen dorpen te ondersteunen. Ze lijkt op een Indiase generaal die haar troepen aanvoert, of misschien nog eerder op de godin Durga: vastbesloten, duidelijk, met duizend wapens, maar met een immens groot hart.

We bezoeken tijdens ons verblijf in Ladakh twee kloosters. De tweede dag gaan we naar het klooster van Hemis, waar ooit de evangeliën over het bezoek van Issa of Jezus gevonden zijn, en de derde dag bezoeken we het klooster van Lamayuru, zo'n honderd kilometer van Leh vandaan. Het is een prachtige reis en de sfeer van de kloosters is indrukwekkend. Het Hemisklooster is onderdeel van de *Order of the Dragon* en het Lamayuruklooster is deel van de tantrische traditie. Ik voel me onderdeel van een heel oude wereld.

Maar de meest krachtige ervaring is gewoon op onze hotelkamer. Tijdens onderlinge gesprekken voelen we steeds sterker wie we zelf zijn, alsof we in de ijle ether van Ladakh opnieuw herinneren wat onze oorsprong is. *We are the ones we've been waiting for.* Het proces van herinneren lijkt een van de belangrijkste doelen van de reis. Helemaal naar de Himalaya reizen om uiteindelijk jezelf te vinden. Hoe paradoxaal.

Christiaan heeft een opname bij zich van een mantra van Ramayana. Daarin wordt 108 keer de ware koning, Rama, aangeroepen. Rama is de echtgenoot van Sita. Het is een prachtige meditatie en terwijl we ernaar luisteren, raak ik steeds verder weg. Het is alsof ik boven de Himalaya's zweef en een enorme kracht ervaar. Een lichtkracht die hier bewaard wordt, gedurende eeuwen en eeuwen, om weer te voorschijn te komen in de tijd dat de aarde zich in een diepe crisis bevindt. Het moment lijkt gekomen, alsof er ergens, hoog boven de Himalaya's, een gigantische bel wordt geluid. Ik moet denken aan de tempelbel die ik onlangs op een filmpje op Youtube zag. Tijdens de openingsceremonie van de Olympische spelen was het luiden van een reuzengrote tempelbel het startsein waarop vijf kinderen op zoek gingen naar de Vuurvogel van Vrede, die eens in de 500 jaar op aarde komt. Daarna kwamen de teams van Noord- en Zuid-Korea gezamenlijk binnenwandelen. Het was een magisch moment dat de spanning tussen de twee landen direct verzachtte. Zou het mogelijk zijn dat de wereld klaar is voor een nieuwe ronde? Voor werkelijke vrede? Ik moet tevens denken aan de klimaatmarsen van de jongeren die momenteel overal plaatsvinden. Blijkbaar voelen zij beter en sterker aan waar het echt om draait: het voortbestaan van de planeet wordt bedreigd. En daarmee ons eigen voortbestaan. De hele reis naar de Himalaya's lijkt bedoeld om die spirituele energie van de Meesters wakker te maken, te herinneren, zodat we ze kunnen gebruiken voor de uitdagingen waar we collectief voor staan. Dit is waar de Raad van de *Elders* over sprak.

Vanuit het licht voel ik de hoogste poort opengaan en de energie van de ware koning toont zich opeens aan mijn geest. Ik zie de figuur van Lord Maitreya verschijnen, de Boeddha van de Toekomst. Hij toont me het Vijfde Element. Het is de vrouwelijke energie die nodig is om de gehele mensheid te verbinden in eenheid. Het is Maria Magdalena, maar ook de Witte Tara, Shakti, Isis, Maria, de Sjechina, Laksmi en Kali, de vuurgodin Pele, de oergodin Yemanja, Moeder Aarde... Dan zie ik het mannelijke opstaan en zich verbinden met het vrouwelijke: Jezus, Shiva, Mohammed, Boeddha, Melchizedek, Mozes, Adam. Alle beelden volgen elkaar razendsnel op. Ik word diep ontroerd door de liefde en kracht die ik voel. Het vrouwelijk principe als eenmakende kracht, wakker gekust en in verbinding met het mannelijke principe. Ik begrijp opeens waarom de weg door de duisternis en de onderwereld nodig was in mijn leven om tot dit hoogste inzicht te komen. Zonder duisternis geen licht. De crisis in de wereld is in zekere zin nodig om ons werkelijk wakker te schudden. Als we doorgaan op de weg waarop we nu zitten, gaan we ten onder, terwijl het doel van de schepping is dat we ons herinneren wie we werkelijk zijn. Wezens van liefde.

De muziek wordt intenser en ik krijg van Lord Maitreya de boodschap door:

'Drakenkrijgers, lichtwerkers, mensen van goed vertrouwen en goed hart, jullie tijd is gekomen om je plaats in te nemen in een leger van licht en liefde. Dit is geen tijd om achterover te leunen en te wachten, maar een tijd om actief te worden, om je rol in het geweldige spel te spelen. Niet om te vechten of te vernietigen, want er is geen vijand, maar om je te verheugen en een

nieuwe wereld te creëren. Hiervoor moet je sterk en fel zijn, om je eigen demonen, je eigen twijfel, je eigen onwetendheid, je onwaardigheid, je angst, je machtsmisbruik te bestrijden. Dit is de ultieme strijd die je in jezelf moet voeren. Zoals eerder gezegd, zijn we hier om jullie hierbij te helpen. Vecht niet tegen elkaar, omdat je broers en zussen bent van één familie, van één menselijk ras. Vecht voor je overleving, voor je glorie, voor je geluk, voor je kinderen. Vecht niet tegen elkaars demonen, vecht tegen die van jezelf en word een krachtig baken van licht en gelach, want dit is de grootste kracht ter wereld.

Jullie werk als een groep, als een zielsgroep, is om het vrouwelijke voort te brengen, om de Godin te baren. Wat in deze tijd van het grootste belang is, omdat de vrouwelijke energie nodig is voor de geboorte van een volgende stap van evolutie voor de mensheid. Het is deze vrouwelijke energie die nodig is om het mannelijke voort te brengen, de opkomst van het Christusbewustzijn. Maar er zijn altijd vroedvrouwen en vroedmannen die de poorten openhouden, die de energie van het collectieve veld vasthouden, zodat deze nieuwe energieën kunnen worden geboren, kunnen worden gemanifesteerd. Ieder van jullie heeft zijn eigen rol, heeft zijn eigen plaats, heeft zijn eigen functie in het verwerken hiervan. Omdat je tijdens het ontwaken van de Grote Godin jezelf wakker maakt. Je ziel herinnert zich zijn functie, zijn taak op dit aardse gebied en vervult zo zijn volledige potentieel door zich zijn zielsmissie te herinneren.

Jullie hebben het Vijfde Element aangeroepen. Nummer Vijf is het getal van de mensheid. Er zijn vier elementen en met het vijfde komt de bezieling erbij. Er is echter een ander aspect aan het verhaal dat we je hier proberen uit te leggen. Er bestaat een Tempel van de Vijf Elementen, maar dit is geen fysieke plaats. Het is een sterrenconstellatie die in de nabije toekomst plaats zal vinden. Het is de Grote Conjunctie. Deze sterrenpoort in de tijd bevat de mogelijkheid voor de mensheid om zich te verbinden en een andere tijdslijn te kiezen. De huidige tijdslijn mondt uit in destructie. Jullie ervaren momenteel het begin van het einde. Er is een mogelijkheid om deze tijdslijn te verlaten en het pad te volgen dat we voor jullie hebben uitgestippeld. Maar daarvoor moet de mensheid zich verenigen en handen en harten samenbrengen. Het gaat niet om een technische oplossing maar om een spiritueel ontwaken. Het antwoord is Eenheid: één ras, één mensheid. Als jullie die eenheid kunnen realiseren, zal de Tempel van de Vijf Elementen zich openen en kunnen jullie er harmonieus doorheen bewegen. Wij staan aan de andere kant om jullie welkom te heten.'

EPILOOG

In de maand na thuiskomst van de reis naar de Himalaya's volgen vele gebeurtenissen zich snel achter elkaar op. Duizenden kinderen gaan overal in Europa de straat op om aandacht te vragen voor het milieu. Rechtse partijen lijken juist in de volledig tegenovergestelde richting te bewegen. Het klimaatprobleem zou een hoax zijn, bedacht door de elite. In Londen komen een miljoen mensen bijeen om te demonstreren tegen de Brexit, terwijl hardline brexiteers en conservatieven de macht van het oude British Empire met man en macht in stand willen houden. In Parijs brandt de Notre Dame uit, wat opnieuw de meningen verdeelt. Voor sommigen een belangrijk symbool voor het spirituele en vrouwelijke, voor anderen een toonbeeld van oude macht en onderdrukking. Het begint allemaal een beetje te lijken op het laatste seizoen van *Game of Thrones*, of *The Endgame* van *the Avengers*: de grote finale waarbij alle tegenstellingen verscherpt worden en oude vetes worden uitgevochten. Beide series en films vormen de apotheose van een lang en meeslepend verhaal waar miljoenen aan verknocht zijn. Kan het zijn dat we inderdaad in de eindtijd zijn beland, de tijd van de Apocalyps?
De steeds sterker alarmerende berichten over het milieu bevestigen de ramp waar we middenin zitten. Rivieren treden buiten hun oevers. Grote gebieden in Australië, de Amazone en Afrika branden af. Dieren sterven massaal uit. Grote zwermen sprinkhanen eten de oogst van West Afrika op. Het Coronavirus uit China verspreidt zich razendsnel over de wereld. Het lijken wel de tien plagen van Egypte. Tegelijkertijd worden steeds meer mensen wakker. Is het nog niet te laat om het tij te keren?

Als ik een jaar later naar Afrika reis - via Egypte, Soedan en Ethiopië naar de bron van de Nijl - vind ik informatie over de sterrenstand die de Boeddha Maitreya noemde. In een oeroud planetarium in de Soedanese stad Dongola, krijg ik informatie over 'The Great Conjuction'. Het is een sterrenstand waarbij Saturnus en Jupiter zo dicht bij elkaar staan dat ze één grote ster lijken te zijn. Het is dezelfde sterrenconstellatie die de drie wijzen uit het Oosten op zoek deed gaan naar het Christuskind: De Ster van Bethlehem. Hij kondigt een verandering van tijdperk aan. Iedere tweehonderd jaar staat de Grote Conjunctie in een ander Element; Aarde, Water, Vuur, Lucht. Is dit de Tempel van de Vijf Elementen waar de Boeddha over sprak? Ik zoek op Google naar het volgende moment waarop deze conjunctie plaatsvindt en ben stomverbaasd als ik de datum vind: 21 december 2020.
In Ethiopië kom ik erachter dat onze jaartelling acht jaar verschoven is ten opzichte van de oude telling. Het is daar namelijk geen 2020 maar 2012. In

feite is de datum van de volgende Grote Conjunctie dus 21 december 2012, de beroemde datum waar de Maya's over spraken.

Enkele weken na mijn reis door Afrika zoek ik Caroline op. 'Voor mij hoeft het niet meer,' zegt ze. 'Ik ben klaar. De wereld wordt steeds gekker. Ze zoeken het maar uit.'

Ze is echter blij om me te zien en we halen herinneringen op aan vroeger. Ze vertelt over het ongeluk in Peru.

'Toen ik in coma lag,' vertelt Caroline, 'zag ik Karel. Ik wist dat hij dood was, en eigenlijk wilde ik met hem mee naar de andere kant. Maar ik mocht niet. Ik werd teruggestuurd. Mijn werk was nog niet klaar.'

'Je hebt nog tien jaar te gaan om dat wat we begonnen zijn af te maken,' zei hij tegen me. 'Ik werk met je mee vanaf deze kant.' Je moet weten; het ongeluk was vlak bij de Amara Muru Doorway. Hij was geobsedeerd door die poort. Hij stond er uren naar te kijken. We wisten beiden dat het een poort was naar een andere dimensie, maar we wisten niet hoe we hem moesten openen. Ik denk dat het ongeluk dat heeft gedaan. Daardoor kwam hij aan de andere kant terecht en bleef ik hier achter. Lange tijd heb ik niet begrepen waarom, en voelde ik me verward en in de steek gelaten. Maar de laatste tijd begin ik het te begrijpen. We moesten de poort openhouden.' Ze zwijgt even en staart uit het raam. 'De tien jaar zijn bijna voorbij.'

'Heeft het iets te maken met het Vijfde Element?' vraag ik haar.

'Dat weet jij beter dan ik,' antwoordt ze. 'Het is nu jouw taak om het werk af te maken. Wij hebben de poort opengehouden, zodat jij er door heen kon gaan. Doe wat je moet doen. Er is niet veel tijd meer.'

'Ik weet alleen niet wat ik moet doen,' zeg ik. 'Het is allemaal nogal verwarrend.'

'Dat weet je wel,' antwoordt Caroline gedecideerd. 'Niet twijfelen nu. Je hebt er je hele leven op voorbereid. Denk aan de inwijding van de elementen. Denk aan wat je geleerd hebt van de mensen die je tegenkwam op je reizen.'

Ik zie opeens het gezicht voor me van Haneen, de jonge vrouw die tijdens de bombardementen in Gaza haar babietje onder de tafel legde en tot God bad. Ik zie de gezichten van Basel en Salim, de Syrische broers die van Syrië naar Amsterdam liepen. Ik denk aan Gyong Mi, onze kordate Noord-Koreaanse gids die zich dapper staande hield. Ik denk aan de Egyptische hotelmanager, die vreesde dat zijn dochtertje besneden ging worden. Ik denk aan mijn eigen ervaring op jonge leeftijd, waarin ik sexueel misbruikt werd.

Ja, er is lijden in de wereld; duisternis, lelijkheid en gruwelijkheid. We kunnen er niet van weg kijken of doen of het er niet is. Maar er is tevens hoop, liefde, moed en schoonheid. Mensen die in onmogelijke situaties voor het goede kiezen; die zich durven laten leiden door hun hart, die niet opgeven, die bereid zijn de last van anderen te dragen, die onbekende wegen inslaan, op zoek naar nieuwe mogelijkheden.

Zou dat de werkelijke spirituele inwijding zijn: dat we onze menselijkheid gaan herinneren en de moed vinden om ons hart te volgen?

Steeds meer mensen zie ik in mijn gedachten verschijnen: mijn ouders, geliefden, mijn dochter en haar vriend, mensen die met me meewerken of meereisden, mensen die me bekritiseerden, mensen die als figuranten opdoken tijdens reizen en op wonderlijke manier hun rol vervulden. Ik zie de gezichten van bekenden en onbekenden. Van Chinezen, Indiërs, Moslims, Israeliërs, Iraniërs, Europeanen; van soldaten, zwervers, reizigers, winkeliers, handelaren, huisvrouwen, studentes.

Als laatste zie ik het lachende gezicht van Karel voor me. Hij staat te zwaaien aan de andere kant van de Amara Muru doorway, de poort van de Inca's. Hij ziet eruit als Kukulkan, de vogelsjamaan met veren aan zijn armen. Ik loop door de poort heen en omarm hem.

EINDE

DANKWOORD

Ik wil graag de grote hoeveelheid mensen bedanken die mij de afgelopen jaren gesteund hebben op deze reis. Sommigen deden dat door mij financieel te ondersteunen, waarvoor mijn oneindige dank. Grote en kleine giften hebben reizen mogelijk gemaakt, boeken verwezenlijkt, vertalingen gerealiseerd. Het zijn te veel namen om op te noemen, maar jullie bijdrage is diep in mij verankerd. Speciale dank aan degene die de volledige vertalingen van *De Terugkeer van de Koning* in het Arabisch en Hebreeuws en het werk in de Gazastrook gefinancierd heeft.

Andere mensen hebben meegeholpen door mee af te stemmen tijdens de reizen: in meditatie, op Facebook, door een aanmoediging, of een stille liefdevolle gedachte. Bij deze mijn grote, grote dank. Zonder jullie hulp had ik dit werk niet kunnen doen. Jullie steun was daadwerkelijk liefde in actie.

Dank aan de grote groep mensen die mij het vertrouwen gaven en mee op reis gingen: van Noord-Korea tot Gaza, van Iran tot Egypte. Iedere reis was een nieuw avontuur en daagde ieder van ons uit om opnieuw naar onszelf te kijken en innerlijke en uiterlijke grenzen te verleggen. Dank voor deze geweldige samenwerking.

Dan wil ik graag een kleine groep mensen bedanken die altijd dicht bij me zijn geweest: mensen die achter de schermen meewerkten, de ups and downs meedroegen, de plannen voor dit werk mee vorm gaven en die me zeer dierbaar zijn: Anne, Tineke en Christiaan, Marc en Peter, Annelies, Jos en Eric, Helma, Christine, Antoinette, Tanja, Marcel en Monique.

Dank aan mijn vrienden van het eerste uur: Jan, Frans, Gert, Onno, Raymond.

Dank aan Luc en Lieve van het Oost West Centrum waar ik al twintig jaar werk en die met zoveel liefde en werk zorg dragen voor een heerlijke plek in de Ardennen: Bois le Comte in Orval. Dank aan Walter en Nadine van het Great White Whale Center voor hun gastvrijheid en steun. Dank aan Jan Willems en Jackie Lubeck voor het vertrouwen dat jullie mij gaven om zeven jaar lang te werken met de acteurs van Theatre Day Productions. Jullie werk en inzet in de Gazastrook verdient het allergrootste respect. Dank aan Ingrid Groenen, directeur van School of Life, voor de bijzondere gastlessen die ik daar in de afgelopen jaren mocht geven. Dank aan Pioe en Rik voor hun prachtige plek in Andalusië, waar het Maria Magdalena Festival een nieuw thuis heeft gevonden.

Dank aan mijn geliefden, de vrouwen die me bemind en uitgedaagd, verwond en geheeld hebben. Jullie zijn de inwijdsters op mijn pad: Marion, Silvia, Tanja, Sandra, Dewi en Anne.

Dank aan mijn familie: mijn broers Coen en Piet Hein, voor hun gezelschap, voor de humor en broodnodige relativering. Dank aan Fabienne en Lorraine omdat ze de leukste nichtjes zijn die ik ken. Dank aan Judith, omdat je een stille kracht in onze familie bent. Dank aan Hendrik voor je spontaniteit en enthousiasme. Dank aan mijn moeder, voor de grote steun, de liefde en de grote lessen die ze me gegeven heeft en voor de moed om haar eigen pad te gaan. Dank aan Raya, mijn grote schat, waar ik meer van houd dan ik in woorden kan uiten en dank voor haar superleuke vriend Cedric.

Dank aan de leraren en 'grootmoeders' op mijn pad, die me onophoudelijk herinnerd hebben aan wie ik ben en wat ik te doen heb in dit leven: Anat Geiger, Judith Moore, Loylou, Helena, Karin Kraaykamp, Bruni Theunissen, Agnes van de Beek. En natuurlijk, Karel en Caroline.

Mijn grote dank gaat uit naar de mensen die het manuscript met grote zorg en aandacht hebben geredigeerd en samengesteld tot het boek dat het nu is. Dank aan Mirjam, Stijn, Lieke, Marita, Ellen en Tanja. Vooral Lieke en Stijn hebben de idee van dit boek van begin tot eind mee gedragen.

Veel dank ben ik verschuldigd aan de mensen die geholpen hebben met de vormgeving van mijn werk: Sandra van Elewout, Theo de Vos, Larissa Beets, Erik Wiebes, Jolanda Sieders. Sandra heeft als vanouds de prachtige covers ontworpen. De foto's op de covers van de serie *Heel de Wereld* zijn van Sebastian Holzhuber, wiens werk ik al heel lang bewonder.

Dank aan het bestuur van Stichting Tree of Life, dat met zoveel enthousiasme en zorg mijn werk financieel ondersteunt: Helma Wolters, Jelle d'Hulster, Peter Jongerius en Ynco de Jong.

OVER DE AUTEUR

Ton van der Kroon reist zijn hele leven naar heilige plaatsen op aarde, op zoek naar de spirituele tradities van de mensheid. Hij verwerkt veel van zijn reiservaringen in zijn boeken, waarvan er inmiddels tien zijn verschenen. De reeks *Heel de wereld*: *De Zevende Poort*, *Het Labyrint van de Tijd*, *De Meesters van Shambhala* en *Het Vijfde Element*, beschrijven zijn eigen zoektocht, maar tevens de grote transformatie die momenteel in de wereld plaatsvindt. Hij is de voortrekker van het mannenwerk in Nederland en werd bekend door de bestseller *De Terugkeer van de Koning, het boek voor mannen over liefde, lust en leiderschap*, dat inmiddels in zes talen is vertaald, waaronder Arabisch en Hebreeuws. Hij gaf zeven jaar traumahealing in de Gazastrook en organiseert Healing Conferenties over de hele wereld.

WEBSITE
Voor meer informatie over Ton's werk, kijk op de website: www.tonvanderkroon.com. Hier staat tevens informatie over de komende reizen, workshops en andere boeken.

CHANNELINGEN
Op www.tonvanderkroon.com vind je alle channelingen per plaats, per land en per continent aangegeven op een wereldkaart.

COVERS
De coverfoto's voor de serie *Heel de Wereld* zijn van Sebastian Holzhuber. Hij werkt met nieuwe rituelen, waarin deelnemers hun eigen archetypische kanten ontdekken. Dat legt hij vervolgens vast in foto's. Zijn oeuvre bestaat uit vele honderden werken die hij in de afgelopen 40 jaar maakte. Voor meer informatie over zijn werk, ga naar: www.sebastianholzhuber.com
Sandra van Elewout maakte jarenlang de nieuwsbrieven en boeken voor mij op. Ook voor deze serie Heel de Wereld heeft ze de covers ontworpen. Meer van haar prachtige foto's en ontwerpen kun je zien op www.sandravanelewout.kunstinzicht.nl

Je krijgt HEEL DE WERELD cadeau!

Vroeger, toen ik voor het eerst mijn boeken uitgaf via een uitgever, kreeg ik als schrijver 10% van de opbrengt. Dat was zo'n twee gulden per boek, later twee euro. Toen ik het ooit aan lezers vertelde, schrokken ze. 'Krijg je maar zo weinig!?' was de meest gehoorde reactie. Helaas, de boekenmarkt zit zo in elkaar. De meeste kosten gaan naar de boekwinkel (40%) en de distributeur (30%). De drukkosten betreffen zo'n 10%. Er blijft 20% over voor de uitgever en de schrijver, die dat onderling verdelen. Geen vetpot dus.
Omdat het vinden van een uitgever steeds moeilijker werd om mijn boeken uit te geven, koos ik ervoor om voortaan uit te geven via internet uitgeverij Brave New Books die de boeken verkoopt via Bol.com. Maar ook hier geldt hetzelfde. Ik krijg per boek € 1,80 voor een boek van € 20. Het blijft helaas schipperen...

WAT NU?
We hebben daarom een heel ander plan bedacht voor deze serie Heel de Wereld. We bieden de boeken gratis aan! Nu ja, gratis; tegen kostprijs. Je kunt het boek via BOL.COM of AMAZON kopen voor de kostprijs. Het boek wordt on demand geprint en binnen drie dagen bij je afgeleverd. Ook op lezingen koop je het boek tegen de kostprijs.

Mijn vraag aan jou is:

1. Mocht je mijn werk waarderen, maak dan een gift over. We hebben een stichting opgericht – Tree of Life Foundation – die zorgt voor het beheer, de verspreiding en de vertaling van al mijn boeken en channelingen. Met jouw hulp kan ik verder schrijven en mijn werk in de wereld brengen. De grootte van de gift mag je helemaal zelf bepalen. Ieder bedrag is van harte welkom en wordt ten zeerste gewaardeerd.

2. Als je het leuk vindt om te helpen dit gedachtegoed te verspreiden, koop dan een aantal boeken voor deze kostprijs en geef ze cadeau aan vrienden, familie en collega's.

3. Laat andere lezers weten wat je van het boek vindt! Een recensie op Bol, Instagram, Facebook of Amazon is zeer welkom en behulpzaam.

4. Wil je weten welke projecten er voor de komende tijd op het progamma staan? Kijk dan op de website:

WWW.TREEOFLIFE.SUPPORT

MAAK EEN DONATIE OVER OP STICHTING TREE OF LIFE:
Rekening Stichting Tree of Life, Nederland
Triodosbank NL67 TRIO 0338 9423 43
BIC - code: TRIONL2U

DE ZEVENDE POORT
Zeven poorten, zeven inwijdingen

Als de schrijver een oud manuscript in handen krijgt, dat hem vraagt op zoek te gaan naar de zeven poorten van bewustzijn, begint een lange en onvoorstelbare reis, die meer dan dertig jaar in beslag neemt. Een reis langs vele heilige plaatsen op aarde, van Glastonbury tot Jeruzalem en van Siberië tot India. Naast een persoonlijk reisverslag geeft dit opmerkelijke boek een boodschap voor de mensheid in deze tijd.

> ➤ *Heel erg indrukwekkend en prachtig boek. Wat een innerlijke rijkdom! Ik hoop dat er nog veel van dit soort boeken uit zijn pen stromen.*

> ➤ *Dit boek heeft me tot in het diepste van mijn hart geraakt! Ik werd meerdere malen tot tranen toe bewogen en las het boek aan één stuk door uit. Het leest heel vlot en is geschreven in een gemakkelijk begrijpbare taal. Hierdoor is het een zeer toegankelijk boek! De energie waarin het boek is geschreven, resoneert zeer sterk met je eigen belevingen.*

> ➤ *Het is een prachtig boek dat je een heel andere kijk op het leven op aarde meegeeft. Het behoort tot de top van mooiste boeken die ik ooit heb gelezen! Ik raad dit boek aan iedereen aan die zoekt naar meer in het leven.*

> ➤ *De zevende poort is een boek dat ik graag cadeau geef. Het is vlot en aantrekkelijk geschreven, het verhaal neemt je mee op reis en heeft een diepere onderlaag. Voor mij is het een inspiratiebron geweest in de dans om op een andere manier mijn schaduwkanten te beleven. Het is een van de weinige boeken dat na jaren geleden gelezen te hebben nog steeds inspireert. Ik raad het iedereen aan.*

HET LABYRINT VAN DE TIJD
Om te weten hoe je verder kunt, moet je terug naar het begin

Als de auteur een conferentie in Jericho wil organiseren, komt hij in aanraking met de mystieke Arabier Ibrahim. Deze ontmoeting leidt tot een zoektocht naar de esoterische kennis door de eeuwen heen. Het brengt de auteur bij de katharen in de elfde eeuw, bij de Essenen rond het jaar nul, bij de Egyptische farao Echnaton en zijn vrouw Nefertiti in Egypte en bij Salomo en de koningin van Sheba in Ethiopië. Alle gebeurtenissen in de geschiedenis vormen een verborgen patroon in de tijd. Een onthullend boek, deels reisverhaal, deels historische roman, waarin de auteur ons aan de hand van een aantal levensverhalen de esoterische geschiedenis van de mensheid toont.

➤ *Het Labyrint van de tijd is met zo'n gemak en eenvoud geschreven dat het boek je boeit van de eerste tot de laatste letter. De reis vertelt ook onze eigen reis naar ontwikkeling.*

➤ *Echt een prachtig boek! Heel afwisselend door de verschillende verhaallijnen, daardoor ook zelfs spannend. En het gegeven vond ik zeer boeiend. Ik heb het in één ruk uitgelezen.*

➤ *Wat kan deze man schrijven, echt waanzinnig! Ik verwachtte een beetje een theoretisch boek, gezien de onderwerpen, maar het is smullen: het hemelse wordt naar het menselijke gehaald, zeer toegankelijk en dichtbij.*

➤ *Zo pakkend en menselijk geschreven, een verhaal waarin allerlei tijdslijnen door elkaar heen geweven zijn. Ik heb hem driemaal gelezen. Ik kan het aanbevelen aan eenieder die op zoek is naar dat wat het meest nabij is... je Zelf.*

➤ *Een waardevol boek voor deze tijd. Een boek vol wijsheid, herkenbaar, grappig bij momenten. Het raakt je ziel aan en geeft je inzicht. Ik heb ervan genoten en raad het iedereen aan die op zoek is naar antwoorden, over deze tijd of over zichzelf.*

DE MEESTERS VAN SHAMBHALA
De grootste overwinning is overgave

'Ik ben bang voor deze hele reis,' fluistert Sandra. 'Waar zijn we aan begonnen? Straks kunnen we China niet in. Dan is alle moeite voor niets geweest. We weten niet eens of iemand ons opwacht bij de grens. En onze chauffeur vertrouw ik ook niet.' Ze legt haar hoofd gelaten tegen mijn borst. Ik luister naar de windstoten en het gekraak van de tent. Een van de houten spanten van de yurt schiet los. We zitten op een hoogvlakte van bijna 4000 meter hoogte op de grens van Kirgizië en China. Ondanks de storm val ik slaap en krijg een onrustige droom, waarin een kleine maar stevige Chinese man verschijnt, die in een keurig net pak gekleed is: onberispelijk, westers en met een felgekleurde stropdas. Hij kijkt me doordringend aan. 'Ik heb je geroepen,' zegt hij. 'Wie bent u?' vraag ik. 'Dat doet er niet toe. Ik heb uw hulp nodig.' 'Dan wil ik weten wie u bent. Anders geen hulp,' pareer ik. 'Ik ben Hu, president van China.'

> *Het is een prachtig boek! Sommige passages raken me heel diep, op heel diepe lagen. Bij het lezen van het boek voelde ik me in contact komen met een andere dimensie, het raakt iets aan van wat we in wezen zijn. Heel mooi! Een boek dat ik regelmatig nog eens zal vastnemen om het te herlezen en opnieuw te laten binnenkomen.*

> *Dit boek behoort samen met de Zevende poort tot mijn favorieten. Een aanrader voor iedereen die de weg van de ziel bewandelt of wil bewandelen.*

> *Dit boek heb ik in één adem uitgelezen. Terwijl ik het boek lees gebeurt er van alles. Opeens komen er allerlei dingen naar boven en lijken er verbanden te ontstaan. Dingen die op de een of andere manier triviaal lijken, maar toch ook weer belangrijk. Geen idee hoe het allemaal in elkaar steekt en wat ik er mee kan, maar interessant is het zeker! Alles lijkt samen te hangen en het gevoel komt op dat ik hier ben om iets groots te gaan doen, maar geen idee wat. Het lijkt grootheidswaanzin, maar toch ook weer niet. Het boek is een absolute aanrader.*

BOEK DER LIEFDE
Het verborgen evangelie van Maria Magdalena

Ik begreep de leringen van Jezus maar al te goed en wijdde hem in in een ander aspect van goddelijkheid: de weg van de intimiteit en de sensualiteit. Naast het leren staat het genieten. Beide moeten aanwezig zijn om een volledig mens te worden ...

De spirituele roman *Boek der Liefde* beschrijft de zoektocht van de elfde-eeuwse monnik Antonius naar het boek dat in de officiële kerkelijke leer ontbrak: het boek van de onvoorwaardelijke liefde tussen mensen. Dit is de weg van Maria Magdalena: het pad dat levensgevaarlijk is, omdat het 'ketters' is en door de kerk verguisd.

De gnostische literatuur beschrijft Maria Magdalena als de 'Apostel der Apostelen' en de discipel die Jezus op zijn mond kuste. Zij is niet de bekeerde hoer, die de Katholieke Kerk telkens als boetvaardig kuis heeft afgebeeld. Het verhaal van Jezus is altijd maar half verteld.

> ➤ *Intrigerend en meeslepend boek. Even doorzetten in het begin, maar dan word je helemaal meegevoerd in het verhaal.*

> ➤ *Als mensen mij vragen; Welk boek heb jij gelezen wat ik ook zou moeten lezen? Is steevast mijn antwoord: 'Het Boek der Liefde', van Ton van der Kroon. Vanaf de eerste bladzijde nam dit boek mij in de greep. Gaf het mij inzichten over mijn eigen tekortkomingen. Nadat ik het boek uit had is 'Onvoorwaardelijke liefde' voor mij in een andere dimensie gekomen. Een intrigerend, spannend en meeslepend boek dat mijn inziens iedereen gelezen moet hebben.*

DE MYSTIEKE ROOS
Een inwijding in liefde I

In een tijd waarin veel mensen worstelen met relaties, waarin man-vrouwrollen steeds minder helder lijken te zijn, biedt *De Mystieke Roos* een nieuw perspectief: een inwijdingsweg waarin liefde, lust en spiritualiteit opnieuw met elkaar verbonden worden. Ton van der Kroon, auteur van *De Terugkeer van de Koning; het boek voor mannen over liefde, lust en leiderschap* toont ons op een persoonlijke en prettig leesbare manier hoe de gevoelens voor onze geliefde ons in contact kunnen brengen met kosmische liefde en vice versa: hoe onze liefde voor het goddelijke kan leiden tot meer vreugde en vervulling in onze intieme relaties. *De Mystieke Roos* laat ons zien dat zowel de pijn als het plezier van relaties ons bij een dieper begrip van onszelf brengen.

> ➤ *Van der Kroon geeft liefdevol weer, vaak met behulp van de inhoud en uitleg van bekende films, de diverse wegen en inwijdingen die een mens gaat als die zich eenmaal op het pad van de liefde heeft begeven. Het is een krachtig boek met oefeningen die je makkelijk thuis kan doen. Echt een aanrader voor man en vrouw!*

HEILIGE RELATIES,
HEILIGE SEXUALITEIT
Een inwijding in liefde II

De liefde is de rode draad in het labyrint van relaties en seksualiteit. Maar hoe vaak raken we haar niet kwijt en verdwalen we in het doolhof van emoties, oordelen, karmische patronen of oude pijn? Durf je opnieuw op zoek te gaan en je open te stellen om je te laten leiden door je hart? Opnieuw het risico nemen om gekwetst te worden, of ten diepste geliefd te worden? Durf je de sprong in het onbekende te wagen? Met of zonder je partner? Want het is in ons alleen-zijn dat we pas werkelijk samen kunnen zijn. Ieder mens heeft haar of zijn eigen unieke pad te bewandelen en soms zijn we gezegend om een partner op dit pad te vinden die met ons meewandelt, ons uitdaagt, ons liefheeft en ons vraagt om het hoogste in onszelf te verwezenlijken: de ontmoeting met de innerlijke Geliefde.

> ➤ *'Aan het begin van dit Watermantijdperk wordt de deur naar universele liefde weer opengezet. Dat betekent dat er een grote bevrijding en verlossing kan plaatsvinden. Veel geliefden zijn daarvoor als het ware pioniers; uitverkorenen om samen een heilige relatie vorm te geven en de poort te openen van het heilige hart. Achter het gewone hart ligt het mystieke hart. Zodra je je eigen emoties - je boosheid en verdriet, je onvermogen en hulpeloosheid - onder ogen durft te zien, kom je uit bij een mystieke liefde. Als die liefde de wereld in kan stromen, beïnvloedt dat de geschiedenis van de mensheid. Zo draag je bij aan een veld van transformatie van donker naar licht en belichamen jullie de energieën van Jezus en Maria Magdalena, die samen het voorbeeld van een heilige relatie vormden. Doordat beiden hun eigen kracht en hun eigen pijn droegen, openden ze een poort naar een enorm grote liefde. In feite worden deze energieën van universele mannelijkheid en vrouwelijkheid weer terug op aarde gebracht door vele liefdesstellen. Dat betekent dat de Christuskracht zich opnieuw aan het manifesteren is, zowel in mannen als in vrouwen.'*

DE TERUGKEER VAN DE KONING
Het boek voor mannen over liefde, lust en leiderschap

In tijden van chaos en verandering is het niet zozeer de wetenschap of de techniek, noch de politiek of de kerk die ons kan redden, maar veeleer de creatieve kracht van mythen en verhalen. Verhalen die ons vertellen over onze diepste wensen en angsten en die ons herinneren aan wie we in werkelijkheid zijn. *De Terugkeer van de Koning* is gebaseerd op koningsverhalen uit de westerse mythologie en cultuur, die inzicht geven in het roerige proces waar we – individueel en collectief – op dit moment doorheen gaan. Het is een boek geschreven voor mannen, maar evengoed voor vrouwen die nieuwsgierig zijn naar de ziel van de man.

> ➤ *Ton van der Kroon is er in geslaagd een beeld te schetsen van de man van de toekomst. Een must voor mannen, een verademing voor vrouwen.*

> ➤ *Een intrigerend werk van een van de meest ervaren trainers in het mannenwerk.*

> ➤ *Een grote vreugde om te lezen.*

> ➤ *Ton van der Kroon kwam en overwon met zijn boek De Terugkeer van de Koning.*

> ➤ *Een echt cadeauboek voor de man van wie je houdt.*

> ➤ *Het boek leest als een spannend reisverslag.*

> ➤ *Ton van der Kroons droom leidde tot een bijzonder boek. Mannelijke leerkrachten, jongerenwerkers, hulpverleners, directeuren, consultants, belastingadviseurs, advocaten en ministers (kortom alle mannen) kunnen – letterlijk – hun hart ophalen met dit boek door de herkenbaarheid ervan. Een inspiratiestoot en kennisverdieping – aan de hand van archetypen, praktische voorbeelden, bekende films en verhalen en mythen – om je eigen mannelijke identiteit neer te kunnen zetten in je leven. Puik werk!*

> ➤ *Dit boek geeft prachtig beeldmateriaal en briljante analyses voor een vernieuwde Westerse man! Symbolisch wordt de oude man begraven en een nieuwe Westerse man geboren! De koning is dood! Leve de*

koning! Hij keert terug! Reken maar! Op een heel andere manier dan we denken!

➤ *Prachtig en inspirerend boek. Een must voor moderne mannen... en vrouwen! Soms iets te kort door de bocht associërend en hij verliest tegen het einde de focus een beetje. Maar eindelijk een schrijver die spiritualiteit en persoonlijke groei vanuit een Westers perspectief benadert. Verfrissend new age denken dus. Een aanrader!*

➤ *Prachtig boek dat richting en kaders meegeeft voor de ontwikkeling van je persoonlijkheid toegespitst voor de man. Op basis van archetypes word je meegenomen in de verschillende facetten van je persoonlijkheid en de relaties tussen deze archetypes. Hierin komen heel mooi de krachtige en de verzorgende/gevoelige kant van de man samen. Het boek legt de nadruk op het volledig ontwikkelen van je persoonlijkheid, zoveel mogelijk kunnen zijn wie je bent, in plaats van de 'perfecte' man te willen zijn. Een enorme aanrader!*

LICHTWERKERS GEVRAAGD!:

De Meesters spreken...

Een boek vol met doorgegeven boodschappen, die de auteur gedurende zijn reizen en workshops ontving. Inspiratie en bezieling op iedere pagina. Sla het boek open en krijg antwoord op je vraag.

> ➤ *De wereld helen begint met jezelf helen. Maar het eindigt daar niet. Als je eigen beker overstroomt, kan het levenswater met velen gedeeld worden, waardoor vele zielen, landen en volken geheeld kunnen worden. Onderschat de kracht van de ziel niet, de kracht van liefde en kracht van healing. Het is de grootste kracht die er is. Door je eigen wil over te geven in de handen van God of het Goddelijke, door dienstbaar te zijn aan het goddelijke plan van liefde, word je een baken van hoop, een anker van liefde, een kracht van verandering. Ben je bereid?*